따라 하면 무조건 돈 버는
실전 부동산 경매

부동산 고수가 족집게 과외처럼 짚어주는 경매 필수 지식과 투자 비결

따라 하면 무조건 돈 버는
실전
유근용·정민우 지음
부동산경매

★★★★★
수익
실현편

비즈니스북스

따라 하면 무조건 돈 버는 실전 부동산 경매

1판 1쇄 발행 2022년 3월 22일
1판 14쇄 발행 2024년 9월 2일

지은이 | 유근용 · 정민우
발행인 | 홍영태
편집인 | 김미란
발행처 | (주)비즈니스북스
등 록 | 제2000-000225호(2000년 2월 28일)
주 소 | 03991 서울시 마포구 월드컵북로6길 3 이노베이스빌딩 7층
전 화 | (02)338-9449
팩 스 | (02)338-6543
대표메일 | bb@businessbooks.co.kr
홈페이지 | http://www.businessbooks.co.kr
블로그 | http://blog.naver.com/biz_books
페이스북 | thebizbooks
ISBN 979-11-6254-270-5 03320

비즈니스북스는 독자 여러분의 소중한 아이디어와 원고 투고를 기다리고 있습니다.
원고가 있으신 분은 ms1@businessbooks.co.kr로 간단한 개요와 취지, 연락처 등을 보내 주세요.

행복해지려면 돈이 필요하고, 돈 버는 방법은 우리 가까이에 있다

나는 돈에 그다지 관심이 없었다. 한동안 '경제적 자유'라는 말이 유행어처럼 곳곳에서 튀어나올 때도 나와는 상관없는 일이라고 생각했다. 정직하게 돈을 버는 이들이 많지 않다는 선입견이 있었고, 돈이 사람을 행복하게 해줄 순 없다고 막연히 생각해왔다. 솔직히 말하면, 그게 쿨한 태도라고 믿었다.

하지만 우리는 자본주의 사회에 살고 있다. 이 울타리 안에서 살아가면서도 정작 자신이 속한 사회가 어떤 특성을 지니는지를 이해하지 못한다면 남보다 뒤처지는 게 당연하지 않겠는가. 다들 열심히 산다. 5분만 더 자고 싶다는 유혹을 뿌리치고 출근해서 종일 거래처와 상사의 압박을 견디며 녹초가 되도록 일한다. 예전에는 그렇게 해서 집도 사고 차도 사고 아이들 교육도 남부럽지 않게 시킬 수 있었다. 하지만 노동력의 가치가 인플레이션을 따라잡지 못하는 시대로 들어서면서 월급쟁이들은 제자리걸음만 하게 됐다. 재테크, 투자에 눈을 뜨지 않으면 평생 죽도록 일하고도 쪼들려야 할 뿐 아니라, 더 무섭게는 가난이 대물림되는 시대다.

내가 그 사실을 절감한 시기가 20대 후반쯤이었다. 그래서 《부자 아빠 가난한 아빠》, 《보도 섀퍼의 돈》, 《부의 추월차선》 등 당시 베스트셀러를 부지런히 읽었다. 그 모습을 보고 주변에서는 "돈에 환장했냐?", "쓸데없는 책 읽어서 뭐 하냐? 차라리 소설책 읽는 게 낫겠다." 같은 반응을 보였다. 시간이 이만큼 흘러 되돌아보니, 당시 나에게 그런 말을 했던 사람들은 돈 걱정에서 벗어나지 못한 채 매일 돈타령을 하며 살고 있다.

"아, 그때 열심히 돈을 모았어야 했는데….."
"투자 공부를 일찍 시작했어야 했는데….."
"배우자가 집을 사자고 할 때 샀어야 했는데….."

돈에 대해 관심이 없던 남자들도 대부분 결혼을 앞두고는 돈 문제를 피할 수 없게 된다. 혼자일 때는 좀 부족하더라도 아끼며 살아갈 수 있겠지만, 결혼을 결정하는 순간부터 돈 때문에 좌절하고 돈 때문에 작아지는 자신을 발견하게 된다. 그럴 때 느끼는 상실감과 좌절감은 이루 말할 수 없다.

피할 수 없다면 정면으로 돌파해야 한다. 더는 자기 자신을 속이면서 돈에 관심 없는 척, 쿨한 척하지 말자. 경제적 자유를 이루기 위해 최선을 다하는 건 부끄러워할 일이 아니다. 이제부터라도 솔직해지자.

돈은 인생을 자유롭게 하고, 모든 불행을 막을 수 있는 든든한 방패가 되어주며, 사랑하는 사람들과 행복한 시간을 보내게 해주고, 지금까지 꿈꿔왔던 수많은 일에 도전할 수 있게 해준다. 돈이 있어야만 내가 주인인 삶을 살 수 있다.

나는 경제적 자유를 이루는 가장 빠른 길이 부동산 경매·공매라고 생각한다. 2015년 부동산 투자 공부를 시작으로, 2017년부터 부동산 경매·공매 시장에 본격적으로 뛰어들었다. 시세보다 저렴하게 살 수만 있다면 시장 상황이 어떻든 손해를 볼 수 없는 투자라고 생각했기 때문이다.

경·공매, 어렵지 않다. 고수만의 영역도 아니다. 책 한 권 또는 강의 한 번 듣고 바로 뛰어들어 얼마든지 수익을 낼 수 있는 기회의 장이 경·공매 시장이다. 지금까지 경·공매 강의를 해오면서 가장 자주 들은 말이 이것이다.

"경매도 이제는 너무 많이 알려져서 수익 내기가 어려워지지 않았나요?"
"경매 낙찰가를 보니 급매보다 더 비싸던데요?"
"한번 입찰했는데 낙찰가가 너무 높아서 내가 할 수 있는 게 아니구나 싶어 포기했어요."
"부린이가 할 수 있는 게 아닌 것 같아요."

행동하지 않고 쉽게 포기하는 사람들이 대부분이지만 좀 더 긍정적으로, 적극적으로 나서야 한다. 지금부터 마음가짐을 바꿔보자.

'경매가 많이 알려져 있긴 하지만 그래도 나에게 기회가 있을 거야.'
'내가 생각한 것보다 높게 낙찰이 됐네? 시세 파악을 제대로 못 했구나. 놓친 게 무엇인지 살펴보고 다음에는 꼭 낙찰받아야지.'
'재테크 카페나 책을 보니 부린이들도 낙찰을 받고 수익을 얻네? 나에게도 희망이 있겠구나!'

이 책은 2021년에 펴낸 《왕초보도 바로 돈 버는 부동산 경매의 기술》의 실전 버전이다. 말 그대로 우리 두 저자와 '발품불패' 카페 회원들이 낙찰받아 수익을 일군 다양한 실전 사례를 담았다. 군더더기 없는 사례들을 읽다 보면 경매의 매력을 새삼 알게 되고 어렵다고만 생각했던 특수물건 투자의 수익 모델도 익히게 될 것이다. 이해가 가지 않는 부분이 있다면 언제든지 네이버 '발품불패' 카페(cafe.naver.com/changeyoureverything)를 방문해서 질문을 올려주기 바란다. 각 분야의 고수들이 현장에서 익힌 땀내 나는 노하우로 당신의 고민과 불안감을 단번에 해소해줄 것이다.

이 한 권의 책이 당신의 투자 마인드와 인생을 송두리째 바꿔줄 수 있으면 좋겠다. 당신은 이 책을 읽고 실천만 하면 된다. 나 또한 부동산 투자를 하기로 마음먹고 가장 먼저 시작한 일이 바로 책 읽기였다. 돈에 무관심했던 내가 한 권의 책 읽기를 시작으로 경제적 자유를 얻게 된 것이다. 진부한 이야기로 들릴 수 있겠지만 '나도 했으니 당신도 반드시 할 수 있다'라고 감히 말하고 싶다. 자신과 이 책을 믿고 경매·공매 투자를 시작해보자.

이 책의 독자 중 단 한 명의 낙오자도 없었으면 좋겠다. 평생 써먹을 수 있는 경매 지식과 실전 경험을 쌓는다면, 당신의 예상보다 일찍 경제적 자유에 이를 것이다. 모든 시작에는 두려움이 따르지만 일단 시작하면 두려움이 줄어들고, 한번 성취감을 느끼면 두려움이 자신감으로 변하게 된다. 일단 시작하자. 너무 많은 책을 읽으려 할 필요도 없다. 전작인 《왕초보도 바로 돈 버는 부동산 경매의 기술》과 이 책만 제대로 읽고 활용해도 실전에서 얼마든지 좋은 결과를 얻을 수 있다.

이 책을 쓰는 과정에 늘 응원과 격려를 해준 사랑하는 가족과 발품불패 카페 회원분들 모두에게 감사드린다. 이 책을 선택한 모든 독자분들에게도 진심으로 감사의 말씀을 전하고 싶다. 마지막으로, 공저자인 경매의 최고수 정민우 대표님께 감사드린다.

자, 이제 경제적 자유로 가는 가장 빠른 지름길인 부동산 경매에 대해 제대로 배워보자.

유근용(용쌤)

당신에게 필요한 것은 실행할 용기다

"흔들목마는 쉴 새 없이 움직이지만 조금도 앞으로 나아가지 못한다."

혹시 당신이 재테크라고 믿고 있는 것들이 흔들목마는 아닐까?

'투자'라는 행위는 활동과 진전을 구분해야 한다. 만약 투자를 통해 물가 상승률 수준의 수익을 얻었다면 본전치기만 한 셈이다. 열심히 움직였지만 흔들목마를 타고 있었다는 얘기다.

예금과 적금을 열심히 해서 부자가 된 사람을 본 적이 있는가? 지금 같은 시대에는 물가상승률 이상의 수익을 계속해서 만들어야 한다. 물론 쉽지 않다. 마음만 앞서 욕심을 부리다가 오히려 큰 손해를 볼 수도 있다. 하지만 우리는 투자가 필수인 시대를 살고 있으며, 모든 투자가 위험한 것은 아니다. 비교적 안전한 투자도 있다. 전작인 《왕초보도 바로 돈 버는 부동산 경매의 기술》과 카페, 블로그 글에서 보여주었듯이 경매·공매야말로 리스크가 적고 수익 내기 쉬운 투자 방법이다. 왜? 답은 간단하다. 시세보다 싸게 사기 때문이다. 코인, 주식 등 수많은 투자 대상이 있지만 그중 실물 자산을 싸게 살 수 있는 '부동산 경매'가 단연 안전하다.

나는 운 좋게도 근로소득의 한계를 일찍 알아챘다. 그래서 직장에 다닐 때 월급을 받으면 예·적금, 주식, 해외 펀드(CHINA, BRICs 등), 글로벌 리츠, RP(환매조건부채권), MMF(머니마켓펀드) 등 소액으로 할 수 있는 다양한 금융 상품에 투자했다. 애초에 큰 기대를 하지 않았지만 실제로도 결과가 좋지 않았다. 심지어 1년 만에 수익률이 마이너스 20%를 기록한 펀드가 있었는데 은행은 손실 난 계좌에서도 운용비용으로 수수료를 떼어 갔다. 그렇다고 얻은 게 아주 없는 건 아니다. 이 경험을 통해 내 돈을 타인(금융기관, 펀드매니저 등)에게 맡겨 안정적으로 불리기란 거의 불가능하다는 사실을 알게 됐다.

그 후로 나는 절대로 내 돈을 남의 손에 맡기지 않겠다고 다짐했다. 모든 결정을 내가 하고 내가 책임을 지는 것이 그나마 덜 억울할 것 같았다. 내가 컨트롤할 수 있는 투자를 찾기 시작했고, 나름의 경험과 조사 끝에 얻은 결론이 '부동산 경매'였다. 부동산 경매는 재테크 수단일 뿐 아니라 자본주의 사회를 살아가는 데 꼭 필요한 지식의 보고다. 국가 기관인 법원에서 진행하므로 편법이 통하지 않으며 내가 매입가를 정할 수 있고 노력에 따른 보상이 확실하다.

그렇게 시작한 투자가 10년을 훌쩍 넘었는데, 지금까지 단돈 1만 원도 손해 본 적이 없다. 시장 전망을 잘해서가 아니라 기본적으로 안전마진을 확보할 수 있었기 때문이다. 투자가 거듭될수록 경험과 수익이 쌓였고 삶이 달라졌다.

부동산 관련 책을 벌써 세 번째 펴낸다. 감사하게도 첫 책부터 베스트셀러가 됐고, 두 번째 책은 10쇄를 훌쩍 넘어 부동산 경매 분야에서 가장 많이 팔리는 책이 됐다. '부동산 경매'를 낯설어하는 사람이 여전히 많은데도 이렇게 대중적인 사랑을 받다니 작가로서 무척 뿌듯하고 보람을 느낀다. 정말 좋은 경매 책이 나왔다며 추천과 공유를 해주시고, 감사의 메일과 정성 어린 선물을 보내주신 독자들께 진심으로 감사드린다.

과연 이런 사랑을 받을 자격이 있는지 스스로 되돌아보게 된다. 얼마나 많은 이들이 그 책들을 통해 경매의 장점을 이해하고, 리스크를 줄이며, 영감을 얻고 실생활에 적용하고 있을까? 저자가 아닌 투자자 관점에서 보니 전작에 더 다양한 사례를 담지 못한 것이 아쉬움으로 남았다.

그런 아쉬움을 이번에는 느끼지 않도록 이 책은 실전 사례를 중심으로 구성했다. 그동안의 작은 성공 경험들이 쌓이며 투자 대상과 방법이 다양해졌고, 많은 분들께 실무 지식을 알릴 수 있었다. 그 결과 수많은 초보 낙찰자들과 스토리들이 탄생했다. 대학생부터 투잡·쓰리잡을 하는 젊은 직장인, 은퇴 후 임대수입을 생각하고 오신 노년기의 부부까지 많은 분들과 교류하며 현장 경험과 지식을 알려오고 있다.

이 책에는 엄청난 수익률을 자랑하는 특이한 사례나 뜬구름 잡는 얘기는 없다. 주로 처음 경매를 접하는 초보가 좌충우돌하며 느낀 생각과 낙찰 경험을 다양한 주제로 엮었다. 어디서나 볼 수 있는 경매 이론이 아니라 실전 경매 투자를 원하는 초보자의 눈높이에서 다양한 사건을 담으려 했다. 성공 사례만 있는 게 아니라 패찰, 취하, 아쉬웠던 투자도 담았다. 그리고 사례마다 관련 경매 지식과 실전에 꼭 필요한 팁을 실었다.

'부동산을 전혀 모르는 내가 과연 경매를 할 수 있을까?'로 시작해서 당당히 경매 투자를 이어가고, 자신의 연봉 이상을 꾸준히 벌어들이는 분들을 보며 나도 배우고 자극을 받는다. 부동산 경매는 '자산과 돈을 불리는 기술' 중 단연 최고다. 혹시 아무런 성과 없이 몇 년째 재테크 공부에만 매진하고 있는가? 그렇다면 당신은 악순환에 빠진 것이다. 부디 이 책이 생각의 틀을 깨고 '나도 할 수 있다'는 실행의 용기를 얻는 데 강한 자극이 되기를 바란다.

《왕초보도 바로 돈 버는 부동산 경매의 기술》에 이어 실전편을 기획하고 편집해주신 (주)비즈니스북스 임직원에게 감사드린다. 끝으로 최근의 낙찰 사례를 기꺼이 공유해주신 왕초보 경매 마스터 18기 김희선, 왕초보 경매 마스터 18기 신정훈, 왕초보 경매 마스터 21기 김한, 왕초보 경매 마스터 28기 장진, 왕초보 경매 마스터 30기 박정순, 왕초보 경매 마스터 36기 김경애, '발품불패' 카페 강사 이태연, '발품불패' 카페 강사 박태민 님께 진심으로 감사드린다.

정민우(달천)

CONTENTS

제1장

이것만 알아도
바로 시작할 수 있다!
경매 핵심 이론

제2장

따라 하면 무조건 돈 버는 주택 물건의 실전 부동산 경매
: 아파트·빌라

제3장

따라 하면 무조건 돈 버는 상가 물건의 실전 부동산 경매
: 지식산업센터·상가·오피스텔·호텔

따라 하면 무조건 돈 버는 건물 지분의 실전 부동산 경매
: 아파트·빌라·오피스텔

제4장

따라 하면 무조건 돈 버는 토지 지분의 실전 부동산 경매
: 대지·임야·농지·도로

제5장

제1장

이것만 알아도
바로
시작할 수 있다!

경매 핵심 이론

경제적 자유로 가는 지름길,
경매

경매를 한마디로 정의하자면, 실물 자산을 다양한 방법으로 싸게 사는 기술
이라고 할 수 있다. 자본주의 사회에서 이런 기술을 가진다는 것은 곧 경제
적 자유를 의미한다. 대단한 능력이 필요한 게 아니어서 평범한 사람도 얼
마든지 할 수 있을 뿐 아니라, 인풋 대비 아웃풋이 확실하며 실생활과도 밀
접한 관련이 있다. 무엇보다 한번 제대로 배워두면 평생 써먹을 수 있다.

　나도 예·적금, 주식·채권 투자 등 다양한 재테크를 접해봤지만 이것만큼
효율적이고 성과 좋은 방법을 발견하지 못했다. 우리는 매일 어떤 물건을
구입하거나 서비스를 이용한다. 그럴 때마다 가치와 가격을 끊임없이 비교
하고, 조금이라도 싸게 살 수 있다면 먼 길을 가는 수고도 기꺼이 한다. 싸
게 사면 그만큼을 버는 것과 마찬가지이기 때문이다. 똑같은 물건을 10%
싸게 살 수 있는 사람은 (그것이 대량 구매 방식이든 공급자와 특정 계약이 되어

있든) 100%를 다 내고 구입한 사람보다 훨씬 유리하다. 그렇게 아낀 10%를 꾸준히 모아 다른 곳에 쓸 수도 있고 투자 밑천으로 삼을 수도 있다. 고가이며 시간이 지날수록 가치가 올라가는 상품이라면 효과는 더 클 것이다.

재테크의 기본은 싸게 사는 것

경매·공매를 활용하면 가방이나 자동차 같은 상품도 시중가보다 저렴하게 살 수 있다. 자동차의 경우 중고차 시장에서 살 수도 있지만 거기엔 회사의 마케팅비, 판매사원 수당 등 여러 가지 비용이 들어가 있다. 그런데 경매로 접근한다고 해도 아주 고가의 차량이 아니라면 몇십만 원에서 몇백만 원 정도 싸게 살 수 있을 뿐이다. 이 정도로는 삶을 바꾸기 어렵다. 대상을 자동차가 아닌 부동산으로 바꾸어보자.

부동산은 대개 고가이며 거래 단위가 큰 편이다. 현재 서울 아파트 중위 가격은 10억 원을 훌쩍 넘는다. 당연한 얘기지만, 거래 단위가 클수록 아낄 수 있는 돈의 단위가 커진다. 부동산에는 아파트만 있는 게 아니라 빌라, 오피스텔, 상가, 지식산업센터 등도 있다. 이런 모든 자산을 경매로 취득할 수 있다. 거래 가격이 높으니 3%, 5%, 10%만 싸게 사도 수백만 원에서 수천만 원을 아낄 수 있다. 예를 들어 10억짜리 아파트를 시세보다 5% 싸게 산다면 무려 5,000만 원이 절약된다. 취득가액이 낮아지면 취득세·등록세 등 거래에 따르는 비용도 비례해서 낮아지고, 중개사무소를 거치는 게 아니기에 중개 수수료도 들지 않는다. 이 외에도 경매로 부동산을 취득할 때는 토지거래허가를 받지 않아도 되고 자금조달계획서를 제출하지 않아도 된다.

대부분 자산이 그렇듯 부동산 역시 사이클이 있어서 상승하는 시기가 있는가 하면 하락하는 시기가 있다. 그런데 안전마진을 어느 정도 확보한 상태에서 취득한다고 생각해보라. 상승기에는 더 큰 수익을 얻을 수 있고, 하락기가 오더라도 손해를 보지 않고 팔 확률이 높아진다. 실제로 나는 지난 10여 년 동안 경매로 투자하면서 단돈 1,000원도 손해를 본 적이 없다. 입찰부터 낙찰 이후 절차까지 돌아가는 원리가 같으니 아파트, 빌라, 오피스텔, 지식산업센터, 토지 등 자신이 원하는 대상에 투자할 수 있다.

경매는 삶을 단순하게 해준다

지인들을 만나면 나는 자녀들에게 경매를 꼭 가르쳐 주라고 말한다. 성인이 되면 필연적으로 은행과 거래를 하게 되는데, 경매를 알면 금융 지식 및 거래 기술이 저절로 갖춰지기 때문이다. 자본주의 사회에서 돈과 부동산은 떼어낼 수 없고 자산에서 부동산이 차지하는 비중은 매우 높다. 즉 자산 거래의 도매시장이 바로 경매·공매 시장이다.

물건을 구입할 때 단돈 얼마라도 싸게 사기 위해 여기저기 검색해본 경험이 있을 것이다. 만일 같은 시간을 들여 몇백만 원, 몇천만 원을 싸게 살 수 있다면 여전히 그런 데 시간을 소비하겠는가? 나는 물건을 살 때 가격 비교를 하는 일이 드문 편이다. 그런 데 시간을 쓰고 싶지 않아서다. 선택을 하느라 많은 생각을 하는 것도 소중한 시간을 빼앗기는 것이다. 그저 가장 마음에 드는 것을 선택하면 고민할 필요도 없고 시간도 절약되며 만족도도 높다.

선택이 단순해지면 삶이 단순해진다. 리스크가 크게 줄고 만남도, 소비도, 인간관계도 모두 심플해진다. 그래서 나는 뭔가 복잡해 보이는 사람보다 하는 일과 목표가 명확하고 심플한 사람들이 좋다. 이들은 하루 단위에 충실하며 자신과 가족을 위해 시간을 쓴다. 이들의 공통점 중 하나가 부동산에 상당 기간 관심을 가져왔다는 것이다.

부동산 경매를 반드시 배워두기 바란다. 단언컨대 투자 경력이 길더라도 경매를 전혀 모르는 사람보다 앞서갈 수 있다. 물론 처음에 열심히 해야 한다. '이렇게까지 해야 하나' 하는 생각이 들 정도로 경매·공매에 빠져보시라. 왜 더 일찍 시작하지 않았을까 싶어질 것이다. 초보라도 처음 한두 번 낙찰이 어렵지 그다음부터는 하지 말라고 해도 한다. 수익을 맛봤기 때문이다.

경매가 위험하다고 말하는 사람은 경매를 제대로 경험해보지 못했거나 주변에서 부정적인 이야기만 전해 들은 사람일 확률이 높다. 내 주위에는 경매·공매로 경제적 자유를 이룬 사람들이 매우 많다. 뭐든 직접 해본 사람의 말을 들어보기 바란다. 자신과 비슷한 수준의 사람들에게 질문을 하면 당연히 비슷한 수준의 답변이 돌아올 것이다. 수익을 내본 경험이 없으니 늘 부정적인 생각을 가지고 있는 것이다. 다만, 세상에 공짜는 없다. 어쩌다 한두 번 하는 취미생활 정도로 재테크에 접근할 생각이라면 그냥 평생 경매를 모르고 사는 게 나을 수 있다.

세상에는 권장소비가격대로 부동산을 구입하는 사람들이 훨씬 많다. 더 싸게 살 방법이 있다는 걸 모르기 때문이다. 현재 삶이 만족스럽지 않거나 조금 더 풍족한 생활을 하고 싶다면 반드시 경매 공부를 하기 바란다. 단 재테크 공부를 하는 이유를 명확히 해야 한다. 경제학자가 되거나 학위를 받을 게 아니지 않는가? 시세차익이든 월세든 통장 잔고를 늘리고 경제적 자유를 누리는 목적임을 분명히 해야 한다.

머릿속에 쏙 들어오는
간략 경매 절차

경매·공매가 어떻게 진행되는지 알아보자. 매각 주체와 진행 과정에 약간의 차이가 있을 뿐 절차는 크게 다르지 않다.

경매 프로세스

경매는 집행관이 미리 지정된 매각기일에 매각 장소에서 입찰을 실시하여 최고가 매수신고인과 차순위 매수신고인을 정하는 것으로 진행된다.

입찰

입찰 방법에는 기일입찰과 기간입찰이 있다. 기일입찰은 매각기일에 매수 희망자가 입찰 가격을 기재한 입찰표를 제출하게 한 뒤, 개찰을 하여 최고액의 입찰 가격을 기재한 입찰자를 최고가 매수신고인으로 정하는 방법이다. 기간입찰은 입찰 기간 내에 매수 희망자가 입찰표를 직접 또는 우편으로 제출하게 한 뒤, 별도로 정한 매각기일에 개찰을 하여 최고가 매수신고인을 정하는 방법이다. 입찰표와 입찰봉투는 법원 집행과 또는 집행관사무소에서 구할 수 있다.

❶ 입찰표 작성

입찰에 참여하려면 '기일입찰표'를 작성해야 한다. 여기에는 사건번호, 입찰자의 이름과 주소, 물건번호, 입찰 가격 등을 기재한다. 대리인이 입찰하는 경우에는 대리인의 성명과 주소, 입찰보증금액을 기재한다. 입찰 가격은 최저가 이상을 기재해야 한다.

그런 다음 보증금을 입찰보증금(매수신청보증) 봉투에 넣고 1차로 봉한다. 기재한 입찰표와 매수신청보증 봉투를 다시 큰 입찰봉투에 넣어 스테이플러로 찍어 봉하고, 봉투의 지정된 위치에 날인하면 된다.

❷ 입찰표 및 매수신청보증 제출

입찰표와 매수신청보증이 들어 있는 봉투를 집행관에게 제출한다. 봉투를 입찰함에 넣으면 매각 담당 집행관에게 제출한 것이 된다. 한번 제출한 입찰표는 취소, 변경 또는 교환할 수 없다. 매수신청의 보증금액은 최저 매각 가격의 10분의 1이다. 다만, 법원이 상당하다고 인정하는 때에는 보증금액을 달리 정할 수 있으므로 주의해야 한다(재입찰의 경우 매수신청보증금액을 입찰 가격의 10분의 2 또는 10분의 3으로 정하는 것이 보통이다).

❸ 입찰 종결

- 입찰의 마감 및 개찰: 입찰을 마감하면 지체 없이 입찰표를 개봉하여 개찰을 실시한다. 입찰에 참여한 사람은 입찰표 개봉 시 참여할 수 있다.

- 최고가 매수신고인의 결정: 개찰 결과 가장 높은 가격으로 입찰하고 정해진 입찰보증금을 제공한 사람이 최고가 매수신고인으로 결정된다. 만일 가장 높은 가격으로 입찰한 사람이 2인 이상일 경우에는 그들만 추가 입찰을 실시한다. 추가 입찰을 실시한 결과 또다시 동일한 금액으로 입찰한 경우 추첨 방식에 의하여 최고가 매수신고인을 정한다.

- 차순위 매수신고인의 결정: 최고가 매수신고인 이외의 매수신고인은 매각기일을 마칠 때까지 차순위 매수신고를 할 수 있다. 차순위 매수신고란 최고가 매수신고인이 대금 지급 의무를 이행하지 않을 경우 자신에게 매각을 허가해달라는 신고를 하는 것이다. 차순위 매수신고는 신고액이 최저 매각 가격 이상이고, 최고가 입찰가에서 보증금액을 공제한 금액을 넘는 경우에만 할 수 있다.

- 매각기일의 종결: 최고가 매수신고인과 차순위 매수신고인이 결정되면 집행관은 그들의 성명과 가격을 부르고 매각기일의 종결을 고지한다. 입찰자가 없는(유찰) 사건은 법원별로 최저 매각 가격을 20~30% 낮춰 다음 회차에 재입찰을 진행한다.

- 입찰보증금의 반환: 집행관은 최고가 매수신고인 및 차순위 매수신고인 이외의 입찰자에게 그들이 제출한 입찰보증금을 즉시 반환한다.

매각허가결정

법원은 매각결정기일에 매각허가에 관한 이해관계인의 의견을 들은 후 직권으로 법이 정한 매각불허가 사유가 있는지를 조사한 다음, 매각허가결정 또는 매각불허가결정을 선고한다.

이해관계인은 매각허가결정 또는 매각불허가결정에 의하여 손해를 볼 경우 즉시항고를 할 수 있다. 즉시항고를 하려는 항고인은 매각허가 여부의 결정을 선고한 날부터 일주일 이내에 항고장을 원심법원에 제출해야 한다.

매각대금 납부

매각허가결정이 확정되면 법원은 매각대금의 지급기한을 정하여 매수인에게 매각대금의 납부를 명한다. 매수인은 지정된 지급기한 안에는 언제든지 매각대금을 납부할 수 있다.

- 매각대금의 지급 절차: 매수인은 대금 지급기한 안에 매각대금을 은행에 납부하여야 한다. 납부할 금액은 매각대금에서 입찰보증금으로 제공한 금액을 뺀 나머지다.
- 매각대금 지급의 효과: 매수인은 매각대금을 모두 낸 시점에 경매의 목적인 권리를 확정적으로 취득한다. 이에 따라 차순위 매수신고인은 매수의 책임을 면하고 즉시 매수신청보증금을 반환받을 수 있다.
- 경락잔금대출: 경락잔금대출은 부동산 종류와 차주 컨디션에 따라 차이가 있다. 입찰을 마치고 법원을 나서면 대출 모집인 분들이 명함을 나누어 주는데 한도 금리 등을 비교하여 가장 좋은 조건을 선택할 수 있다.
  - 아파트, 빌라 : 낙찰가의 40 ~ 60%(규제지역/비규제지역, 보유 주택 수에 따라 차이 있음)
  - 상가, 오피스텔 : 낙찰가의 60 ~ 80%
  - 공장, 숙박시설, 분양형 호텔 : 낙찰가의 70 ~ 85%

- 지식산업센터 : 낙찰가의 70 ～ 90%

지정된 지급기한까지 매각대금을 모두 납부하지 않을 경우 매수인은 낙찰자로서의 권리를 상실할 뿐만 아니라 입찰보증금도 돌려받을 수 없다. 법원은 차순위 매수신고인이 있을 때는 그에 대해 매각허가 여부를 결정하고 차순위 매수신고인이 없을 때는 재매각을 명한다.

소유권이전등기 등의 촉탁, 부동산 인도명령

매수인이 잔금을 납부하면 부동산의 소유권을 취득한다. 매수인이 필요한 서류를 제출하면 법원은 관할등기소에 매수인 명의의 소유권이전등기와 매수인이 인수하지 않는 부동산에 관한 말소등기를 촉탁한다. 매수인은 대금을 모두 납부한 후 대항력 없는 점유자에게 부동산 인도를 요청할 수 있다. 채무자가 부동산을 인도하지 않는 경우 매수인은 매각대금 완납 시점부터 6개월 이내에 법원에 부동산의 인도명령을 신청할 수 있다.

인도명령이란 경매를 통해 낙찰받은 새로운 소유자가 부동산을 인도받기 위해 법원으로부터 받아내는 집행권원을 말한다. 낙찰대금을 완납한 후 낙찰자 신분이 아닌 소유자 신분으로 신청할 수 있다. 이때 정당한 권리가 없는 점유자(대항력이 없는 임차인, 채무자 등)는 집을 비워주어야 한다. 법원은 채무자 또는 부동산 점유자에게 부동산을 매수인에게 인도하도록 명할 수 있고, 매수인은 집행관을 통해 부동산을 강제적인 방법으로 인도받을 수 있다.

공매 프로세스

공매는 국세가 체납되어 독촉장을 보냈는데도 기한까지 세금과 가산금을 납부하지 않은 경우, 납세자의 재산을 압류하고 이를 환가해서 매각대금으로 세금을 징수하는 절차다.

경매와 달리 한국자산관리공사가 운영하는 온비드 사이트(www.onbid.co.kr)를 통해 인터넷 입찰로 진행된다. 온비드 사이트 안에서 국유재산, 압류재산, 수탁재산 및 국가나 지자체, 공공기관 등의 자산을 공개경쟁 입찰 방식으로 매각하는 시스템이 공매인 것이다.

공매에 참가하기 위해서는 온비드 사이트에 가입하여 범용인증서 또는 네이버 인증서로 등록해야 한다. 로그인을 하면 다양한 메뉴가 있는데 통합 검색, 지도 검색, 상세 조건 검색 등을 통해 물건을 검토한 후 입찰기일 안에 입찰하면 된다.

보통 월요일 오전 10시부터 수요일 오후 5시까지 입찰할 수 있으며, 입찰 결과는 목요일 오전 11~12시에 개인 메시지로 알려준다. 낙찰을 받았다면 그다음 주 월요일 오전 10시에 매각결정통지서를 받게 되는데 이때부터 잔금을 납부할 수 있다.

실수 가능성을 원천 차단하는
입찰 당일 체크리스트

경·공매를 하는 이유는 수익을 얻기 위함이다. 수익은 시세보다 저렴하게 낙찰을 받아야만 얻을 수 있다. 이런 생각을 하는 입찰자가 나만이 아니기 때문에 결코 쉬운 일은 아니다. 하지만 꾸준히 입찰하고 물건에 대한 확신으로 접근하면 얼마든지 낙찰받을 수 있다.

경매에 성공하려면 물건을 선택하고 최적의 입찰가를 정하는 것이 중요하지만, 그보다 더 기본적인 사항이 있다. 바로 입찰 자체를 제대로 해야 한다는 것이다. 다음의 체크리스트를 따로 정리해놓고 입찰 당일 법원으로 출발하기 전에 반드시 들여다보자.

법원 가기 전 반드시 챙겨야 할 것

- **본인 단독입찰일 경우**

  – 신분증과 도장

  – 입찰보증금

- **대리입찰일 경우**

  – 대리입찰자의 신분증과 도장

  – 입찰자의 인감증명서와 인감도장이 찍혀 있는 위임장

  – 입찰보증금

- **공동입찰일 경우**

  – 공동입찰신고서

  – 공동입찰자목록

  – 공동입찰자 전원의 신분증 및 도장(대리입찰인 경우 대리인의 신분증 및 도장 포함)

  – 공동입찰자 전원의 인감증명서와 인감도장이 찍혀 있는 위임장(미참석자가 있

    는 경우 미참석자의 인감증명서와 인감도장이 찍혀 있는 위임장)

  – 입찰보증금

입찰 시 반드시 체크해야 할 사항

입찰 가격 수정은 절대 불가하다

입찰 가격은 절대 수정할 수 없다. 잘못 적었다면 고쳐 쓰는 게 아니라 새로운 입찰표에 다시 작성해야 한다.

초보자라면 집에서 미리 입찰표를 작성해 가는 것이 좋다. 법원에 가서 입찰표를 작성하려고 하면 긴장된 탓에 실수할 확률이 높기 때문이다.

입찰 가격은 신중 또 신중하게 기재한다

입찰 가격을 적을 때는 최대한 집중해야 한다. '0' 하나를 더 써서 소중한 보증금을 잃는 경우가 종종 있다. 대개 법원에 늦게 도착하거나 시간에 쫓겨 작성하는 사람들이 이런 실수를 한다. 초보라면 기일입찰표는 집이나 사무실 등 편안한 공간에서 미리 작성해 가자.

만약 현장 분위기를 보고 입찰가를 높이거나 낮추고자 한다면, 사전에 주소 등 인적사항을 모두 작성하고 입찰가 금액란만 비워두는 방법을 추천한다. 그러면 법원에 가서는 가격만 생각하면 되므로 한결 낫다.

사건번호 외 물건번호가 있다면 물건번호를 반드시 기재한다

개별 매각물건은 사건번호뿐만 아니라 물건번호도 반드시 정확하게 기재해야 한다. 물건번호를 적지 않으면 어떤 물건에 입찰했는지 정확히 알 수가 없다. 당연히 무효 처리된다(다행히 입찰보증금은 돌려준다).

입찰보증금은 입찰가의 10%가 아니라 최저 매각가의 10% 이상이다

대한민국법원 법원경매정보 사이트(www.courtauction.go.kr)를 보면 보증금 액수가 적혀 있다. 거기 적힌 금액대로 준비하면 되는데 가끔 보증금을 부족하게 넣는 경우가 생긴다. 보증금을 더 많이 넣는 것은 상관없지만 100원이라도 부족하다면 1등을 해도 무효 처리된다. 현금보다는 수표 한 장으로 준비하는 것이 좋고, 꼭 현금으로 준비해야 한다면 1,000원 한 장, 동전 하나도 빠짐없이 꼼꼼히 확인한 후 보증금 봉투에 넣어야 한다.

필요 서류가 빠짐없이 있는지 확인한다

앞의 '법원 가기 전 반드시 챙겨야 할 것'에서 제시한 준비물은 반드시 챙기자. 특히 대리입찰일 경우 주의해야 하는데, 입찰자 본인의 인감증명서와 인감도장이 찍혀 있는 위임장을 반드시 제출해야 한다. 또 법인입찰이라면 등기사항전부증명서, 사업자등록증, 법인 인감증명서가 반드시 첨부되어야 한다. 입찰봉투를 봉하기 전에 최종적으로 확인하는 습관을 들이자.

입찰 전, 낙찰 후
무엇을 해야 하나

경매나 공매로 입찰하기 위해서는 시세 조사를 해야 한다. 낙찰을 받는 데에도 충분한 조사에 바탕을 둔 확신이 필수적이다. 초보 투자자들은 입찰을 해보기도 전에 세금, 명도 등의 걱정으로 실행에 옮기지 못하는 경우가 있는데 그럴 필요 전혀 없다. 일단 낙찰에 포커스를 두어야 한다. 그다음은 알아서 굴러가니 너무 걱정하지 않아도 된다. 입찰하기 전, 그리고 낙찰이 되고 나서 무엇을 하면 좋을지 알아보자.

- **경매 절차**

  입찰 → 낙찰 → 매각허가결정 → 매각허가확정 → 잔금 납부 → 배당

입찰 전: 시세 파악 후 입찰가 산정

손품 조사가 필수이긴 하지만 시간이 얼마나 걸리느냐의 차이가 있을 뿐 대부분의 사람이 손품을 통해서는 비슷한 결과를 얻는다. 편하게 앉아서 조사하는 데에는 한계가 있다는 얘기다. 그런데도 소수만이 직접 발품을 판다. 일단 귀찮기 때문이다. 퇴근 후 또는 주말을 이용해서 현장에 가야겠다고 생각하지만 미루고 미루다가 결국 흐지부지된다. 주말엔 좀 쉬고 싶고 경조사도 챙겨야 하며 가족과 시간도 보내야 하는 등 많은 핑곗거리가 생긴다. 이런 일을 예방하려면 환경설정을 위한 노력을 해야 한다.

인간의 '의지'는 '환경'을 이기지 못한다. 나는 주중에 현장조사 동선을 미리 짜서 해당 지역 중개사무소 소장님들과 미리 약속을 잡아놓는다. 약속을 해두면 지키기 위해 노력하게 되기 때문이다. 또한 계획 없는 현장조사는 시간 낭비가 될 확률이 높으니 동선을 미리 짜두어야 한다. 서너 군데만 돌아도 하루가 저물어 계획했던 곳을 모두 조사하지 못할 때도 있지만, 그래도 계획은 없는 것보다 있는 것이 훨씬 낫다. 발품을 꾸준히 파는 사람 중에 성과를 내지 못하는 사람을 보지 못했다. 우리 카페 이름이 '발품불패'인 이유도 이것이다. 제대로 된 손품과 발품만이 입찰 대상에 확신을 준다고 믿기 때문이다.

손품과 발품으로 하는 조사에는 왕도가 없다. 조금 더 부지런하거나 현장에 한 번 더 가본 사람이 유리할 수밖에 없다. 두려워하지 마시라. 현재의 고수들도 한때는 초보자였다. 당신의 의지에 달려 있는 것이니 꾸준한 입찰을 위해 꾸준히 조사하는 습관을 들여야 한다.

대상이 무엇이든 사전 조사를 할 때는 담보가치 파악이 먼저다. 예를 들어 아파트라면 '전세가'와 '현재 시세'를 정확히 아는 것이다. 미래의 부동산 가격이 어떻게 변할지는 누구도 알 수 없고, 감정가는 적정 입찰가를 산정하는 데 큰 의미가 없다. 감정평가를 하는 시점과 경매를 진행하는 시점 사이에 공백 기간이 꽤 있기 때문이다.

누구는 지난달의 실거래가를 기준으로 입찰하고, 누구는 현재 시세(네이버 매물 등)를 기준으로 입찰하며, 또 누구는 감정가(또는 과거 시세)를 기준으로 입찰한다면 결과는 뻔하지 않겠는가. 패찰을 계속한다면 자신이 제대로 알아보지 않은 것이다. 현재 시세를 기준으로 하는 사람들 사이에서 철 지난 가격을 들이미는 사람이 이길 순 없다.

욕심이 과한 사람들도 많다. 대다수가 한 달 내내 일해서 월급 몇백만 원을 버는데 한두 번의 입찰로 수천만 원을 쉽게 벌 수 있으리라고 기대하는 식이다. 이런 마인드라면 100전 99패다. 아주 가끔 운이 좋은 사람들도 있지만 투자는 운에 기대는 게 아니다.

나는 현실주의자다. 어떤 투자든 절대로 운에 기대지 않는다. 당신이 초보이면서 돈 1,000만 원을 우습게 생각한다면 어떤 일을 해도 쉽지 않을 것이다. 그래서 투자 마인드가 중요하다.

시세에 대한 확신이 있고 이후 경매 절차에 대한 두려움이 없다면 경매나 공매로 낙찰받는 것은 시간문제다. 적어도 나의 경우는 그랬다. 욕심을 내려놓고 하루에 세 건 입찰했는데, (내심 두 건은 패찰하고 한 건 정도만 좋은 가격에 낙찰받기를 바랐지만) 뜻밖에 세 건 모두 낙찰받은 적도 있다.

초보 경매 투자자의 목표는 경험하는 것이 1순위고, 돈 버는 것은 2순위에 놓아야 한다. 그러면 시간이 흐르며 둘 다 충족할 수 있다. 많은 사람들이 경매가 두려워서 혹은 현장에 가기 귀찮아서 실행하지 않을 때 나는 수십, 수백 번 입찰해 패찰과 낙찰을 반복했다. 이것 말고는 도저히 현재 상태에서 벗어날 방법이 없었기 때문이다. 현실을 벗어나고 싶다는 생각과 오랜 결핍은 내게 강제적으로 행동할 수 있는 최적의 투자 환경을 제공해줬다.

낙찰 후: 잔금 마련과 명도 준비

낙찰을 받고 나서는 무엇을 뭘 해야 할까? 가장 급한 것이 대출을 알아보는 것이고, 동시에 사건 열람을 하는 것이 좋다. 낙찰일로부터 매각허가확정일까지 2주의 기간이 주어진다. 매각 절차에 흠결이 있거나 이해관계인의 항고 등 어떤 하자가 있다면 매각이 취소될 수도 있기에 이 기간에는 낙찰자가 잔금을 내지 못한다. 그렇다고 가만히 있어선 안 된다. 해당 경매계로 가서 재판 기록을 열람해 점유자를 파악하고 명도 계획을 세워야 한다.

그런 다음 최대한 서둘러 점유자와 접촉을 시도한다. 패찰을 했는데 채무자를 만나보는 경우도 있다. 해당 부동산에 있는 채무를 내가 대신 갚아주는 조건으로 경매를 취하하게 해서 일반매매로 가져올 수도 있기 때문이다. 반대 상황도 물론 겪었다. 낙찰을 받았는데 나 같은 투자자가 채무자를 만나 경매를 취하시킨 경우다. 초보자들은 경매 투자에서 낙찰만이 소유권을 가져올 수 있는 유일한 방법이라고 생각한다. 하지만 경매가 진행 중인 부동산(등기사항전부증명서에 경매개시결정 등기가 있어도)도 얼마든지 경매를 취하하고 소유권을 가져올 수 있다.

경매 투자를 하다 보면 내가 낙찰받았을 때 2등 한 입찰자에게 잔금을 내지 말아 달라는 제안을 종종 받는다. 내가 잔금을 내지 않으면 2등에게 순서가 돌아가겠지만, 나는 꼼짝없이 보증금을 날리게 되니 그 제안을 그냥 받아들일 수는 없다. 보증금 액수를 포함하여 해당 물건에 대해 애초에 생각했던 수익금 수준의 제안이라면 판단해서 결정하면 된다. 등기 후 투자를 계속 진행할 때의 수익이 클지, 초단기 매도로 수익을 얻을지 비교하는 것이다.

경매 사건을 보면 가끔 미납 사건이 눈에 띌 것이다. 권리분석이나 시세 파악을 잘못해서 잔금을 내지 못하는 사람도 있지만, 일부러 잔금을 납부하지 않는 경우도 많다. 방금 얘기한 것처럼 차순위 매수신고인에게 일정 부분 보상을 받고 지위를 넘겨주는 경우가 그중 하나다. 이렇듯 매각허가결정/확정 기간에 여러 이해관계인의 물밑 작업이 치열하게 이루어진다. 경매를 오래 할 거라면 잔금을 내기 전까지 여러 변수가 있다는 점을 이해하고 잔금을 서둘러 낼지 천천히 낼지 판단해봐야 한다.

낙찰받은 부동산의 점유자와 접촉하는 방법도 다양하다. 현관문에 포스트잇을 붙여두는가 하면 우편물이나 내용증명을 보내기도 한다. 직접 만날 때까지 밤낮을 바꾸어가며 찾아가는 사람도 있고, 한 번도 찾아가지 않는 사람도 많다. 별다른 조치 없이 강제집행 절차에 착수하는 사람도 있다. 하지만 잔금을 납부한 후 한 번 정도는 현장에 가보기를 권한다. 그래야 적절한 대처 방법을 통해 시간과 비용을 최소화 할 수 있기 때문이다.

3초 만에 끝내는
초간단 권리분석

현장조사를 하기에 앞서 해야 할 것이 권리분석이다. 분석을 한다니 뭔가 어려워 보이지만 전혀 그렇지 않다. 핵심은 말소기준권리를 찾는 것이다. 아주 간단한 단어 찾기 게임이며 한글만 알면 누구나 할 수 있다. 등기사항 전부증명서에서 다음의 5개 단어를 찾으면 된다.

- (근)저당
- (가)압류
- 담보가등기
- 경매개시결정 등기
- 배당요구 한 전세권

말소기준권리가 되는 권리의 종류

근저당권

은행은 돈을 빌려주면서 대개 근저당권을 설정한다. 채무자가 이자나 원금을 갚지 않을 때 경매로 부동산을 팔아 빌려준 돈을 회수할 수 있기 때문이다.

시중 은행은 원금의 120%를 채권최고액으로 설정한다. 예를 들어 1억 원을 빌려준다면 1억 2,000만 원, 2억 원을 빌려준다면 2억 4,000만 원이다. 만일 이자를 내지 않아 연체가 된다면 이 채권최고액 한도 내에서 채무자에게 원금, 정상이자, 연체이자, 경매비용 등을 청구할 수 있다.

가압류

채권자가 채무자를 상대로 소송을 제기해서 승소 판결을 받아도 채무자가 재산을 고의로 숨기거나 팔아버리면 채권을 회수할 수가 없다. 그래서 사전에 재산을 빼돌리지 못하도록 채무자의 재산을 임시로 동결하는데 이를 '가압류'라고 한다.

채권자가 가압류를 신청하면 법원은 흠결이 없는 이상 해당 '가압류' 사실을 등기부에 기재한다. 채무자는 재판이 진행되는 동안 임의로 재산을 처분할 수 없으며, 추후 채권자가 승소하면 가압류를 (본)압류로 바꾸어 경매를 신청할 수 있다. 압류의 본질은 채무자의 처분권을 박탈하는 데 있고, 채권자는 압류 후 환가 절차를 거쳐 채권을 회수할 수 있다.

담보가등기

앞서 설명한 근저당권처럼 채권자는 채무자에게 돈을 빌려주고 해당 부동산에 가등기를 설정할 수 있다. 가등기는 '본등기의 순위 보전을 위한 예비등기'로, 가등기 자체만으로는 등기의 효력이 없다. 다만, 본등기가 이루어지면 본등기의 순위가 가등기 순위로 소급된다.

제3자에게 부동산이 매각되거나 경매로 넘어간다고 하더라도 채권자가 미리 가등기를 해두면 담보부동산에 대한 우선순위를 보전할 수 있다. 매도인이 소유권이전등기 절차에 협조하지 않거나, 계약 상태에서 매수인으로서의 권리를 확보할 필요가 있는 경우 등에 이용된다.

경매개시결정 등기

채권자는 채무자가 약정된 채무를 변제하지 않을 때 법원으로부터 판결문, 확정된 지급명령, 화해조서, 조정조서, 공증문서 등으로 강제경매를 신청할 수 있다.

이때 법원은 적법 여부를 보고 이상이 없으면 해당 부동산에 대해 경매개시를 명하고 이를 등기부에 기재하는데, 이를 '경매개시결정 등기'라 한다. 채무자의 부동산을 압류한 후 매각하는 것으로 처분을 금지하는 압류 효과가 발생하며, 등기상 다른 말소기준권리가 없을 때 말소기준권리가 된다.

배당요구 한 전세권

일반적인 전세는 채권의 형태로 등기부에 기재되지 않는다. 하지만 전세금이 등기부에 기재되면 '전세권'이 설정됐다고 보고 물권이 된다. 이때 전세권자(임차인)는 임대인의 동의 없이 해당 부동산을 타인에게 양도하거나 임대할 수 있다. 계약 기간 이후 임대인이 전세보증금을 반환하지 않을 경우, 보증금 반환 소송에 대한 법원의 확정판결 없이도 해당 부동산을 즉시 경매로 진행시킬 수 있다.

말소기준권리가 되는 전세권은 배당요구를 했거나 경매를 신청한 경우에 한한다. 점유의 방법은 크게 두 가지로 나눌 수 있는데 소유자가 살거나 전·월세 계약으로 임차인이 사는 경우다. 소유자라면 말소기준권리만 잘 보고 입찰해도 무방하다. 하지만 임차인이 있는 사건이라면 대항력 여부를 반드시 확인해야 한다. 임차인에게 대항력이 있다는 것은 소유자가 바뀌더라도 임차인이 보증금을 다 받을 때까지 또는 계약 기간까지 '계속 거주할 수 있다'는 뜻이다. 이를 낙찰자 입장에서 보면 '임차인이 돌려받지 못한 보증금을 인수할 수 있다', 즉 임차인에게 보증금을 돌려줘야 한다는 뜻이 된다. 임차인에게 줄 보증금까지 더해야 한다면 입찰가를 시세보다 훨씬 낮게 써내야 한다. 새로운 소유자(낙찰자)가 임차인의 임대보증금을 인수해야 하기 때문이다.

권리분석의 핵심: '말소기준권리' 찾기

첫째, 말소기준권리를 찾자. 앞서 설명한 5개의 단어를 찾으면 되는데, 특히 근저당과 가압류가 80% 이상을 차지한다.

둘째, 말소기준권리 아래의 채권은 모두 삭제된다고 생각하자. 만일 말소기준권리 위에 다른 채권이 있다면 패스하면 된다. 법 전공자가 아닌 사람이 잘 모르는 것까지 자세히 이해하려 들면 경매 투자는 어려워진다. 즉, 공부를 위한 공부를 하게 된다. 우리는 공부가 아니라 투자를 해서 수익을 내는 게 목적이다. 쉬운 경매 사건도 많으니 굳이 어려운 건에 매달릴 필요가 없다. 무엇보다 유료 경매 사이트에서 '소멸' 또는 '인수'라고 친절하게 표시해준다(100% 신뢰하긴 어렵지만 웬만한 건 다 걸러준다).

셋째, 임차인이 있는지 없는지를 확인하자(〈그림 1–1〉 참고). 소유자가 살고 있다면 입찰을 위한 권리분석은 거기서 끝이다. 즉 안전한 물건이다. 만약 임차인이 살고 있다면 '대항력'이 있는지 없는지를 봐야 한다. 말소기준권리 날짜와 임차인의 전입신고일을 비교해서 전입신고일이 빠르면 일단 대항력이 있는 것이고, 말소기준권리 날짜가 빠르면 대항력이 없는 것이다. 대항력이 없다면 안전한 물건이다. 만일 대항력이 있다면 ① 보증금을 전액 받는 경우, ② 보증금을 받지 못하는 경우로 나눈다. ①번 역시 안전한 사건

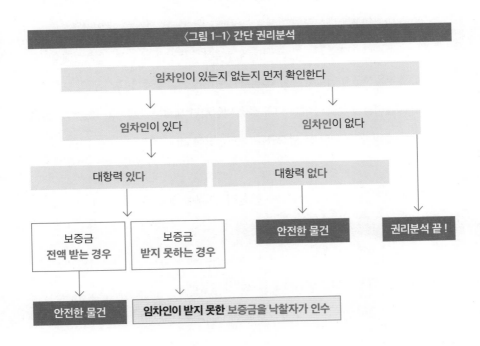

〈그림 1–1〉 간단 권리분석

임차인이 있는지 없는지 먼저 확인한다

임차인이 있다 / 임차인이 없다

대항력 있다 / 대항력 없다

보증금 전액 받는 경우 / 보증금 받지 못하는 경우

안전한 물건 / 권리분석 끝!

안전한 물건 / 임차인이 받지 못한 보증금을 낙찰자가 인수

이고, ②번의 경우에만 임차인이 받지 못한 보증금을 낙찰자가 인수한다고 생각하면 쉽다.

넷째, 매각물건명세서와 현황조사서를 확인하자. 특히 매각물건명세서의 '비고란'은 반드시 확인해야 한다. 여기에 어떤 '인수' 조건이 기재되어 있고 내가 처리할 수 없는 사안이라면 입찰하지 않으면 된다.

임차인의 대항력 문제

대항력 있는 임차인이 자신의 보증금을 받을 수 있는 경우는 두 가지다.

- 법원에 배당요구를 해서 매각대금에서 보증금을 받는다. 이 경우 전액 배당이 된다면 임차인에게 대항력이 있다고 하더라도 낙찰자는 신경 쓸 게 없다.
- 법원에 배당요구를 하지 않은 상태에서 낙찰자가 잔금 납부 후 새로운 매수인으로서 부동산을 비워달라고 할 때 임차인은 이를 거절할 수 있다. 자신의 보증금을 모두 돌려받지 못했기 때문이다. 결국 낙찰자인 새로운 소유자가 해당 부동산을 사용, 수익하기 위해서는 보증금을 내줄 수밖에 없다.

상황이 이러한 물건이 있을 때 입찰과 관련한 결론은 다음 세 가지로 나뉜다.

- 임차인이 받지 못하는 보증금을 고려하여 입찰한다.
- 보증금이 얼마인지 알 수 없다면 입찰하지 않는다.

- 당시 전세 시세를 유추하여 그만큼 인수한다고 가정하고 입찰한다. 특정 시기, 특정 아파트의 전세 시세는 일정한 편이므로 보수적으로 추정한다.

말소기준권리보다 후순위에 있는 임차인은 임대보증금이 있든 없든 상관없이 매각으로 그 권리가 소멸한다. 경매에서 '대항력이 있다'는 것은 임차인이 낙찰자에게 "방 못 빼!"라고 할 수 있다는 뜻이다. 대항력은 등기를 필요로 하지 않고, '점유+전입'만 하면 다음 날 0시 기준으로 발생한다. 다만 대항력의 성립 요건이 점유, 즉 실제로 사는 것과 전입신고이므로 임차인이 이사를 가거나 다른 곳에 전입신고를 하면 상실된다.

그래도 어렵다면 이렇게 생각하자. 경매사이트에 '인수' 표시가 되어 있는 물건에는 입찰하지 않으면 된다. 초보자라면 모든 권리가 '소멸'하는 경매 사건만 입찰해도 무방하다.

권리분석에 꼭 필요한
세 가지 경매 서류

입찰 전 확인해야 할 세 가지 서류가 있다.

- 감정평가서
- 현황조사서
- 매각물건명세서

법원경매 사이트 및 유료 경매 사이트에서 누구나 클릭 한 번으로 확인할 수 있는 문서다. 어떤 내용을 살펴보고 어떻게 활용해야 하는지 알아보자.

감정평가서

경매 사건을 접수한 법원은 해당 부동산에 대한 감정평가명령을 내린다. 법원에서 지정한 공인된 감정평가 기관에서 회신한 평가 금액을 최초 매각 금액으로 정한다. 이를 '감정가'라 한다. 이 감정가를 신뢰하여 입찰가를 작성하는 사람이 많은데, 경매 경력이 어느 정도만 돼도 감정가를 참고하는 일은 거의 없다. 해당 부동산의 감정평가 시점과 입찰일 간에 최소 6개월에서 1년 이상 차이가 나기 때문이다.

부동산 시세는 시시각각 변하는데 1년여 전에 감정평가된 가격을 기반으로 입찰가를 쓴다면 어떻게 되겠는가. 낙찰가에 근접하기가 쉽지 않을 것이다. 예를 들어 부동산 상승기라면 매번 패찰할 수밖에 없고, 하락기라면 시세보다 한참 높은 가격에 낙찰을 받게 될 것이다.

가끔 있는 일이지만 사람이 하는 일이다 보니 감정평가 자체에 오류가 발생하기도 한다. 시세와 감정가 간에 과도한 차이가 나는 경우 채권자 또는 채무자 겸 소유자가 재감정을 요청할 순 있지만 받아들여지지 않는 경우가 많다. 감정평가가 잘못됐더라도 바로잡기가 쉽지 않기에 감정평가 금액을 신뢰하여 입찰가를 산정해선 안 된다. 감정평가서는 다음과 같은 내용으로 구성된다.

- 감정평가의 근거(명세표)
- 위치 및 지적도
- 내부 구조도
- 현장 사진

〈그림 1-2〉 감정평가서(예)

이 감정평가서는 감정평가에 관한 법규를 준수하고 감정평가이론에 따라 성실하고 공정하게 작성하였기에 서명날인합니다.

감정평가사 (인)

감정평가액	이억팔천팔백만원정(₩288,000,000.-)					
의 뢰 인	인천지방법원 부천지원 사법보좌관		감정평가목적		법원경매	
채 무 자	-		제 출 처		인천지방법원 부천지원 경매3계	
소 유 자 (대상업체명)	외 1명 (2020타경)		기 준 가 치		시장가치	
			감정평가 조 건		-	
목 록 표 시 근 거	귀 제시목록		기 준 시 점	조 사 기 간		작 성 일
			2020.11.20	2020.11.17 ~ 2020.11.20		2020. 11. 20

	공부(公簿)(의뢰)		사 정		감 정 평 가 액	
	종 류	면적 또는 수량	종 류	면적 또는 수량	단 가	금 액
감정평가내용	구분건물	1개호	구분건물	1개호	-	288,000,000
		이	하	여	백	
	합 계					₩288,000,000

감정평가액의 산출근거 및 결정의견

" 별   지   참   조 "

감정평가서를 보면 간혹 전체가 아닌 건물(토지) 일부가 경매로 진행되는 경우가 있다. 아파트, 빌라 등 집합건물은 낙찰 후 잔금을 내면 해당 호수가 온전히 내 소유가 된다. 그런데 단독주택의 옥탑방, 시골 농가의 창고, 간이 화장실 및 토지 위의 조경수, 유리 온실, 축사 등이 '제시 외 건물'로 표시되는 경우가 있다. 해당 부동산과 부수된 토지 또는 정착물 등이 감정평가서에 모두 포함되어 있다면 잔금을 납부한 낙찰자의 소유가 된다. 하지만 감정평가에 포함되지 않은 '제시 외 건물'은 잔금을 납부하더라도 여전히 전 소유자의 것이다. 낙찰자(새로운 소유자)가 그 소유권을 가져오려면 전 소유자와 합의를 하거나 추가로 매입을 해야 한다.

현황조사서

현황조사서란 법원 집행관이 경매 부동산의 현재 상태를 확인한 후 작성하는 서류다. 임차인 정보가 포함돼 있기에 입찰자에게 매우 중요하다. 집행관이 실제로 방문하여 살고 있는 사람에게 점유의 권원과 이유를 묻고, 그에 대한 답변과 계약서 등을 현황조사서에 기록한다. 임차인, 유치권자 등의 점유 시기나 대항력 유무를 알 수 있는 기본적 자료이니 당연히 입찰 전에 확인해야 한다. 현황조사서는 반드시 참고하되 경매 물건에 대해 완전히 알 수는 없다는 점을 늘 염두에 두어야 한다.

여기에는 집행관의 방문 일시가 기록되어 있는데, 이것이 유치권이나 법정지상권 등의 성립 여부를 판단하는 데 영향을 미칠 수 있다. '임차 내역 없음'으로 기록되기도 하고 미납 관리비에 대한 정보가 기재되기도 한다.

법원별 집행관들의 업무 스타일에 따라 조사 순서와 방법이 달라질 수 있으며 현장에 임하여 조사한 후 작성한 서류다. 입찰 전 반드시 확인해야 하며 때로는 점유자의 구두전달 내용을 그대로 기재하므로 완전히 신뢰하기

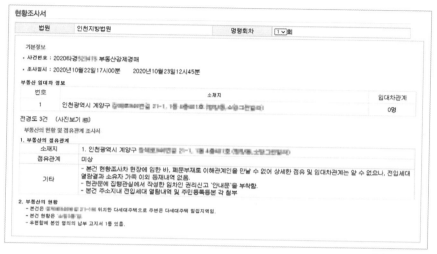

〈그림 1-3〉 현황조사서(예)

현황조사서					
법원	인천지방법원		명령회차	1∨회	

기본정보
• 사건번호 : 2020타경▨▨▨▨호 부동산강제경매
• 조사일시 : 2020년 10월 22일 17시 00분   2020년 10월 23일 12시 45분

부동산 임대차 정보

번호	소재지	임대차관계
1	인천광역시 계양구 ▨▨로▨▨번길 21-1, 1동 4층▨1호 (▨▨동, ▨▨그린빌▨)	0명

전경도 3건   (사진보기 ▨)

부동산의 현황 및 점유관계 조사서

1. 부동산의 점유관계

소재지	1. 인천광역시 계양구 ▨▨로▨▨번길 21-1, 1동 4층▨1호 (▨▨동, ▨▨그린빌▨)
점유관계	미상
기타	- 본건 현황조사차 현장에 임한 바, 폐문부재로 이해관계인을 만날 수 없어 상세한 점유 및 임대차관계는 알 수 없으나, 전입세대 열람결과 소유자 가족 이외 등재내역 없음. - 현관문에 집행관실에서 작성한 임차인 권리신고 `안내문`을 부착함. - 본건 주소지내 전입세대 열람내역 및 주민등록등본 각 첨부

2. 부동산의 현황
- 본건은 ▨▨로▨▨번길 21-1에 위치한 다세대주택으로 주변은 다세대주택 밀집지역임.
- 본건 현황은 ▨▨1층임.
- 우편함에 본인 명의의 납부 고지서 1통 있음.

출처: 스피드옥션

는 어렵다. 예를 들어 다음과 같은 경우가 있다.

- 임차인의 정보 누락
- 점유자의 거짓 진술
- 전입일 또는 사업자등록일이 잘못 적히는 경우

임차인에 대한 이와 같은 정보의 진정성을 판단하는 것은 온전히 입찰자의 몫이다. 참고 자료로 충분히 활용하되 의심이 가거나 진위를 파악할 필요가 있을 때는 스스로 현장조사를 해야 한다.

매각물건명세서

매각물건명세서는 점유자 이름, 권원, 임대차 기간, 보증금, 월세, 전입신고일(사업자등록일) 확정일자, 배당요구 여부 등을 기록한 문서다. 부동산에 관한 권리 또는 가처분으로 매각을 통해 효력을 잃지 않는 것, 매각에 따라 설정된 것으로 보게 되는 지상권의 개요 등을 기재한 공적 서류로, 법원은 매각기일 1주일 전까지 법원에 비치하여 누구든지 볼 수 있게 한다.

입찰 예정자의 의사결정을 위한 판단 자료로 가장 신뢰할 수 있는 문서다. 이 문서를 통해서는 다음과 같은 사항들을 살펴봐야 한다.

- 최선순위 설정일자: '말소기준권리'가 될 수 있다.
- 배당요구 종기일: 해당 경매 사건의 채권자, 임차인 등이 받을 돈이 있는 경우 자신의 권리만큼 돈을 달라고 법원에 신청할 수 있는 마지막 날이다. 임차인 등 당연 배당권자가 아니라면 종기일 내에 반드시 권리신고를 해야 한다.
- 등기된 부동산에 관한 권리 또는 가처분으로 매각을 통해 그 효력이 소멸하지 않는 것: 낙찰 후 인수되는 권리가 있다면 이곳에 기재된다. 빈칸 또는 '해당사항 없음'으로 되어 있다면 안전한 사건으로 본다. 또한 비고란에 어떤 기재 사항도 없으므로 권리분석상 안전한 경매 사건으로 봐도 된다.
- 매각에 따라 설정된 것으로 보는 지상권의 개요: 보통 빈칸 또는 '해당사항 없음'으로 되어 있지만, 토지 아래로 지하철이 다니거나 토지 주변에 철탑 등이 있는 경우 지상권에 대한 내용이 적힌다. 땅의 가치가 떨어질 수 있는 경우 입찰가를 보수적으로 산정하면 된다.
- 비고란: 담당 경매계에서 주의사항을 적는데 초보일수록 이 부분을 잘 봐야 한다.

〈그림 1-4〉 매각물건명세서(예)

출처: 대한민국 법원 법원경매정보

아무것도 적혀 있지 않다면 권리관계가 깨끗한 물건으로 봐도 무방하다. 반대로 어떤 인수 사항이 적혀 있으면 위험 요소가 있다는 신호다. 예를 들어 다음과 같은 내용이 적혀 있기도 한다.

- 대항력 있는 임차인으로 전액 배당이 되지 않으면 인수 금액 발생할 수 있음
- 분묘기지권 성립 여부 불분명함
- 지분 매각임
- 정확한 면적과 인접 토지와의 경계 등은 측량을 통해 별도의 확인 필요함

초보자는 '공란'이거나 '해당사항 없음'이라고 적혀 있는 물건들 위주로

입찰에 들어가는 게 좋다.

혹시 매각물건명세서에 흠결 또는 중대한 하자가 있는 경우 이를 신뢰한 입찰자는 보호받을 수 있다. 오기재 또는 오류가 있는 매각물건명세서를 첨부하여 '매각불허가 신청'을 하면 입찰 당시 납부한 입찰보증금을 안전하게 돌려받을 수 있다.

경매에는
네 가지 가격이 있다

경매를 할 때 알아두어야 하는 가격은 네 가지, 즉 시세, 입찰가, 대출가능 금액, 실투자금이다. 시세를 알아야 입찰가를 산정할 수 있고, 대출가능금 액을 알아야 실투자금이 얼마나 필요한지 알 수 있다. 이처럼 네 가지 가격 을 모두 제대로 파악해야 내 돈 얼마를 들여서 얼마를 벌 수 있을지 예측해 볼 수 있다.

이 중에서 내가 정할 수 있는 것은 입찰가뿐이며, 나머지는 모두 내 의지 밖에서 결정된다. 그러니 시세를 최대한 정확히 파악하여 가장 유리한 입찰 가를 정하는 데 주력해야 한다. 낙찰을 받았는데 정작 시세와 비슷하거나 오히려 더 높은 가격이라면, 경매의 장점을 누릴 수 없다.

초보자일수록 경매 현장 분위기에 휩쓸려 가격을 높게 써내기 쉬운데, 이 는 입찰가를 어떻게 정해야 할지 자신만의 기준을 세우지 못해서다. 경매에서 가장 중요한 것은 시세보다 싸게 사는 것이다. 그래야 안전마진을 확보할 수 있다.

실제 거래되는 가격을 철저히 조사한다

시세를 파악할 때는 다음 세 가지에 집중하면 된다.

- 실거래가: 실제 거래가 이루어진 최신 데이터를 최대한 모은다. 이 데이터가 많을수록 시세에 대한 신뢰도가 높아진다. 이례적인 한두 건의 고가나 저가를 시세라고 보고 입찰가를 정하면 패찰 또는 높은 가격에 입찰이라는 결과를 얻게 된다. 저가 시세의 대표적인 예가 증여 계약인데, 아무래도 증여인 만큼 세 부담을 낮추기 위해 최대한 낮은 가격으로 계약하는 경향이 있다.
- 전세 및 월세 가격: 낙찰 후 매도하지 않고 임대를 주면 실투자금이 크게 줄어든다. 전세를 놓으면 전세보증금을 투자금으로 활용할 수 있고, 월세를 놓으면 다달이 나가는 대출 이자를 충당할 수 있다. 그러므로 임대 시세도 반드시 알아두자.
- 급매가: 어떤 사정이 있어서 싸게 내놓은 물건의 가격도 알아두자. 다만 시세를 교란하지 않는 거래가 가능한 진짜 매물이어야 한다. 초보라면 급매가보다 낮은 가격에 입찰받는 것을 목표로 하자.

실거래가 확인 방법

KB부동산의 주택 유형별 실거래가

KB부동산 사이트(kbland.kr)에서는 주택 유형별로 실거래가를 확인할 수 있다. 아파트나 오피스텔은 여기에 올라온 정보도 신뢰할 만하므로 시세를 파악하기가 쉬운 편이다. 사이트에 올라와 있는 매물 정보를 최대한 검색해 거래 사례 비교법(비슷한 조건의 물건들을 검색해서 비교하는 방법)을 활용하는 것이 좋다.

아파트에 비해 빌라, 다가구주택 등은 시세를 파악하기가 쉽지 않다. 중개 수수료를 아끼기 위해 공인중개사를 통하지 않고 집주인이 직접 전·월세를 놓거나 매매를 하는 경우도 있고, 업·다운 계약도 종종 있기 때문이다. 게다가 아파트만큼은 거래가 활발하지 않다는 것도 시세 파악을 어렵게 하는 요인이다.

그렇다고 해도 빌라나 다가구주택 역시 아파트처럼 인접 주택의 거래 사례들을 비교함으로써 시세를 파악할 수 있다. 다가구주택의 가격에는 토지에 대한 개별공시가와 건물 및 토지의 주택공시가가 있다. 세금 징수나 감정평가의 기준이 되는 가격이다. 시세를 알고 싶은 빌라, 다가구주택 인근의 실제 거래된 주택들을 찾아서 그 매매 가격과 토지면적으로 평당 가격을 환산해본다. 나아가 매매 금액이 개별공시가와 주택공시가 대비 얼마의 비율로 거래됐는지도 파악해본다. 이런 방법으로 단독주택, 상가주택, 다가구주택의 시세를 파악하는 것도 하나의 방법이다. 다만 주택마다 대지와 건축물의 건평과 연면적이 다르고, 층수·방향·상태·구조·도로 인접 여부도 다르므로 다양한 방법으로 비교해보는 게 좋다.

국토교통부 실거래가 공개시스템

국토교통부 실거래가 공개시스템(rt.molit.go.kr) 사이트를 방문하면 최저가·최고가, 상·하한가, 시세 변동 추이를 파악할 수 있다. 부동산 거래 가격 및 거래 동향을 보다 신속하고 정확히 알 수 있도록 국토교통부에서 제공하는 실거래 자료 서비스다.

국토교통부에서 제공하는 데이터는 2006년 1월부터 부동산거래신고 및 주택거래신고를 한 주택(아파트, 연립·다세대, 단독·다가구), 오피스텔, 토지, 상업·업무용 부동산 그리고 2007년 6월 29일 이후 체결된 아파트 분양·입주권을 대상으로 한다. 그리고 전·월세 실거래가 공개는 2011년 1월부터 읍·면·동 주민센터에 신고된 확정일자 자료와 일부 공개 가능한 대법원 등기소의 주택(아파트, 연립·다세대, 단독·다가구, 오피스텔) 확정일자 자료를 대상으로 한다.

한국감정원 부동산통계정보시스템 R-ONE

부동산 거래 통계를 볼 수 있는 또 다른 사이트로 한국감정원 부동산통계정보시스템 R-ONE(r-one.co.kr)이 있다. 다만 이곳의 자료는 활용 목적과 집계 기준, 관리 범위 등에서 국토교통부 실거래가 공개시스템에서 제공하는 자료와 차이가 있다. 경매는 접수 후 종결까지 최소 8개월에서 최대 2년 이상 걸리기도 한다. 감정평가를 한 시점과 경매가 진행되는 시점이 다르다는 얘기다.

따라서 R-ONE의 데이터는 참고만 하고, 이를 기준으로 입찰가를 정해선 안 된다. 더욱이 감정가에는 감정평가를 하는 사람의 주관이 개입될 여지도 있다. 실제 경매 결과를 보면 감정가의 100% 이상 가격에 낙찰되는 일이 흔하고, 150%가 넘는 가격에 낙찰되는 일도 종종 있다. 고가 낙찰처럼 보일 수 있지만 시세가 그만큼 올랐다는 뜻이다. 시세 변동을 고려하지 않고 감정가를 기준으로 입찰가를 산정해서는 낙찰받기가 매우 어렵다.

기타

네이버 부동산(land.naver.com)을 통해서도 국토교통부에서 제공하는 실거래가와 전·월세 시세를 확인할 수 있다. 또한 인터넷으로 최대한의 정보를 얻었다면, 현장으로 나가 그 정보가 확실한지 다시 한번 확인하자. 부동산 중개사무소 몇 군데만 돌아도 인터넷으로는 얻지 못한 생생한 정보를 얻을 수 있다.

낙찰 확률 높이는
입찰가 산정 노하우

입찰을 원하는 수강자나 지인들에게 자주 받는 질문이 있다.

"최저가에서 얼마 정도 더 써야 할까요?"

질문부터 잘못됐다. 이런 식의 접근은 패찰을 부를 뿐이다.

질문을 이렇게 바꿔보자.

"이 물건을 낙찰받아 얼마의 수익을 얻고 싶은가?"

명심해야 할 것이 있다.

당신이 아직 낙찰 경험이 한 번도 없는 초보라면 얻고자 하는 기대수익을 최소한으로 정하라. 당신의 두세 달 치 월급 정도로 정하면 어떨까? 나는 10년 전에 이렇게 시작했고, 입찰을 하면 패찰보다 낙찰 횟수가 훨씬 많았다. 처음에는 눈높이를 낮추고 경험치를 쌓는 데 집중하게 됐는데 그 결과는 놀라웠다. 경험이 쌓이면서 시야가 넓어지고 수익도 자연스레 커지게 되었다.

비용과 수익률을 계산해본다

부동산을 취득할 때는 낙찰가(매입가) 이외에도 다양한 비용이 들어간다. 총 예상 비용은 입찰 전에 계산해보는 대략적인 수치일 뿐이며, 정확한 금액은 낙찰 이후 잔금일이 되어야 알 수 있다. 예컨대 취득하는 부동산의 종류, 개인, 법인, 무주택 또는 다주택, 신용등급에 따라 대출한도에서 큰 차이가 난다. 예를 들어 똑같은 10억 원짜리 아파트를 살 때 누구는 취득세를 1,100만원 내지만 누구는 1억 2,000만 원 이상을 내야 한다. 무엇보다 비용과 수익률을 미리 계산하는 이유는 현재 내가 가진 종잣돈과 실투자금의 차이를 알아야 무리한 투자를 하지 않을 수 있기 때문이다.

낙찰가 이외에 들어가는 비용은 크게 '취득세, 등기비용, 명도비용, 이자비용'으로 정리할 수 있다.

- 취득세: 취득세는 부동산 취득 시 내는 세금이며, 매입가와 면적에 따라 달라진다. 개인의 경우 1주택자가 6억 이하 주택을 취득할 때는 1%, 6억 초과~9억 이하 주택은 2%, 9억 초과 주택은 3%다. 2주택자는 8%, 3주택 이상 소유자는 12%이며, 법인의 경우는 일괄 12%다. 이 외에 평형에 따라 낙찰가의 0.2%인 농어촌특별세와 취득세의 10%인 지방교육세가 추가된다.
- 등기비용: 등기비용은 등기 등록되는 모든 자산에 부과되며, 낙찰가의 0.2~0.3%로 잡는다. 여기에는 말소등록세, 인지세, 국민주택 채권매입(할인)액 등이 포함된다. 셀프 등기로 하면 등기비용을 아낄 수 있다. 말소등록세는 건수로 부과되며, 인지세는 주택의 경우 계약서상 기재금액이 1억 원 이하일 때는 납부하지 않는다. 유료 경매 사이트에서 물건별 예상 등기비용을 확인할 수 있다.

취득세	개인: 낙찰가의 1~3%(1주택), 8%(2주택), 12%(3주택 이상)
	법인: 낙찰가의 12%(단 공시가 1억 이하 취득세 중과 미적용)
등기비용	낙찰가의 0.25% 내외
명도비용	평당 12~15만 원(전용면적 기준)
이자비용	대개 잔금 납부일에서 명도일(또는 임대차 개시일)까지 이자가 발생하며, 대출 이율은 개인별로 다름

※ 실투자금 = (낙찰가+취득세+등기비용+명도비용+이자비용)-대출금-(임대보증금)
※ 수익률 = (월 임대료×12) / (총비용-임대보증금)
※ 레버리지 수익률 = (월 순수익×12)/실투자금

- 명도비용: 전용면적 기준 평당 12~15만 원으로 산정한다. 재계약 또는 임차인이 있어서 전액 배당이나 일부 배당을 받는 경우에는 거의 발생하지 않는다.

- 이자비용: 이자비용은 잔금을 납부하면서 대출받은 금액에 대한 이자를 말한다. 부동산은 대개 고가이므로 대출 한 푼 없이 자기 돈 100%를 투입해 매입하는 경우는 드물다. 그래서 이자비용도 부동산 취득 시 꼭 따져봐야 하는 비용에 포함했다.

모의 입찰을 해본다

입찰가를 산정하기가 너무 어렵다면 모의 입찰을 해보길 바란다. 모의 입찰은 다음과 같은 순서대로 해볼 수 있다.

❶ 입찰할 경매 사건 정하기

보면서 가슴이 뛰는 부동산이라면 더 좋다.

❷ 조사하기

처음에는 손품만 팔아도 좋지만, 시간이 되면 발품까지 동원해 조사한다. 투입되는 시간이 많을수록 입찰가를 합리적으로 산정할 수 있다.

❸ 입찰하기

이 단계가 중요한데 마음속으로 '나는 3억 5,000만 원에 입찰할 거야'라고 하는 건 아무런 의미가 없다. 반드시 종이에 입찰가를 적어야 한다. 실제 입찰할 때처럼 기일입찰표를 정성스레 작성하면 더 효과적이다. 실제 입찰보증금이 들어가지 않는다고 입찰가를 대충 써내면 모의 입찰의 효과는 크게 떨어진다. 타이머를 5분 정도로 맞추고 작성하는 것도 좋은 방법이다.

❹ 피드백

낙찰 결과와 내가 작성한 입찰가를 비교한다. 이 과정을 통해 자신이 공격적인 투자자인지 보수적인 투자자인지 알 수 있다.

- 나의 입찰가 〉낙찰가: 공격적인 성향이므로 입찰가를 낮출 필요가 있다.
- 나의 입찰가 〈 낙찰가: 보수적인 성향이므로 입찰가를 높일 필요가 있다.

낙찰가와 내 입찰가의 차이가 크지 않다면 감을 잡은 것이다. 만일 차이가 터무니없이 크다면 뭔가 잘못 조사한 것이다. 또는 개발 호재 등 시세 급등락의 이유를 나만 모르는 경우도 있을 수 있다.

입찰 대상이 상가, 오피스텔 등 수익형 부동산이라면 지역별로 수익률 수준을 알 수 있다. 예를 들어 2021년 현재 기준 일산 지역 오피스텔 낙찰 수익률 수준은 4% 후반에서 최대 6%까지도 나온다. 〈그림 1-5〉의 경매 물건에 입찰한다고 가정하고 그 수익률을 〈표 1-2〉에 정리해봤다.

전용면적 54.8평의 오피스텔이다. 방 4개의 대형 오피스텔로, 아파트를 대체할 수 있다. 입찰가를 4억 5천만 원으로 산정한다면 취득세 및 등기비용은 약 2,160만 원이 나온다(오피스텔의 경우는 취득세가 일괄 4.6%이며, 등기비용은 0.25%로 가정한다). 미납 관리비는 관리사무소에 문의했더니 420만 원이라고 했다.

명도 예상비용은 전용면적 평당 약 14만 원을 적용해 767만 원으로 책정했다. 명도 협의가 되지 않는 것에 대비해 집행에 소요되는 비용을 미리 빼두는 것이다. 재계약을 하거나 소정의 이사비용을 지급함으로써 원만히 마무리되는 경우가 많긴 하지만, 항상 마지막 절차까지 염두에 두고 비용을 계산해두어야 예상치 못한 손해가 없다.

대출은 소득 수준과 신용 상태에 따라 다르지만 오피스텔은 일반적으로 낙찰가의 50~80%가 나온다. 여기서는 낙찰가의 80% 대출에 대출이자는 3%로 가정했다. 계산 결과 수익률은 4.8%이다.

만일 내가 4% 정도의 수익률에 만족하면서 일산 지역의 오피스텔에 입찰한다면 어떨까? 낙찰이 유력할 것이다. 만일 이 지역에 입찰하면서 수익률이 최소 6% 이상 나와야 한다고 생각한다면 굳이 입찰할 필요가 없다. 100전 99패일 테니까. 원하는 수익률에 근접한 다른 지역을 조사해서 입찰해야 할 것이다.

〈그림 1-5〉 경매 정보(예)

의정부지방법원 고양지원	대법원바로가기	법원안내			가로보기	세로보기	세로보기(2)

| 2020 타경 ▩▩▩▩ (임의) | | 매각기일 : 2021-02-02 10:00~ (화) | | 경매3계 031-▩▩▩▩▩▩ |

소재지	(10449) 경기도 고양시 일산동구 ▩▩▩▩▩▩▩▩▩▩▩▩▩▩▩▩▩▩▩▩▩▩▩ [도로명] 경기도 고양시 일산동구 ▩▩▩▩▩▩▩▩▩▩▩▩▩▩▩

용도	오피스텔(업무)	채권자	오○○○○○○	감정가	412,000,000원
대지권	27.16㎡ (8.22평)	채무자	이○	최저가	(70%) 288,400,000원
전용면적	181.1㎡ (54.78평)	소유자	이○	보증금	(10%)28,840,000원
사건접수	2020-01-13	매각대상	토지/건물일괄매각	청구금액	323,728,552원
입찰방법	기일입찰	배당종기일	2020-04-09	개시결정	2020-01-14

기일현황 ▾간략보기

회차	매각기일	최저매각금액	결과
신건	2020-11-10	412,000,000원	유찰
	2020-12-15	288,400,000원	변경
차	2021-02-02	288,400,000원	매각
로○○○○○○○○○원	입찰41명/낙찰454,545,454원 (110%)		
	2등 입찰가 : 442,200,000원		
	2021-02-09	매각결정기일	허가
	2021-03-19	대금지급기한 납부 (2021.03.19)	납부
	2021-04-27	배당기일	완료

배당종결된 사건입니다.

출처: 스피드옥션

〈표 1-2〉 입찰 시 예상 수익률(예)

실평수	54.8

입찰가(예시)	450,000,000	임대 보증금	30,000,000
미납 관리비	4,200,000	월차임	1,800,000
명도예상비용	7,672,000		
취득세/등기	21,600,000		

비용 합계	483,472,000
수익률	**4.8%**

대출	360,000,000	월이자	**900,000**
실투자금	93,472,000	월수익	900,000
레버리지 수익률	**11.6%**		

경매는 운에 기대는 게 아니다. 고수들은 특정 지역, 특정 부동산 상품의 수익률 수준을 잘 알고 있다. 입찰 대상에 대한 확신의 정도가 고수와 초보를 가른다.

유찰을 기다리지 않는다

유찰을 기다리지 않고 신건에 입찰하면 경쟁이 적기에 낙찰 확률을 최대한 높일 수 있다. 초보자일수록 유찰이 된 물건에 입찰하려는 경향이 있다. 많이 유찰된 경매 사건을 보며 흐뭇한 미소를 짓는다. 하지만 유찰이 많이 된 사건은 초보자가 낙찰받기 매우 어렵다. 이 물건을 지켜보는 눈이 많기 때문이다.

유찰이 한 번도 되지 않은 '신건' 경매 사건은 잘 살펴보지 않는 경우가 많은데 이런 신건 입찰에 기회가 있다. 나는 감정가 자체를 절대로 신뢰하지 않는다. 현재 시세보다 저렴하다고 판단되면 유찰을 기다리지 않고 즉시 입찰한다.

경매 사이트의 조회 수를 확인한다

해당 물건의 클릭 수가 높다면 사람들의 관심이 그만큼 크다는 뜻이다. 유료 경매 사이트들을 보면 전체 조회 수와 입찰 당일 조회 수를 확인할 수 있는데, 나는 입찰 전날과 당일 전체 조회 수를 꼭 확인해본다. 물론 참고용일

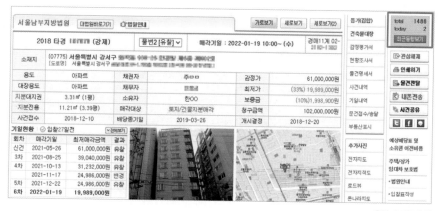

〈그림 1-6〉 경매 사이트의 조회 수 확인

출처: 스피드옥션

뿐이고 실제로는 뚜껑을 열어봐야 안다. 하지만 이런 작은 단서에서 입찰가의 수준을 결정하는 데 필요한 결정적인 도움을 받을 수 있다.

인근 매각 물건 낙찰 사례를 참고한다

유료 경매 사이트의 유용한 기능 중 하나다. 아파트라면 같은 단지 내에서 경매로 낙찰된 데이터를 한눈에 볼 수 있다. 대단지일수록 사례가 많고 소규모 또는 나 홀로 단지라면 과거 매각 통계 자료가 없거나 부족할 수 있다. 이때는 현장을 방문하거나 중개사무소와 통화를 시도해본다.

인근 통계	아파트(3건) ▼		해당번지 경매사례	인근 진행물건	인근 매각물건
기간	매각건수	평균감정가	평균매각가	매각가율	유찰횟수	예상분석가
3개월	1건	188,000,000 원	193,150,000 원	102.74%	0회	62,671,400원
9개월	1건	188,000,000 원	193,150,000 원	102.74%	0회	62,671,400원
12개월	2건	333,500,000 원	349,380,000 원	104.76%	0.5회	63,903,600원

출처: 스피드옥션

관리사무소를 활용한다

전화로 미납 관리비를 물어보는 것과 직접 방문해서 정보를 알아보는 것은 차이가 있다. 나는 중요한 경매 사건의 경우 직접 방문을 원칙으로 한다. 입찰 예정자라면 관리사무소에 어떤 식으로든 미납된 관리비를 묻게 되어 있는데, 관리사무소에서도 전화로만 물어보는 사람과 직접 찾아온 사람을 똑같이 대하진 않는다. 얼굴을 보고 이야기하면 한 가지 단서라도 더 주는 게 인지상정 아니겠는가.

안전한 부동산,
이렇게 찾아라

현재 시중은행의 1년 만기 정기예금(적금) 금리는 2.5% 내외 수준으로 돈을 불리는 데 그리 좋은 선택지가 아니다. 투자를 하면 은행에 넣어두는 것보다 몇 배의 수익을 올릴 수 있다. 더욱이 팔 때 시세차익까지 얻을 수 있다면 하지 않을 이유가 없다.

돈은 끊임없이 흐른다

지금 이 순간에도 돈의 가치는 계속 떨어지고 있으며, 창업은 투입하는 시간에 비해 올릴 수 있는 소득에 한계가 있다. 게다가 코로나19 등의 리스크가 크고 시스템화하기가 쉽지 않다. 직장에 다니는 사람도 불안하기는 마찬

가지다. 지금이야 매달 꼬박꼬박 나오는 월급에 기댈 수 있지만 퇴직 후를 생각하면 가슴이 절로 답답해진다. 돈을 손에 쥐고 있어도 손해이고, 뭉칫돈이 들어가는 투자를 혹시 잘못한다면 더 큰 손해다. 시장에 풀린 막대한 유동성이 지금 이 순간에도 진공상태의 자산을 메우기 위해 여기저기 떠돌고 있으며, 주식·부동산·비트코인·파생상품 등으로 몰린다.

최근 경매 시장을 보면 안전한 입지 또는 우량 임차인이 있는 사건은 여지없이 입찰자가 많다. 안전한 수익형 부동산을 매입하려는 수요는 절대 줄지 않을 것이다. 다수가 원하는 것은 무리가 되지 않는 선에서 투자해 월세를 받는 것이다.

하지만 반대로 생각해보자. 입지 좋고, 안전하고, 수익률 좋은 부동산을 당신이라면 팔고 싶겠는가? 이런 매물은 시장에 잘 나오지도 않지만 가끔 나온다고 해도 미래의 이익까지 더해져 거래된다. 필연적으로 수익률이 낮아지는 것이다. 초과 이익을 기대하려면 그만큼 발품을 팔거나 양질의 정보를 얻기 위해 많은 노력을 해야 한다. 내가 산 금액보다는 오를 거라는 확신이 있고, 보유하는 동안 최소한의 월세 수준이 나올 때(수익률에 부합할 때) 매입(낙찰)의 결실을 얻을 수 있다.

아파트 투자만 고집할 필요가 없다. 부동산에도 사이클이 있을 뿐 아니라 서울·수도권·지방의 시세가 다르게 움직이기 때문이다. 대개 금리가 상승하면 수익형 부동산의 몸값은 하락하고 이때 경매·공매 등에 기회가 있다. 반대로 금리 하락기에는 일반매매와 경매 낙찰가에 큰 차이가 없는 경우가 많다. 어느 쪽을 강하게 규제하면 돈은 잠시 움찔했다가 반드시 상대적 이익이 있는 곳으로 흘러가게 되어 있다. 돈이 흘러 들어오는 길목에 미리 가서 있는 사람이 있는데, 바로 부자들이다.

시세차익형 부동산 vs. 임대수익형 부동산

부동산에 투자할 때는 시세차익형 부동산과 월세를 받을 수 있는 임대수익형 부동산으로 나누어 생각해볼 필요가 있다. 시세차익형 부동산은 시세보다 싸게 사서 차익을 얻는 것이고 임대수익형은 말 그대로 월세 수입을 얻는 것을 목적으로 하는 것이다.

시세차익형 투자가 가능하려면 환금성이 전제되어야 한다. 아무리 싸게 사도 내가 원할 때 팔리지 않는다면 좋은 투자라고 할 수 없다. 일반적으로 환금성이 좋은 부동산은 아파트, 빌라, (아파트를 대체할 수 있는)오피스텔 등이다.

임대수익형 부동산에 투자할 때는 해당 물건이 원하는 수익률에 부합해야 한다. 즉 팔아서 시세차익을 얻기보다는 보유하는 동안 안정적으로 월세를 받을 수 있어야 한다. 상가, 지식산업센터, 업무용 오피스텔, 창고 등이 대표적인 수익형 부동산인데 이들은 환금성이 떨어진다. 정리하자면, 환금성 측면에서는 필수재인 주거용 부동산이 가장 좋고(필수재인 만큼 정부의 규제도 강하다), 반대로 수익성 측면에서는 상가가 제일 낫다.

아파트 같은 시세차익형 부동산은 적기를 놓치면 리스크가 상승한다. 같은 아파트를 누구는 3억 원에 사고 누구는 6억 원에 산다. 한동안 시세가 눌려 있다가 상승하는 초입에 매입한 사람들은 정책이나 금리 같은 변수에 흔들리지 않고 투자할 수 있다. 반대로 상승 꼭지에 올라탄 사람들은 테이퍼링이 시작된다, 금리가 올라간다, 종부세 폭탄 고지서가 날아온다, 살 사람은 다 샀다 등의 기사나 소식을 접하면 멘탈이 흔들리게 된다. 그 때문에 투자에서 가장 중요한 것이 매입가를 낮추려는 노력이다. 그 방법이 경·공매가 됐든 급매가 됐든, 사는 순간 매도의 운명이 결정될 수 있다는 사실을 잊지 말자.

그에 비해 임대수익형 부동산은 아파트처럼 입주량, 미분양, 상승기·하락기 등 사이클을 크게 따질 필요가 없다. 경기 변동, 금리, 매입 시기도 중요하지만 리스크 대비와 관리가 될 수 있는지가 더 중요하다. 시세차익형 상품에 비해 레버리지도 크게 사용할 수 있다. 나의 경우 상가는 기본 80%, 지식산업센터는 85% 내외의 대출을 받고 있다. 좋고 안전하다고 생각하는 지식산업센터, 오피스텔, 상가는 매도 계획이 없다. 월세 잘 들어오는 부동산을 굳이 많은 양도세를 내가며 팔 이유가 없기 때문이다. '좋은 매물'이 시장에 없는 이유가 바로 이것이다. 내 눈에 좋으면 남들 눈에도 좋기 때문이다.

안전한 부동산의 세 가지 조건

임대수익형 중에서도 다음의 조건을 갖춘 부동산이라면 '안전'하다고 말할 수 있다.

- 보유 기간에 단 1개월도 공실이 없다.
- 임차인이 거의 바뀐 적이 없다.
- 내가 원할 때 현금화할 수 있다.

안전하고 성장성 있는 상품은 공급이 한정되어 있다. 부동산 투자에서 다수가 원하는 것은 보유하는 동안 월세 수입을 얻다가 원하는 시기에 팔아서 시세차익을 올리는 것이다. 월세 수입을 얻고자 하는 수요는 늘 있는데 공급이 따라가지 못한다면 수익률이 높아질 수밖에 없다.

정부가 내놓는 수십 번의 강력한 대책을 맞아도 '돈'은 끊임없이 제 갈 길을 간다. 한번 제대로 투자하면 평생 연금처럼 월세가 나온다.

시세차익형을 목표로 할 때는 시기를 놓치면 이른바 '지각비'를 내야 한다. 투자를 하다 보면 최근에 많이 올랐다는 것을 알면서도 처음 생각보다 수천만을 더 내고도 들어가야 하는 경우가 종종 있다. 하지만 수익형 부동산은 한두 달 늦게 산다는 이유로 지각비를 내야 하는 경우는 거의 없다. 충분히 공부해서 상품의 가치를 보는 눈을 키운 다음에 매입해도 좋다는 얘기다.

특히 수익형 부동산 투자를 위해 매입할 때는 서둘지 않는 게 좋다. 이 말은 좋은 물건이 나왔을 때 망설이라는 얘기가 아니다. 평소에 공부를 꾸준히 해두되, 괜찮은 부동산이 발견되면 즉시 계약금을 보낼 수 있어야 한다. 같은 돈으로 누구는 10억 가치의 부동산을 사고 누구는 5억 가치의 부동산을 산다. 비교를 통해 이것이 좋다, 아니다를 알 수 있으니 평소에 월세 받는 부동산에 관심을 두어야 한다.

상대적 평가를 통해 안전한 곳으로 돈이 몰리는 것은 자연스러운 현상이다. 다만, 이는 일반적으로 수익률 저하로 이어진다. 지금 이 순간에도 수많은 사람이 투자 대상만 다를 뿐 희망을 품고 자신의 돈을 투자한다. 그중 부동산은 대한민국 사람들에게 가장 많이 입에 오르내리는 투자 대상이다. 우리 실생활과 밀접한 관련이 있기 때문이다. 여러 투자 대상 중 가장 다양하고 많은 세금을 징수하는데도 투자자가 끊이지 않는다. 이를 쉽게 생각하고 뛰어들어서는 안 된다. 거래·보유·양도 단계마다 많은 세금을 내고, 시장에 공급자 역할을 하며 때로는 불편한 상황을 맞이할 수 있기에 정신적·감정적 노동이 필요한 게 부동산 투자다.

부동산 종류별로 내가 원하는 수익률 수준을 정확히 알고 있으면 좋다. 나는 매입 단계에서는 시세 상승에 대한 예측에는 큰 가중치를 두지 않는다. 한번 사면 오래 가져가도 좋을 자산을 매입할 뿐이다. 시세가 올라주면 고마운 것이고, 오르지 않아도 매월 정기적인 소득을 주니 부동산은 내게 고마운 존재다.

소액으로 시작할 수 있는 지분 투자

경·공매 사이트를 보면 지분으로 되어 있는 물건들을 볼 수 있다(그림 1-8). 빨간 글씨로 '지분매각'이라고 되어 있는데, 처음 경매를 접하는 사람들은 낙찰받으면 큰일 날 것처럼 생각한다. 어려워 보여서 피하고 복잡해 보여서 피한다. 이렇게 사람들이 별로 관심을 두지 않는 곳에 기회가 있다. 경쟁은 낮고 유찰이 많이 되기 때문에 낙찰만 받는다면 수익이 크다. 소액으로 할 수 있고, 부동산 상승기든 하락기든 언제든지 수익을 낼 수 있으니 이보다 좋은 투자가 또 어디 있을까?

내가 좋아하는 문장이 있다. '새는 알에서 나오려고 투쟁한다. 알은 하나의 세계다. 태어나려는 자는 하나의 세계를 깨뜨려야만 한다.' 이제부터라도 내가 가진 생각의 틀, 고정관념의 틀을 깨뜨려 보자. 깨뜨려야만 새로운 세계가 보이고 그 안에서 수익을 얻을 수 있다.

☐	2019-▇▇▇ 경매1계		서울특별시 용산구 ▇▇▇ ▇-▇▇▇ ▇▇▇ ▇▇▇-▇▇ [대지권 6,4평] [전용 19.1평] [지분매각,공유자우선매수신고,관련사건]	아파트	1,160,000,000 1,160,000,000	2022-01-18	재진행 첫매각 (100%)	998
☐	2021-▇▇▇ 경매1계		서울특별시 용산구 ▇▇▇ ▇▇-▇▇ [토지 1.3평] [건물 1.4평] [지분매각,재매각,개발행위허가제한구역,관련사건]	주택	44,135,500 35,308,000	2022-01-18	유찰 1회 (80%)	716
☐	2021-5▇200 경매1계		서울특별시 마포구 ▇▇▇ ▇▇▇▇▇▇ [대지권 2.9평] [전용 8.6평] [지분매각,중복사건,관련사건]	아파트	370,000,000 370,000,000	2022-01-18	재진행 첫매각 (100%)	309
☐	2018-10▇▇78 경매11계		서울특별시 강서구 ▇▇▇▇ ▇▇▇▇▇ [대지권 1평] [전용 3.4평] [지분매각,대항력있는임차인,선순위임차권,관련사건]	아파트	61,000,000 19,989,000	2022-01-19	유찰 5회 (33%)	1605
☐	2020-10▇▇90 경매4계		서울특별시 중랑구 ▇▇▇ ▇▇▇-▇ [토지 2.2평] [지분매각,건물매각제외,대항력있는임차인,관련사건]	대지	39,150,300 31,320,000	2022-01-19	유찰 1회 (80%)	187
☐	2020-10▇6▇ 경매4계		서울특별시 강북구 ▇▇▇▇ ▇▇▇▇ ▇▇▇▇ [대지권 1.9평] [전용 7.1평] [지분매각,대항력있는임차인,중복사건,관련사건]	아파트상 가	82,600,000 33,833,000	2022-01-19	유찰 4회 (41%)	405
☐	2020-4▇▇4 경매4계		서울특별시 광진구 ▇▇▇ ▇▇-▇▇ [토지 8.4평] [건물 9.5평] [지분매각,대항력있는임차인]	주택	227,233,036 181,786,000	2022-01-24	유찰 1회 (80%)	308

출처: 스피드옥션

지분 물건이 나오는 이유

경·공매를 통해 지분 물건이 나오는 이유는 크게 세 가지다. 상속(또는 증여), 부부 공동명의, 공동 투자가 그것이다. 최소 두 명에서 많게는 수십 명이 함께 소유하고 있는 경우도 있다. 기획부동산에 속아서 산 땅 같은 경우 공유자가 100명 이상인 물건도 봤다. 물건 유형도 다양하다. 아파트, 빌라, 오피스텔뿐만 아니라 상가, 분양형 호텔, 토지, 심지어 자동차도 종종 지분으로 경매에 나온다. 지분 물건의 특징은 크게 세 가지로 볼 수 있다.

- 경기가 좋든 안 좋든 끊임없이 물건이 나온다.
- 유찰이 많이 된다.
- 경쟁이 적다.

지분 물건 투자, 어렵지 않다

대부분 어렵다고 생각하지만, 정형화된 매뉴얼이 있기 때문에 그것만 따라 하면 어느 순간 해결된다. 아파트 갭 투자처럼 시세의 상승이나 하락, 입주 물량 등을 깊이 고민할 필요도 적다. 내 지분을 사줄 공유자가 있기 때문에 공유자들과의 협상 능력이 중요할 뿐이다.

그 이유는 무엇일까? 싸게 낙찰받았기 때문이다. 경쟁이 적고 유찰은 많이 되고 저렴하게 낙찰받을 수 있으니, 설령 부동산 가격이 하락한다고 해도 부동산 가격이 큰 폭으로 하락하지 않는 이상 낙찰자에게는 큰 문제가 되지 않는다. 공유자와 협의만 잘된다면 어느 정도의 수익은 보장되기 때문이다. 지분 물건을 낙찰받았을 때 투자를 마무리하는 방법으로는 총 여섯 가지가 있다.

- 내 지분을 공유자에게 매도하는 방법
- 공유자의 지분을 내가 매입한 후에 하나로 만들어 부동산 중개사무소를 통해 매도하는 방법

- 전체 지분을 중개업소에 내놓고 일반매매로 매도하는 방법
- 현물로 분할해서 각자 나눠 갖는 방법(주거용 부동산은 불가능)
- 공유자들과 협의해서 인접 토지 주인에게 매도하는 방법
- 전체 지분을 경매로 처분하여 내 지분 비율대로 배당받는 방법

지분 물건의 경매 절차

지분 물건 투자는 다음과 같은 절차로 진행된다.

> 물건 검색 → 낙찰 → 소유권이전 → 부동산처분금지가처분 → 공유물분할청구
> 소송, 공유자와의 협상 동시 진행 → 서로 협의가 되지 않을 경우 → 판결문으로
> 경매 신청 (약 8개월~10개월 후 첫 매각일 지정됨) → 경매 낙찰 → 잔금 납부 → 배
> 당(최종 수익 확정)

낙찰부터 배당까지 빠르면 1년이고, 보통 1년 6개월 정도 걸린다. 너무 오래 걸린다고 생각되겠지만 걱정하지 마시라. 낙찰 후 배당까지 가는 경우는 약 20% 정도밖에 안 된다. 대부분 공유물분할청구소송을 진행하면 해결이 된다(낙찰 후 3개월 정도 소요됨). 공유자가 많다면 소장 송달이 문제인데, 대부분 시간이 해결해주기 때문에 조급해할 필요가 없다. 일련의 과정을 좀 더 자세히 살펴보면 다음과 같다.

낙찰을 받는다면 6주 이내에 잔금을 납부하게 된다. 잔금 납부 후 소유권 이전을 하면 늦어도 2주 이내에 소유권이전이 완료된다. 등기사항전부증명

서에 내 이름이 올라가는 것이다. 이때 부동산처분금지가처분을 진행할 수 있다. 부동산처분금지가처분이란, 쉽게 말해 나와 협의하고 있는 동안은 공유자의 지분을 다른 사람에게 처분하지 못하게 하는 것이다. 매매, 증여, 전세권 설정 및 임차권등기 등 모든 행위가 제한된다. 내가 부동산처분금지가처분을 해제하기 전까지 말이다. 가처분을 하지 않고 공유물분할청구소송을 할 수도 있지만, 소송이 진행되는 동안 상대방이 자신의 지분을 다른 사람에게 처분해버린다면 재판을 다시 해야 하는 번거로운 일이 생길 수 있다. 이런 일을 미연에 방지하고자 부동산처분금지가처분 신청을 하는 것이다. 가처분 완료 후 공유물분할청구소송을 진행하면 된다.

공유물분할청구소송을 먼저 진행한 후 가처분을 신청할 수도 있다. 순서는 상관없다. 공유물분할청구소송이란 법원의 힘으로 부동산을 분할해달라는 것이다. 지분으로 낙찰받았기 때문에 이해관계인이 있을 수밖에 없고 사용 수익하는 데 제약이 따르기 마련이다. 서로 원만하게 협의가 되어 매도가 된다면 좋겠지만, 협의가 잘 안 될 경우 법원이 판결을 통해 가장 합리적인 방법으로 해결해 달라는 취지다. 공유물분할청구소송을 진행하면 보통 3~5개월 정도 후에 변론기일이 잡힌다. 이때 판사 앞에서 공유자들을 처음 보게 된다. 소장을 접수한 사람이 원고, 원고를 제외한 다른 공유자들은 피고가 된다.

공유물분할 방법

공유물분할 방법에는 크게 세 가지가 있다.

- 현물분할
- 가액배상
- 형식적 경매

현물분할

부동산을 각자의 지분에 맞게 똑같이 나눠 갖는 것이다. 공유물분할에서는 현물분할이 원칙이다. 그러나 현물분할은 쉽지 않다. 그 이유는 토지일 경우 모양도 제각각이고 어느 한쪽만 도로에 붙어 있을 경우 대부분 공유자가 그 토지를 원할 것이기 때문이다.

주거용은 현물분할이 불가능하다. 2분의 1씩 소유하고 있는데 집을 반 잘라서 이쪽은 원고가 갖고 저쪽은 피고가 가지라는 것 자체가 말이 안 되기 때문이다. 지금까지 토지, 주거용 지분 물건을 150건 이상 낙찰받았는데, 그중 현물분할을 할 수 있는 건 2~3건 정도밖에 안 됐다. 또 토지는 최소 분할 면적이 있기 때문에 그 이하로는 분할을 할 수 없다(좀 더 정확하게 확인하고 싶다면 해당 물건 지자체에 전화해서 토지 분할 담당자에게 전화를 해보면 된다. 지번을 알려주면 담당자가 확인한 후 분할이 가능한지 아닌지를 알려준다).

가액배상

지분 물건에 투자하기 전까지 '가액배상'이란 말을 한 번도 들어본 적이 없었다. 이건 무슨 뜻일까? 상대방의 지분을 공유자가 인수하는 행위를 말한다. 쉽게 말해, 서로 협의해서 매매하는 과정이라고 생각하면 된다. 지분 물건을 낙찰받았을 때는 대부분(70~80% 정도) 가액배상 단계에서 해결된다. 그 이유는 판사가 개입하기 때문이다. 소장이 접수되고 3개월 정도 후에 법원에서 원고와 피고가 만나는데 이때 판사가 적극적으로 협의를 유도한다. 원고에게는 '저렴하게 낙찰받았으니 시세보다 좀 더 낮게 기존 공유자들에게 매도하는 것이 어떠냐'고 유도한다. 또 피고에게는 '현물분할도 안 되는 토지이고 협의가 안 될 경우 전체가 경매로 진행될 텐데 경매로 넘어가면 제값을 받지 못해 손해가 클 수 있다'는 사실을 인지시킨다. 공유자들은 낙찰자인 내 말은 듣지 않다가도 판사가 손해를 볼 수도 있다고 이야기하면 태도를 바꾸는 경우가 많다.

형식적 경매

공유물 전체를 경매를 통해 매각하는 절차다. 매각 후 매각 대금을 지분 비율대로 나누어 배당받는 것을 말한다. 여기서 중요한 점은 내 지분만 넘기거나 공유자들의 지분만 경매로 넘기는 것이 아니라는 것이다. 가끔 판결문을 받고 상대방 지분만 경매로 넘길 수 있는지를 물어보는 사람들이 있는데 답은 '아니요'다. 형식적 경매가 진행되면 경매 특성상 시세보다 저렴하게 낙찰되기 때문에 손해를 볼 수도 있다. 그러므로 애초에 저렴하게 낙찰받아야 한다. 예컨대 지분 물건을 40%에 낙찰받았는데 형식적 경매를 하게 돼 전체가 70%에 낙찰됐다면, 30% 정도의 수익을 얻을 수 있다.

레버리지
최적 활용법

고정 소득이 있음에도 대출받는 것을 두려워하는 사람들이 많다. 종잣돈도 없고 대출도 싫다면 무슨 돈으로 투자할 수 있을까? 우리는 어린 시절부터 빚은 무서운 것이고 저축만이 살길이라고 교육받았다. 성실하게 아껴 써야 하고 남의 돈을 쓰는 것은 멀리하는 게 좋다고 배웠다. 하지만 시대가 달라졌다. 보통의 재주를 가진 사람이 마냥 열심히만 살다가는 경제적 자유는 고사하고 노인이 되어서도 일을 해야 할 확률이 높다. 물가는 계속 오를 것이고 나이를 먹을수록 의료비 지출도 늘어날 것이기 때문이다.

아직도 감을 잡지 못했는가? 실물자산으로 최대한 인플레이션을 헤지해야 한다. 그래야 다음 기회가 있다.

부동산은 자산 중 가장 안정적이고 비싼 재화다. 타고난 금수저이거나 월 소득이 크게 높지 않다면 대출을 받아 사는 게 정상이다. 자금이 부족하면 아무리 좋은 부동산을 발견해도 살 수 없다. 그래서 돈이 돈을 번다는 말이 나오는 것이다.

정부에서도 무조건 모든 부동산 상품에 대출 규제를 가하는 게 아니다. 현재 정부에서 강력한 대출 규제를 하는 부동산은 정확히 말해 주거용 상품이다. 내가 최근 낙찰받은 물건 중에서 상가는 80%, 지식산업센터는 85%의 대출을 받았다. 적용받은 금리는 2.5~3.2%였다.

포지티브 론을 늘려라

물가는 빠르게 오르고 예금/적금 금리는 우리의 기대를 충족할 수 없다. 대출을 최대한 활용해서 인플레이션 헤지(돈 가치 하락에 대한 대비)를 해야 한다. 은행은 대출 신청자의 소득 수준과 신용 상태를 먼저 본다.

소득이 높고 신용 등급이 우량하면 대출 금리가 낮아지고 한도가 높아지는 등 유리한 조건에서 대출받을 수 있다. 자본주의 사회에서 모든 개인(사업자 포함)은 신용으로 평가받는다. 소액이라도 연체가 있어서는 안 되며 증빙 가능한 소득과 몸값을 높이는 것이 꾸준한 부동산 투자를 위해서도 필요하다.

신용등급이 우량하면 대출을 받을 때 유리하다. 일단 이율이 낮을 뿐만 아니라 중도 상환 시의 조건도 유연하게 적용받을 수 있다. 자본주의 사회에서 모든 개인은 대출 한도와 적용 금리로 평가받는다고 해도 과언이 아니다. 그러니 연체는 절대 하지 말고, 증빙 가능한 소득과 몸값을 높이기 위해 노력해야 한다.

모든 대출은 포지티브 론(positive loan)과 네거티브 론(negative loan)으로 나눌 수 있다. 자산으로서 가치가 있는 상품을 구입하거나, 내 몸값을 높여주는 교육을 받거나, 사업을 확장하거나, 내 집 마련을 위해 빌리는 돈은 포지티브 론이다. 시간이 지날수록 자산이 불어나는 데 투입되는 대출이다. 반대로 시간이 갈수록 가치가 하락하는 물건을 구입하거나 단순히 소비를 위해 빌리는 돈은 네거티브 론이다. 이런 대출이 늘어나면 절대 부자가 될 수 없다. 부자가 되려면 포지티브 론을 늘려야 한다.

레버리지의 이점이 가장 큰 투자 상품, 부동산

부자들을 한번 보라. 이들은 신용을 목숨처럼 여기고, 금융기관과 좋은 관계를 유지하고자 노력한다. 그 덕에 사업이나 투자를 위해 돈이 필요할 때 최적의 조건으로 원하는 만큼 빌릴 수 있다. 대출이 수월하기에 돈을 벌기가 쉽고, 이것이 다시 대출에 유리하게 작용하는 선순환을 만들어낸다.

나 역시 지금까지 경매 투자를 하면서 대출을 최대한 활용해왔다. 그만큼 경매라는 재테크 방식에 확신이 있었다. 내가 생각하는 가장 큰 위험은 부채가 늘어나는 것이 아니라 아무것도 하지 않는 것이다. 그래서 부동산 외에 주식 등에도 투자하고 있다. 하지만 주식에 투자할 때는 절대 레버리지를 사용하지 않는다. 가격이 하루에도 몇 퍼센트씩 오르내릴 뿐 아니라, 가치를 높이기 위해 내가 따로 할 수 있는 일이 없기 때문이다. 부동산 같으면 인테리어를 새로 한다거나 중개사무소를 열심히 드나들면서 내 물건이 높은 가격에 팔릴 수 있도록 해볼 방법이 있지만, 주식은 그저 사서 가격이 올라가길 기다리는 수밖에 없다. 그러니 이런 투자처에 어떻게 레버리지를 활용하겠는가.

평소에 나는 "부동산은 풀(full) 레버리지, 주식은 노(no) 레버리지."라는 신념을 가지고있다. 부동산이야말로 레버리지의 이점을 가장 크게 누릴 수 있는 투자 상품이다.

빚을 두려워하지 마라

빚을 두려워하지 마라. 아니, 최대한 많은 부채를 감당해라. '이게 무슨 풍딴지같은 소리인가?' 하는 생각이 들지도 모르겠다. 다시 강조하건대, 리스크를 더 많이 안으려고 노력해야 한다. 부동산은 학문이 아닌 실전이다. 남의 경험으로 공부를 하되 결국 자신만의 경험으로 헤쳐나가야 한다. 돈이 없으니 풀 대출을 받아야 하는 것이다. 부동산은 빚내서 사는 게 당연하다. 그것도 최대한 많은 빚을 감당해서 구입하는 게 장기적으로도 낫다.

부자들이 더 큰 부자가 되는 이유는 레버리지(대출)를 적시에 활용하기 때문이다. 그들은 기회가 오면 금세 알아채고 부동산을 매입한다. 100억대 부자들도 10억 원이 없어서 여기저기 돈을 빌리러 다닌다. 자기 돈 10억 원 정도를 가지고 100억 원대 건물을 사는 경우도 많다. 이게 레버리지의 힘이다.

당신이 레버리지의 개념을 제대로 인지하고 활용하지 못하면 내년에도 그 후년에도 비슷한 고민을 계속해야 할 것이다. 자신만의 인사이트와 의지 그리고 끈기로 성과를 내는 사람들도 있지만 그건 소수에 불과하다. 눈에 보이는 성과가 없는데 계속해서 5년, 10년 노력을 이어갈 수 있는 사람은 많지 않다.

자신의 몸값(소득)을 올리고, 추가 수입을 올리고, 정부 정책을 최대한 이용하며, 내가 돈을 빌릴 수 있는 모든 주체를 리스트로 만들자. 만일 내가 경매로 낙찰 몇 번 받고 아파트 투자나 하는 초보자로 한정 지었다면 어떻게 됐을까? 아마도 여전히 한 달 벌어 한 달 먹고사는, 가끔 배불리 먹고 가끔 굶어야 하는 불안정한 삶을 살고 있을 것이다. 하지만 돈을 적시에 잘 빌렸고, 한 번도 약속을 어기지 않고 잘 갚았기에 여기까지 올 수 있었다. 투자를 위해 돈을 빌릴 때, 입을 열 때는 정말 신중해야 한다. 열 번 잘하다가도 단 한 번의 실수로 모든 신용을 잃을 수 있기 때문이다. 그 덕에 10년간 투자를 이어올 수 있었고, 주위 사람들에게 신용을 쌓을 수 있었으며, 더 좋은 기회와 마주할 수 있었다.

양도세 반의반으로 줄이는 매매사업자 활용법

부동산매매사업자를 이용한 투자는 정부의 고강도 부동산 규제를 피할 수 있는 매력적인 투자 방법 중 하나다. 매매사업자의 가장 큰 장점은 양도소득세를 크게 줄일 수 있다는 것이다. 법인은 아니지만, 법인처럼 사업상 지출되는 모든 비용을 공제받을 수 있는 부동산매매사업자에 대해서 알아보자.

부동산매매사업자란 사업자 코드 '703011'로 주거용 주택을 합법적으로 사고팔 수 있는 사업자를 말한다(표 1-3).

매매사업자로서 취득한 부동산은 매도하지 않고 보유만 해서는 안 된다. 부가가치세법 시행 규칙 제2조 2항에서 매매사업은 1과세기간(6개월)에 1회 이상 주택을 취득하고, 2회 이상 매도를 하는 사업이라고 명시되어 있기 때문이다(그림 1-9).

그러나 현실적으로 6개월 내에 주택을 1회 이상 취득하고 2회 이상 매도

〈표 1-3〉 부동산매매사업자 규정

	부동산 개발 및 공급업	주거용 건물 개발 및 공급업
703011	• 직접 건설활동을 수행하지 않고 전체 건물 건설공사를 일괄 도급하여 주거용 건물을 건설하고, 이를 분양·판매하는 산업활동을 말한다. 구입한 주거용 건물을 재판매하는 경우도 포함한다. (토지보유 5년 미만) 〈제외〉 ※토지보유 5년 이상(→703012)	

출처: 법제처 국가법령정보센터

〈그림 1-9〉 매매사업자의 정의(부가가치세법 시행 규칙상)

부가가치세법 시행규칙

[시행 2021. 10. 28.] [기획재정부령 제867호, 2021. 10. 28., 타법개정]

기획재정부(부가가치세제과), 044-215-4326, 4321
기획재정부(부가가치세제과 (영세율, 면세분야), 044-215-4322

제2조(사업의 범위) ① 「부가가치세법 시행령」(이하 "영"이라 한다) 제3조 제1항 제6호 단서에 따른 전·답·과수원·목장용지·임야 또는 염전은 지적공부상의 지목과 관계없이 실제로 경작하거나 해당 토지의 고유 용도에 사용하는 것으로 한다.
② 건설업과 부동산업 중 재화를 공급하는 사업으로 보는 사업에 관한 영 제3조 제2항에서 "기획재정부령으로 정하는 사업"이란 다음 각호의 어느 하나에 해당하는 사업을 말한다.
  1. 부동산 매매(주거용 또는 비거주용 건축물 및 그 밖의 건축물을 자영건설하여 분양·판매하는 경우를 포함한다) 또는 그 중개를 사업목적으로 나타내어 부동산을 판매하는 사업
  2. 사업상 목적으로 1과세기간 중에 1회 이상 부동산을 취득하고 2회 이상 판매하는 사업

출처: 법제처 국가법령정보센터

대법원 1996.10.11. 선고 96누8758 판결

[부가가치세부과처분취소][공1996.11.15.(22),3362]

[판결요지]

[1] 부동산의 거래행위가 부가가치세의 과세요건인 부동산매매업에 해당하는지 여부는 그 거래행위가 수익을 목적으로 하고, 그 규모, 횟수, 태양 등에 비추어 사업활동으로 볼 수 있는 정도의 계속성과 반복성이 있는지 여부 등을 고려하여 사회통념에 비추어 가려져야 하고, 부가가치세법시행규칙 제1조 제1항은 부동산매매업으로 볼 수 있는 경우를 예시적으로 규정한 것에 불과하여, 그 부동산 거래가 전체적으로 사업목적하에 계속성과 반복성을 갖고 있는 이상 위 규정상의 판매횟수에 미달하는 거래가 발생하였다고 하더라도 그 과세기간 중에 있은 거래의 사업성이 부정되는 것이 아니다.

출처: 대법원 종합법률정보

하기란 어렵기 때문에 대법원 판례를 통해 부가가치세법에서 정한 매도·매수 횟수 문제를 해결할 수 있다(그림 1-10). 매매사업에 해당하느냐 아니냐는 사업 활동으로 볼 수 있는 정도의 계속성과 반복성을 가장 중요한 기준으로 간주하며, 이를 대법원 판례를 통해 확인할 수 있다.

주택의 취득부터 매도까지 단계별로 매매사업자가 어떤 장단점을 가지는지 살펴보자.

취득 단계 및 보유 단계

부동산매매사업자는 법인이 아닌 개인이다. 취득 단계에서 주택 수를 계산할 때 기존 개인 명의로 가지고 있는 주택 수도 포함해 취득세를 계산하게 된다. 예를 들어 개인 명의의 주택이 비조정지역에 1채 있고 매매사업자로 새롭게 취득한다면 2주택이 된다. 해당 주택이 조정지역이라면 8%, 비조정지역이라면 1~3%의 취득세를 내야 한다.

보유 단계에서 부과되는 재산세, 종합부동산세는 매매사업자용 주택과 기존에 개인 명의로 보유 중인 주택 수 전부를 합산한다. 그러므로 취득 단계, 보유 단계에서는 매매사업자의 장점이 거의 없다고 봐야 한다.

〈표 1–4〉 주택 구입 시 취득세율			
주택 수		**조정대상지역**	**비조정대상지역**
1주택 (지역구분 없음)	6억 원 이하	1%	
	6억 원 초과~9억 원 이하	1.01~2.99%	
	9억 원 초과	3%	
2주택		8%	1~3%(1주택과 동일)
3주택		12%	8%
4주택 이상		12%	12%

※법인은 주택 수·지역구분 없이 일괄 12%

출처: 국토교통부 보도자료(관계부처합동), "주택시장 안정 보완대책"

양도 단계

매매사업자 투자의 장점은 바로 양도 단계에 있다. 사업자가 아닌 개인으로 부동산을 매도할 때는 양도소득세를 내야 하지만, 매매사업자는 사업자이기 때문에 종합소득세를 내는 것이 원칙이다. 따라서 주택을 사고파는 경우에도 다음의 종합소득세 과세표준에 따른 세율에 따라 세금을 낸다.

예를 들어 비조정지역에 주택을 취득해 1년 이내에 매도했는데, 필요비용을 제외한 수익 금액이 2,000만 원이라고 해보자. 이때 내야 하는 세금은 '(2,000만 원 × 15%) − 108만 원(누진공제액) = 192만 원'이다.

같은 조건에 일반적인 방법으로는 주택을 취득하고 1년 이내에 매도할 경우 단기양도세율은 70%이므로 약 1,400만 원을 납부해야 한다. 매매사업자와 일반 개인의 양도 시 세금을 비교해보면 이처럼 무려 1,200만 원 이

〈표 1-5〉 소득세율

(단위: %, 원)

과세표준	세율	누진공제액
1,200만 원 이하	6	−
1,200만 원 초과~4,600만 원 이하	15	1,080,000
4,600만 원 초과~8,800만 원 이하	24	5,220,000
8,800만 원 초과~1억 5,000만 원 이하	35	14,900,000
1억 5,000만 원 초과~3억 원 이하	38	19,400,000
3억 원 초과~5억 원 이하	40	25,400,000
5억 원 초과	42	35,400,000

구분		주택·입주권	분양권
보유 기간	1년 미만	70%	70%
	2년 미만	60%	60%
	2년 이상	기본세율	-

상 차이가 난다.

　과표 구간 상승에 따른 세율이 올라갈 수 있다는 점도 알아두자. 예를 들어 매매사업을 잘 영위해서 10채의 주택을 팔았다면 해당 연도의 수익을 전부 합산한다. 다음 해 5월 종합소득세를 신고할 때는 필요비용을 뺀 총수익금액으로 계산하기 때문에 과표가 높아질 수 있다.

매매사업자의 비교과세

매매사업자라고 해서 무조건 좋은 것은 아니다. 단점 중 하나인 비교과세라는 것을 알아야 한다. 소득세법 제64조에 해당하는 자산을 사고팔았을 경우, 양도소득세와 종합소득세를 비교해서 더 큰 세금을 내야 한다. 여기에 해당하는 자산은 분양권, 비사업용 토지, 미등기 양도자산, 조정대상지역 입주권, 조정대상지역 중과 대상 주택이다. 여기에 해당하는 부동산을 계속 사고팔면 결국 양도세율이 더 크기 때문에 매매사업자를 이용한 투자의 실익이 없을 수도 있다.

결론적으로 매매사업자로 투자하기에 적합한 지역은 비조정지역이며, 단기양도 시 활용하는 게 좋다. 경매로 낙찰받아 바로 매도해도 고율의 단기양도세율이 아닌 종합소득세율로 계산되기에 충분히 절세가 가능하다.

그런데 매매사업소득이 생기면 국민연금과 건강보험료가 상승할 수 있고, 직장인이라면 종합소득세를 계산할 때 근로소득과 사업소득이 합산되기에 과표가 올라갈 수 있다. 세금이 두려워 투자에 나서지 못하는 사람이 많다. 부동산을 살 때 취득세를 내고 보유 기간에 재산세, 종부세 내며 팔 때도 세금을 왕창 내고 나면 뭐가 남느냐는 것이다.

하지만 생각을 조금 달리해보자. 세금을 낸다는 건 수익이 있다는 것이다. 우리가 마시는 물 한 통, 기름 한 방울에도 세금이 붙는다. 세금 걱정 때문에 아무것도 하지 않는 것보다는 최대한 많이 벌어 최고세율을 적용받는 게 자신에게도 사회에도 이롭지 않을까?

기회는 항상 있고,
바로 지금이다

부동산에는 사이클이 있다. 정부의 규제가 없던 적은 없다. 그런데 부동산 가격이 끝을 모르고 꾸준히 오르는 지역도 많다. 나는 이번 달에도 부동산 몇 개를 매입했는데, 나 같은 투자자들은 다른 나라에 사는 걸까?

투자에는 정해진 틀이 없다. 시장 상황은 하루가 다르게 변하고 여러 가지 변수가 있기에 순간순간 대응해야 한다. 고작(?) 대출 규제라는 변수에 흔들릴 정도라면 부동산으로 부를 이루기는 어렵다.

경매 시장에 10년 이상 머물며 느낀 점은 단 한 해도 빠짐없이 기회가 있었다는 것이다. 10년 전에도, 5년 전에도, 그리고 지금도 '경매 시장에는 먹을 게 없다'라는 말이 나오는데 직접 경험해보지 않은 사람들은 아마 2030년에도 비슷한 얘기를 하고 있을 것이다. 마음먹기에 따라 나도 얼마든지 수익을 낼 수 있다는 긍정적인 마인드를 가지길 바란다.

경쟁자가 많이 정리된 2021년

먼저 2021년 시장을 보자. 불과 1~2년 전까지만 해도 넘치는 유동성과 자금조달계획서 및 토지거래허가 배제, 부동산 법인 참여 등으로 경매 낙찰가가 고공행진을 이어왔다. 그런데 현재는 시세가 레벨업됐고 실수요 외 대출규제가 더욱 강화됐다. 실수요 초보자들에게는 좋은 소식이다. 초보자가 비교적 쉽게 할 수 있는 아파트 경매 시장이 기회를 맞을 확률이 높기 때문이다.

현재 주요 지역의 입찰자 수가 줄어들고 있으며 투자자는 세금 중과 3종 세트(취득세, 양도세, 보유세 중과) 및 대출 규제로 사실상 아파트 경매 투자가 어려워졌다. 법인 역시 보유하는 동안 6%의 종부세를 맞으면서 버티긴 어렵다(2022년 1월 현재 공시가 1억 이하 테마는 유효하지만 규제책이 나올 수 있음). 다주택자는 어차피 대출을 받지 못하므로 다주택자가 아닌 투자자라면 지역에 따라 갭(gap) 투자를 여전히 할 수 있고, 주거용 경매 시장은 철저히 실수요자 중심으로 시장이 재편되고 있다. 고가 낙찰이 다소 줄어들 것이며, 서울 중위 아파트 가격 기준으로 최소 수천만 원 이상 싸게 살 수 있는 확률이 높아졌다고 볼 수 있다. 취득세 역시 투자자들이 12% 이상 낼 때 실수요자는 그 10분의 1만 부담하면 된다. 비과세 전략으로 2년마다 갈아타기를 시도하면 몇 번의 움직임으로 어느 정도의 자산을 모을 수 있다.

또 한 가지는 수익형 부동산이다. 월급처럼 내 통장에 매달 일정 금액이 입금된다면 어떨까? 주의할 것은 시세차익형 부동산보다 수익형 부동산이 금리에 다소 영향을 받는다는 것이다. 현재 수익형 부동산 중 특히 상가 시장은 코로나19 사태 장기화 이후 월세 시세의 조정이 있었다. 월세 조정은 수익률에 영향을 미치고 나아가 매매 시세에도 영향을 준다.

상가 경매 시장의 장점은 레버리지를 충분히 활용할 수 있다는 것이다. 먼저 월세 100만 원 만들기에 도전해보기 바란다. 중개사무소를 통해 일반 매매로 상가 등을 사야 한다면 원하는 수익률을 얻기 어렵다. 하지만 경매를 활용하면 2억 원대에 월 100만 원 정도 나오는 수익형 부동산을 매입할 수 있다. 대출을 60~80% 받는다면 실투자금 몇천만 원으로 상가 주인이 될 수 있다는 얘기다.

수익형 부동산은 단기간에 사고팔아서 수익을 낼 수 있는 상품은 아니지만, 수익률을 시장 수준보다 높게 세팅한다면 얼마든지 자본소득을 발생시킬 수 있다. 보유 기간에 월세를 받을 수도 있고 원하면 마진을 붙여서 팔 수 있다는 것은 수익형 부동산만의 장점이다. 최근 지식산업센터의 분양가가 전반적으로 크게 올라 수익률이 떨어지는데도 사람들이 계속해서 몰려드는 이유는 시세차익에 대한 기대감 때문이다.

금리 인상에 대한 시그널이 시장의 분위기를 다소 누그러뜨리고 있는데, 코로나19 백신 접종률이 높아지고 위드코로나가 전면적으로 실시되면 분위기가 다시 한번 반전될 수 있다. 디스카운트 요인이 사라지거나 약화되기 때문이다. 실제로 내 주변의 투자자들은 현재 상가 경매 시장에 눈독을 들이고 있다.

시장이 크게 동요하거나 출렁이는 시기를 놓치지 않고 관심과 경험을 이어나간다면 현재 초보 투자자도 2~3년 정도의 시간이 흐른 뒤 달콤한 과실을 맛볼 수 있을 것이다.

2022년, 변동성이 크겠지만 기회는 있다

이제 2022년을 생각해보자. 2022년은 3월과 6월에 대선과 지방선거가 있는 해다. 다양한 선심성 돈 풀기와 개발 계획들이 쏟아질 것이다. 몇 가지 리스크도 예상할 수 있다. 금리가 적게는 0.5%, 많게는 0.75% 이상 상승할 수 있다. 금리가 올라간다고 해서 부동산 가격이 당장 내려가는 것은 아니지만, 특히 수익형 부동산 투자자에게 심리적인 영향을 주게 된다.

새 정부는 1세대 1주택 보유세 부담을 더 이상 늘리기 어려울 것이다. 하지만 다주택자들의 보유세 중과로 인한 하위 지역 던지기 또는 똘똘한 1채 선호 수요가 가속화될 수 있다. 무주택자 중에서는 예전 가격으로의 회귀를 바라는 사람이 많다. 2022년 들어 연초부터 기준금리 상승(현재 1.25%로 코로나 발생 이전 수준으로 회귀함)과 일시적 공급 과잉이 되는 지역은 실제로 조정을 받고 있기도 하다. 부동산 가격에는 시장 참여자들의 심리도 영향을 미치기에 마음이 급한 사람들은 급매로 던지기도 한다(프로들은 시장을 주시하다가 요지에서 나오는 이런 급매물을 낚아챈다).

대선 전후 불확실성이 해소될 때까지 거래량은 급감할 것이고, 아직까지는 급락 수준으로 가격이 크게 내릴 이유를 찾기 어렵다. 일자리 많고 교통 편한 입지의 아파트, 특히 학군 좋은 새 아파트에 대한 수요는 금리가 오른다고 하더라도 사라지지 않는다. 그러니 무조건 폭락이 오기를 기다리기보다 무주택자는 반드시 내 집 마련을, 1주택자는 상급지 갈아타기를 고려해보기 바란다.

한국은행 금융통화위원회의 금리 정책 회의가 2022년 1월에 열리는데, 탈고하는 현 시점 기준 벌써 기준금리를 0.25% 인상했다. 2020년 5월 0.5%

까지 낮추었던 금리에서 무려 세 차례나 올린 것이다. 현재 물가상승률과 한은 총재의 매파적 발언, 시장의 인플레이션 우려를 고려하면 금리 상승 압력은 쉽게 꺼지지 않을 것 같다. 현재 1.25%의 기준금리를 2022년 1.75% 선까지 올릴 수 있다고 본다.

하지만 '금리가 올라가면 부동산 가격이 내린다'라는 식으로 단순하게 생각하면 안 된다. 여전히 역사적인 저금리 시대이고, 정상화되는 과정일 뿐이다. 이를 시장에서도 충분히 인지하고 있다. 개인은 금리 인상 걱정도 좋지만 인플레이션 헤지를 위한 노력을 멈추지 말기 바란다.

2022년 1월 현재 전국에서 진행 중인 경매 사건은 아파트 1,300여 건, 빌라 1,500여 건, 오피스텔 600여 건, 상가 800여 건, 지식산업센터 30여 건 등이다. 이렇게 경매로 진행되는 3,000~4,000건의 부동산 중에 1~2개만 내 것으로 만들면 된다. 그게 출발점이다.

거주 형태, 무주택 또는 유주택, 소득 수준, 기존 대출 유무 등 각자가 처한 상황이 모두 다를 것이다. 자신의 현재 상황과 원하는 바를 냉철하게 생각해보라. 이대로 정말 괜찮은지, 언제까지 아껴 쓰고 저축하면 되는지, 그저 폭락을 기다리는 마음으로 미래를 대비할 수 있는지 말이다. 다소 부침이 있더라도 실물 자산을 취득하는 것은 당신과 가족의 삶을 안정되게 해준다. 현재 상황에서도 내게 맞는 최선의 부동산을 골라내고 대출 또는 전세 레버리지를 활용하여 매입하는 것은 얼마든지 가능하다. 경매와 공매라는 방법을 통해 자산을 싸게 취득하는 기쁨을 누려보기 바란다.

제2장

따라 하면 무조건 돈 버는
주택 물건의
실전 부동산 경매

아파트·빌라

아파트 1

첫 입찰에 낙찰받아
무피 투자 성공하다

낙찰자	왕초보 경매 마스터 28기 장진
낙찰가	2억 7,200만 원
투자 경과	2억 8,000만 원에 전세 (네이버 최저가 매물 4억, 2022.02 기준)

첫 입찰에 낙찰을 받는 행운을 얻었다. 부동산은 잘 모르지만, 그저 배운 내용을 즉시 실행에 옮겼을 뿐이다. 법원이라는 곳을 가본 것도 태어나서 처음 있는 일인데, 좋은 성과를 거둬서 자신감을 얻었다.

　나는 부동산의 'ㅂ'자도 모르는 평범한 직장인이지만, 입찰부터 낙찰 명도까지 직접 해보니 별로 어려울 게 없었다.

출처: 스피드옥션

강원도까지 현장조사를 다녀오다

온라인 경매 사이트 스피드옥션에서 발견한 물건은 강원도 원주시의 무실동에 있는 40평대 아파트였다. 우선 간단한 손품으로 시세 조사를 했다. 네이버 부동산, KB부동산, 호갱노노, 국토교통부 실거래가 등에서 해당 면적의 최근 거래 사례와 현재 시세를 파악했다. 또한 현장으로 가 인근 중개사무소를 방문해 매물 현황을 파악하고 분위기도 살펴봤다. 아는 것이 없다는 생각에 몸이라도 더 움직여야지 싶었다.

급매로 나온 건은 있는지, 최저가로 나온 매물은 실제로 거래가 가능한 것인지 등을 확인했다. 2019년 3월에 2억 8,500만 원의 매매 실거래가가 올라와 있었고, 전세가는 2021년 1월 기준 2억 5,000만 원이었다.

● 실거래내역

매매 ∨ 117.13 ∨ 총건수 : 97 건 최저가 : 17,000 만원 평균가 : 23,799 만원 최고가 : 39,900 만원 건축년도 2004

번호	명칭	분기	거래기간	전용면적(㎡)	층	거래금액(단위:만원)
87		2021년 1분기	2021.3.11 ~ 2021.3.21	117.13	18	31,000
86		2020년 4분기	2020.12.21 ~ 2020.12.31	117.13	9	29,000
85		2019년 1분기	2019.3.21 ~ 2019.3.31	117.13	8	28,500
84		2017년 4분기	2017.10.11 ~ 2017.10.21	117.13	11	28,400
83		2017년 4분기	2017.10.01 ~ 2017.10.10	117.13	14	27,000

● 실거래내역

전세 ∨ 117.13 ∨ 총건수 : 61 건 최저가 : 8,000 만원 평균가 : 19,070 만원 최고가 : 33,000 만원 건축년도 2004

번호	명칭	분기	거래기간	전용면적(㎡)	층	보증금(단위:만원)
54		2021년 1분기	2021.3.21 ~ 2021.3.31	117.13	2	23,500
53		2021년 1분기	2021.3.21 ~ 2021.3.31	117.13	18	27,000
52		2020년 2분기	2020.6.11 ~ 2020.6.21	117.13	6	21,000
51		2019년 1분기	2019.3.01 ~ 2019.3.10	117.13	18	20,000

● 아파트 시세

시세산정기간 2006 ∨ 1분기 ∨ 에서 ~ 2021 ∨ 4분기 ∨   ※ 단위 : 만원

아파트명	전용면적(㎡)	실거래 건수 (매매/전세/월세)	매매			전세		
			최저가	평균가	최고가	최저가	평균가	최고가
	86.69	328 / 142 / 0	13,500	20,432	34,000	1,500	16,003	26,500
	87.74	30 / 9 / 0	15,360	20,376	26,300	10,000	14,000	17,000
	117.13	95 / 58 / 0	17,000	23,479	39,900	8,000	18,764	33,000
	117.17	99 / 36 / 0	16,700	22,775	37,500	7,000	18,681	34,000
	117.38	134 / 73 / 0	17,000	23,676	39,000	1,500	17,596	34,000

※ 국토해양부에서 제공되는 실거래가를 바탕으로한 시세입니다.

출처: 스피드옥션

긴장 속 첫 입찰

시세 파악을 한 뒤 입찰가를 2억 7,200만 원으로 정했다. 이제는 입찰을 하러 법원에 갈 차례다. 그런데 당일 수업이 있어서 춘천지방법원 원주지원까지 갈 수가 없었다. 결국 나보다 더 모르는 남편을 법원 입찰법정에 보내게 됐다. 전화로 법원의 분위기를 전해 들었는데 내가 현장에 가 있는 듯 몹시

떨렸다. 입찰이 끝나고 한참을 기다린 끝에 드디어 기다리던 소식이 왔다. 낙찰이었다. 여덟 명의 입찰자 중 1등을 했다.

2021년 3월 잔금을 냈고, 명도까지 탈 없이 진행되면 좋겠다고 생각했다. 그런데 전혀 생각지도 못했던 특별한 명도를 하게 됐다. 낙찰 후 법원 서류를 열람했는데, 가족이나 본인 연락처가 없었다. 법원의 송달 서류가 전부였다. 잔금 납부 후 집으로 찾아가도 아무도 없어서 인도명령을 신청했다. 결정문이 ○○교도소로 송달됐다고 한다. 순간 당황했다. '교도소? 이게 무슨 일이지? 협의가 먼저라고 배웠는데, 어떻게 협의를 해야 하지?' 하는 생각이 들었다. 사건 열람을 통해 채무자가 사업 실패와 형사 건으로 교도소에 수감 중이란 사실을 알게 됐다. 첫 낙찰로 어리둥절한 상태에서 채무자가 수감 중이라는 것까지 알게 되니 그야말로 난감했다. 물론 절차에 따라 법원에 집행 관련 서류를 제출해서 명도 처리를 할 수 있지만, 좀 더 빠른 명도를 위해 채무자를 직접 만나보기로 했다(나는 30대 여자로, 지금 생각해보면 무슨 깡으로 이런 생각을 했나 싶다).

교도소에서 명도 협의를 하다

교도소에 도착해서 수감번호를 확인한 후 면회 신청을 했다. 법원도 처음 가봤지만 교도소 역시 처음 가봤다. 이 낯선 곳에서 낯선 사람과 어떻게 협의를 할 수 있을까 걱정이 앞섰다. 이윽고 채무자를 만났는데, 걱정했던 것과 달리 이야기를 나누면서 해결의 실마리를 찾을 수 있었다.

채무자는 경매가 진행됐다는 사실을 이미 알고 있었고 담담히 자신의 의견을 전했다. 이렇게 된 마당에 바랄 것이 없으니 명도비용으로 300만 원만 주면 깔끔히 비워주겠다고 했다. 결국 100만 원을 낮추어 200만 원에 합의를 했다. 그렇게 걱정했는데 만난 지 10여 분 만에 협의가 된 것이다.

애초에 입찰을 결심했을 때 단기 매도로 2,000만 원 수익을 목표로 했다. 그런데 몇 달 새 시세가 많이 올랐고, 낙찰가를 고려할 때 전세로 진행하면 투자금이 전혀 들어가지 않는다는 것을 알게 됐다. 현장 분위기를 통해서도 매물이 없고 시세가 상승 중이라는 판단이 들었다. 최근 매매 거래를 살펴보니 3억 2,000만 원까지도 가능한 상황이었다. 그래서 2년 후 매도하기로 마음을 바꾸었다.

부분 수리만 하고 바로 전세 세입자를 들이기로 했다. 중개사무소에 전세 매물로 등록한 지 며칠도 되지 않아 중개사무소에서 연락이 왔다. 처음 집을 보러 온 사람과 바로 가계약을 마치고 계약금을 받았다. 잔금 납부 1개월 (낙찰일로부터 2개월) 만에 2억 8,000만 원의 전세 계약까지 완료한 것이다.

첫 낙찰에서 거둔 무피 투자 쾌거

낙찰가가 2억 7,200만 원인데 전세가가 2억 8,000만 원이니 '무피 투자', 즉 자기자본 없이 하는 투자에 성공했다. 이렇듯 경매는 전문가만 할 수 있는 것도 아니고 어려운 것도 아니다. 확신이 없거나 귀찮거나 실행에 옮기지 못하는 것뿐이다. 이 성공 경험을 통해 어떤 문제든 다양한 해결 방법이 존재하고, 내가 적극적으로 움직이면 풀지 못할 실타래가 없다는 것을 알게 됐다. 돈도 중요하지만 내게는 이런 마인드가 생겼다는 게 무엇보다 큰 소득이다.

채무자가 교도소에 있다고 해서 지레 겁을 먹을 필요가 없었다. 상대방 입장에서 생각하고 배려하면서 추후 절차를 정확히 인지시키면 대부분 쉽게 해결이 된다. 내가 만일 채무자를 만나는 것이 두려워 법적으로 명도 절차를 진행했다면 기간과 비용이 더 소요됐을 것이다.

이런 특별한 경험도 할 수 있었다는 것을 오히려 감사한 일로 생각한다. 실전으로 부딪치며 스스로 해결했기에 자신감과 성취감을 맛봤고, 결과적으로 내 돈 한 푼 안 들이고 대형 아파트 투자를 세팅할 수 있었다. 벌써 성공을 맛본 투자자가 된 것이다. 이런 경험치가 모여서 중수가 되고 고수가 되는 거라고 생각한다. 용기와 실행력이 가져온 달콤한 결과는 누구든 맛볼 수 있다. 2021년 11월 해당 면적이 3억 9,900만 원에 거래된 기록이 검색됐다. 잔금 납부 후 반년 만에 낙찰가보다 1억 이상 상승한 것이다. 전세가 역시 빠르게 상승 중이다. 무럭무럭 잘 자라주기를 바라며 나는 또 다른 입찰을 준비하고 있다.

〈그림 2-3〉 매매 및 전세 실거래가 검색(2021년 12월 기준)

매매 실거래가   2021.12. 국토교통부 기준

계약월	매매가	
2021.12.	3억 9,000(1일,9층)	
2021.11.	3억 9,900(13일,19층)	
2021.10.	3억 6,000(6일,3층)	
2021.09.	3억 6,500(29일,6층)	3억 6,600(18일,14층)
2021.08.	3억 5,500(15일,20층)	
2021.06.	3억 3,000(15일,8층)	3억 2,000(6일,19층)
2021.05.	2억 9,000(10일,4층)	3억 1,600(6일,11층)
2021.04.	3억(6일,8층)	
2021.03.	3억 1,000(20일,18층)	3억(11일,8층)
2021.01.	3억 500(20일,8층)	2억 7,800(10일,5층)

전세 실거래가   2021.12. 국토교통부 기준

계약월	전세가	
2021.11.	3억 3,000(12일,1층)	3억 3,000(12일,1층)
2021.10.	3억 3,000(11일,14층)	
2021.09.	3억 1,000(14일,20층)	
2021.06.	2억 8,000(21일,19층)	
2021.04.	2억 8,000(17일,20층)	2억 8,000(17일,20층)
2021.03.	2억 7,000(31일,18층)	2억 3,500(27일,2층)
2021.01.	2억 5,000(10일,5층)	
2020.11.	2억 3,000(20일,5층)	
2020.06.	2억 1,000(17일,6층)	
2020.02.	2억 2,000(22일,16층)	2억(4일,4층)
2020.01.	1억 9,000(29일,20층)	

출처: 네이버 부동산

물건지의 전입자를
확인하는 법

은행은 대출 실행 시 반드시 전입세대열람을 해서 전입자가 있으면 누구인지 확인한다. 그리고 가족이라면 무상임대차확인서를 받아둔다. 간혹 가족이 아닌 자가 전입되어 있는 경우가 있는데, 예전에 낙찰받은 대전 서구 단독주택이 그런 사례였다.

알고 보니 20여 년을 가족처럼 살아온 할머니가 별도의 세대로 등재되어 있었다. 전입세대열람을 하려면 당시에는 관할 주민센터까지 가야 했다. 현재는 전산이 모두 연결되어 있어 전국 어떤 주민센터에서든 전입세대열람원을 떼서 볼 수 있다. 준비물은 해당 물건 경매 정보지 출력물, 열람 신청서다(수수료는 300원).

채권자인 은행에서는 해당 담보물에 전입된 사람들의 신분을 모두 파악하고 있다. 이것이 확인이 되지 않으면 대출을 해주지 않는다. 은행에 연락

108

해서 무상임대차확인서를 보여달라고 하거나 존재 여부를 알려달라고 하는 사람들이 있는데, 열에 아홉은 알려줄 수 없다는 답변이 돌아온다. 개인정보이기 때문에 함부로 내줄 수가 없는 것이다.

선순위 임차인 사건의 핵심은 점유자가 실제로는 대항력이 없거나 허위 임차인이란 사실을 입증하는 것인데, 은행에서 무상임대차확인서를 가지고 있다는 정황만으로는 명도소송에서 이길 수 없다. 심증만으로 판단하는 것은 위험하며, 은행이 보유한 무상임대차확인서를 재판부가 볼 수 있으면 좋다. 나는 미리 은행에 찾아가서 낙찰 후 사실조회신청을 할 테니 꼭 제출해달라고 부탁해둔다.

선순위 임차인을 상대로 명도소송을 제기하면 법원은 은행에 '사실조회신청서'를 통해 무상임차 관련 서류가 있는지 확인해달라고 요청한다. 채권자(은행)는 낙찰자의 요구에 응할 이유가 없으나 국가기관인 법원이 요청한다면 그 사본을 법원에 보낼 수 있다. 하지만 은행이 100% 보내주는 것은 아니다. 사실조회신청을 했지만 은행에서 그런 서류가 없다는 회신이 오면 소송에서 패소할 확률이 높아지므로 심증만으로 입찰하는 것은 위험하다.

세 번 만에 낙찰 성공,
경매 한 사이클 경험하다

낙찰자	왕초보 경매 마스터 18기 김희선
낙찰가	3억 2,640만 원
투자 경과	2억 8,500만 원에 전세 (매매 시세 4억 원, 2022년 2월 현재 기준)

경남 거제시의 40평대 아파트를 낙찰한 사례다. 직접 가보지 못하는 곳에 입찰하는 것이었기에 꼼꼼하게 손품을 팔았다. 네이버 부동산, 호갱노노, KB부동산에서 시세 파악을 하고 해당 지역의 관련 호재와 이슈들을 살펴봤다. 학군과 인근 아파트에 대해 조사하는 건 물론 그 지역 중개사무소에 전화해서 분위기를 파악했다. 최근에는 거래가 활발하지 않아 입찰가를 정하기가 쉽지 않았다. 입찰 당일까지 고민을 거듭하다 보니 쓰려고 하는 입찰

출처: 스피드옥션

가의 숫자가 환영으로 보이는 듯한 지경에까지 이르렀다.

입찰 당일, 해당 사건이 진행되는 날짜가 맞는지 대법원 사이트에서 다시 한번 확인했다. 중개사무소와 관리사무소에 연락해 입찰자가 어느 정도 될지도 예상해봤다. 법원에 도착하니 이미 사람들이 가득했다. 인천지방법원만 가본 나로서는 낯선 광경에 잠시 적응할 시간이 필요했다. 입찰하려는 사람들로 붐비는 법정에서 나와 식당에서 서류를 작성했다.

짜릿한 첫 낙찰

내가 입찰한 경매 사건의 개찰 시간이 다가왔다. "해당 물건의 총 입찰자는 열

네 명입니다."라는 담당 직원의 말에 머릿속이 하얗게 변해버렸다.

'아, 이 먼 거제까지 와서 이렇게 허무하게 돌아가야 하나. 어서 보증금 돌려받고 아까 통화했던 중개사무소로 가서 급매라도 사야겠구나…'

한숨을 내쉬며 그저 빨리 진행하기를 기다렸다. 사건번호는 뒤였지만 해당 사건에 입찰자가 많아 앞 순서로 진행됐다. 별 기대 없이 멍하니 있던 나는 최고가 매수인에 내 이름이 불렸을 때 한 번에 대답하지 못했다.

첫 낙찰이었다! 경매가 무엇인지도 몰랐던 내가 낙찰을 받게 되다니 얼떨떨했다. 보증금을 돌려받지 않고 영수증을 받으러 가는 기분이란! 법정을 가득 채운 사람들의 시선이 모두 나를 향하는 것 같았고 전투에서 승자가 된 듯한 짜릿함을 느꼈다. 첫 낙찰에서 얻은 희열은 지금까지 나를 투자로 이끄는 원동력이 되고 있다.

낙찰가는 3억 2,640만 원이었고 당시 아파트 시세는 3억 중반 정도였다. 2등과의 차이는 500만 원 정도였지만 만족스러웠다.

물건지를 방문하고, 대출을 알아보다

법원에서 나와 곧장 해당 물건지로 갔다. 먼 길을 올 때는 낙찰 즉시 가야 현장에 한 번이라도 덜 갈 수 있고, 그래야 비용과 시간이 절약된다는 조언을 들었기 때문이다. 법원에서 낙찰받은 곳까지 30분 거리에 있었고 중개사무소 소장님과 함께 돌아봤다. 낙찰받은 집 문 앞에서 임차인과 이야기를 나눌 수 있었으나 내부는 볼 수 없었다. 그래도 전화번호를 서로 교환하고 온 것은 첫 낙찰을 받은 내게 큰 수확이었다. 잔금을 내고 배당일이 오면 그

때 명도확인서를 임차인에게 전달하기로 했다.

잡힌 일정을 보니 6월 9일 낙찰, 6월 16일 매각허가결정, 6월 23일 매각 확정, 7월 말 잔금 납부, 한여름인 8월 초가 배당기일이었다. 그다음에는 집을 약간 수리하고 전세로 내놓으면 된다. 이제 잔금 납부를 위한 대출을 알아보기로 했다.

대출은 법무사를 통해 진행했으며, 총 일곱 군데에 문의했다. 이자와 중도상환 수수료를 조금이라도 낮추고 싶었기 때문이다. 서울에 있는 나는 낙찰받은 지역과 거리가 멀고 현재 소득이 높지 않아 고민할 부분이 많았다. 먼저 금리가 너무 높은 두 곳을 패스하고 한 단위농협에서 대출을 진행했다. 금리는 다소 높은 3.5%였으나 3개월 이후 중도상환 수수료 면제 조건이었다. 전세 임차인을 구해 실투자금을 최소화하고 싶었기 때문에 임차인을 구하는 3개월 동안만 대출을 받을 수 있는 조건을 선택한 것이다. 금융기관에 현재 소득 자료를 전달하여 2억 400만 원의 대출을 받았다.

7월 21일이 잔금 납부일이었는데 은행과 법무사의 커뮤니케이션 오류로 하루 연체가 되고 말았다. 이로 인해 잔금 납부기한 이후 납부할 경우 연 12%의 연체이자가 발생한다는 것을 알게 됐다. 연체이자는 법무사 쪽에서 내주기로 했다.

수월하게 맞춰진 전세

잔금을 내고 인근 중개사무소에 바로 전세 매물로 등록했다. 혹시라도 현재 임차인이 비협조적으로 반응할 수도 있지 않을까 하고 걱정했지만 지나고 보니 기우였다. 임차인은 배당을 받기 위해 명도확인서가 필요한 상황이므로 나의 협조가 필요하다. 내부 상태가 좋지 않을 경우를 대비해 수리비용도 책정해두었다.

물건지의 내부를 처음 보게 된 날, '최악의 상황이라도 크게 실망하지 말자'라고 다짐하며 집으로 들어갔다. 그런데 들어선 순간, 입이 떡 하고 벌어졌다. 입구에 들어서면서부터 상쾌한 느낌이 들었다. 너무나 잘 정돈된 출입구에 먼지 하나 없는 신발장까지, 새집처럼 깨끗했다. 임차인이 이사를 하면서 청소까지 하고 간 것 같았다. 몇 가지 물품의 열쇠와 사용설명서, 관리비 정산서까지 깔끔하게 정리해서 선반에 올려둔 것을 보니 그분의 따뜻한 배려심이 느껴졌다. 이 정도라면 내가 살고 싶다고 생각했다. 내가 살고 싶은 집이라면 임차인도 분명 같은 생각일 것이다. 낙찰받은 아파트가 이렇게 완벽한 상태일 수 있다니 놀랍고도 감사한 일이었다. 경매를 준비하며 찾아본 유튜브에서는 낙찰 후 쓰레기가 쌓인 집 등 최악의 상황을 보여주는

〈그림 2-5〉 해당 물건지 내외부 모습

영상이 많던데, 이런 상태라면 걱정 없이 새로운 임차인을 맞을 수 있을 것 같았다.

서울로 올라와 직장 일로 바쁘게 지내던 중 생각보다 빠르게 중개사무소의 연락을 받았다. 전세 물건을 찾는 사람이 있어 집을 보고 싶어 한다는 것이었다. 집을 보러 온 부부는 그 자리에서 바로 계약한다고 하면서 몇 군데 소소한 수리를 원했다.

문제를 해결하면서 배우다

그런데 중도상환 수수료 문제가 생겼다. 경락잔금대출 시 3개월 이후 중도상환 수수료가 없는 대출 상품으로 대출을 진행했으나 임차인이 한 달 빠르게 입주하자고 한 것이 문제가 됐다.

3개월 이내에 해지하면 중도상환 수수료 약 390만 원이 발생한다고 했다. 이 부분을 미처 생각하지 못했다. 게다가 임차인은 잔금을 치르는 당일, 대출을 갚고 확인증을 달라는 내용을 계약서에 넣었다. 답답했다. 내 불찰이다. 잘 모르니 그다음 단계의 일까지 생각하고 일을 진행할 수가 없었다.

결국 계약서에 별지를 작성해서 잔금을 중도상환 수수료 면제 시점인 10월 23일 이후로 조정하는 방법으로 해결할 수 있었다. 만약 세입자가 변심하여 해당일에 잔금을 입금하지 않는다면 문제가 심각해지겠지만, 나로서는 중도상환 수수료를 면제받을 수 있기 때문에 위험을 감수하면서 잔금일을 조정하게 된 것이다. 방법이 전혀 없다고 생각했는데 이렇게 해결할 수 있다니 감사할 일이었다. 하루에도 몇 번씩 감정의 기복을 경험했고, 평

정심을 유지하기가 힘들었다. 겨우 이런 일에 휘청거리는 내가 앞으로 투자를 할 수 있을까 하는 의구심도 들었지만 결국 중도상환 수수료 문제도 잘 해결됐다.

현재 매매 시세는 4억 이상이지만 아직 보유 기간이 2년 미만이므로 좀 더 가지고 가기로 했다. 생애 첫 낙찰로 할 수 있다는 자신감을 얻었다. 이러한 경험을 바탕으로 2년이라는 시간 동안 4건 이상 부동산 투자를 진행중이다. 경매 한 사이클을 경험하며 투자에 대한 두려움과 막막함을 이겨낼 수 있었다.

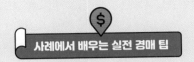

현장조사 하는 법

어설피 감추려 하지 말고 솔직히 얘기하자. 항상 자신과 타인에게 당당해야 한다. 그 기운과 자신감은 중개사무소 소장님에게도 그대로 전달된다.

"경매 때문에 왔습니다. ○동 ○호 기본형인가요? 인테리어 하면 얼마에 전세가 나가나요?"

궁금한 점을 모두 물어본다. 현장조사를 할 때는 다시는 오지 않는다는 각오로 임해야 한다.

"낙찰받으면 당연히 소장님께 가장 먼저 내놓을 거예요."

혹시 낙찰을 받지 못하더라도 나는 기프티콘을 보낸다. 무려 30분 이상의 시간을 내주는 소장님도 있는데 그깟 1만 원짜리 기프티콘을 아까워한다면 투자자로서 오래가긴 어렵다고 봐야 한다. 나는 보내는 기프티콘 금액의 10배, 100배, 아니 1,000배의 수익을 올릴 자신이 있다. 내게 필요한 것은

'정확한' 정보이지 '어설픈' 정보가 아니다. 어설픈 정보는 오히려 입찰가를 산정하는 데 혼란만 줄 수 있다. 그들의 노고에 진심으로 감사하고 베풀면 좋은 관계는 자연스레 따라오게 되어 있다.

서류상의 검토(권리분석)는 빨리 마치고 현장으로 가는 것이 중요하다. 진짜 돈 되는 정보는 인터넷에 올라오지 않는다. 예를 들어 노후 아파트라면 누수나 층간 소음이 걱정될 것이다. 이런 것은 인터넷을 아무리 검색해도 나오지 않는다.

층간 소음에 예민한 사람이고, 훗날 자신이 입주할 가능성이 있는 아파트에 입찰한다면 현장에 가보시라. 경매 나온 집을 방문할 필요는 없다. 환대받을 가능성은 거의 없기 때문이다. 바로 윗집에 가는 것은 괜찮다. 신혼부부가 사는지, 어린 자녀를 둔 부부가 사는지, 은퇴 노부부가 사는지에 따라 층간 소음의 정도가 달라질 수 있기 때문이다. 혹시 어린이 자전거가 복도 공용 부분에 여러 대 놓여 있다면 십중팔구 개구쟁이들이 살고 있다고 보면 된다. 실거주 목적의 집이라면 다소 감가해서 입찰하거나 입찰을 보류하는 것이 좋다.

누수 문제에 대해서는 바로 아랫집을 방문해본다. 경매 때문에 왔다고 솔직히 얘기하고 협조를 구하면 대부분 싹싹하게 대해준다. 물론 빈손으로 가기보다는 휴지나 박카스 한 박스 정도는 들고 가는 것이 좋다.

아파트 3

등기부 활용으로 넉 달 만에
1,200만 원 수익 내다

낙찰자	왕초보 경매 마스터 21기 김한
낙찰가	1억 6,400만 원
투자 경과	1억 8,500만 원에 매도

전북 군산시 나운동에 있는 아파트가 경매로 나왔다. 나운동은 인근 조촌동, 수송동, 미장동보다는 오래된 느낌이 있지만 비교적 가격이 저렴하고 생활 환경이 괜찮아서 군산 시민들이 선호하는 거주지 중 한 곳이다. 경매 물건은 나운동에서도 브랜드 아파트라는 점과 단지 관리가 잘된다는 점에서 실거주자들이 선호하는 단지였다.

출처: 스피드옥션

전반적인 정보 파악하기

아파트의 경우에는 간단한 손품을 통해 현재 거래되는 가격과 정보를 알 수 있다. 주로 네이버 부동산 매물 현황을 활용하는데, 여기서 눈으로 보고 그치는 게 아니라 현지 부동산 중개사무소 소장님들과 통화하거나 직접 찾아가서 현지 정보를 모은다.

해당 아파트는 1998년에 지어졌으며, 670여 세대 규모의 단지다. 이 중경매로 나온 85㎡ 평형이 422세대로 대부분을 차지하며, 주력 평형으로 매물 회전이 잘되고 있었다.

이 단지에는 조망권을 가진 5개의 전면 동이 있다(그림 2-7). 경매 물건은 107동 13층이다. 107동은 단지의 출입구와 가깝고 층수 또한 단지 건너편

출처: 네이버지도(https://map.naver.com)

단지정보	시세/실거래가	동호수/공시가격	학군정보	사진

계약월	매매가	
2021.10.	1억 5,900(14일,19층)	
2021.09.	1억 7,800(10일,14층)	
2021.07.	1억 7,000(10일,12층)	
2021.06.	1억 6,500(17일,5층)	
2021.05.	1억 6,200(12일,11층)	
2021.04.	1억 4,100(22일,4층)	1억 5,800(16일,10층) 계약취소
	1억 5,800(16일,10층)	
2021.03.	1억 3,400(11일,4층)	
2021.02.	1억 4,200(21일,13층)	1억 4,700(16일,13층)
	1억 4,800(16일,17층)	1억 4,300(3일,6층)
2021.01.	1억 3,000(18일,4층)	
2020.12.	1억 1,700(16일,1층)	1억 4,750(16일,8층)
	1억 1,000(15일,1층)	1억 3,800(11일,9층)
	1억 4,800(4일,14층)	1억 4,000(2일,1층)

출처: 네이버 부동산

의 상가보다 높은 13층이어서 'RR(로열동/로열층)'이라고 부르는 인기 물건
이다.

기본적인 단지 정보를 파악했으면 다음은 가격이다. 지난 1년간의 거래
를 살펴봤을 때 이 단지는 1억 4,000만 원 선에서 거래되다가 2021년 4월
을 기점으로 가격이 조금씩 높아지더니, 여름에 연달아 1억 7,000만 원 선
에서 거래가 됐다(그림 2-8). 그러다가 10월에 19층 물건이 직전보다 거의
2,000만 원 낮은 가격에 거래된 것이 눈에 띄었다. 해당 물건은 탑층에 수
리가 되지 않은 물건이라 낮은 가격으로 거래가 됐다는 정보를 현지 중개사
무소 소장님을 통해 얻을 수 있었다.

현재 호가 확인하기

다음은 현재 매물 개수와 호가 수준을 비교해야 한다. 입찰 준비 당시 400세대가 넘는 해당 평수의 매물은 단 1개였다. 후면 106동(그림 2-9)의 16층 물건이 1억 8,700만 원에 매물로 나와 있었다. 현지 중개사무소 소장님들에게 확인한 결과 비싸서 매수 문의가 많지 않다는 것을 알 수 있었다. 그리고 107동 같은 로열동은 매물이 잘 나오지 않아 106동에 비해 상대적으로 희소성이 있다는 얘기를 들었다.

여기까지 정보를 종합하여, 경매로 나온 물건의 가치가 1억 7,500만 원에서 1억 8,500만 원 정도라고 판단했다. 1,000만 원의 가격 차이는 해당 물건의 수리 유무에서 생긴다. 살기 좋은 단지라고 하더라도 완공 후 20년이 넘은 구축 아파트이기에 리모델링 여부에 따라 가격이 1,000만 원 정도 차이가 난다. 이 아파트를 낙찰받기 위해서는 이 1,000만 원의 오차 범위를 좁혀야 한다.

하지만 경매로 나온 집이 수리된 집인지 아닌지를 어떻게 알 수 있을까? 일반적으로 점유자의 협조를 구해 직접 집 안에 들어가 확인해보기 전까지는 알기 어려울 것이다. 직접 찾아간다고 하더라도 살고 있는 점유자가 생면부지의 입찰 예정자들을 반가

〈그림 2-9〉 물건의 가치 추정

출처: 네이버지도(https://map.naver.com)

이 맞아줄 리도 없다. 그러므로 약간의 상상력과 추리력을 동원해서 어느 정도 유추할 수 있어야 한다. 그 단서가 '등기사항전부증명서'에 담겨 있다.

등기부로 물건의 역사 추적하기

등기사항전부증명서(등기부)에는 해당 물건의 모든 역사가 기록되어 있다. 언제 어떻게 이 집을 지어서 얼마에 분양을 했는지, 중간에 몇 명의 소유자가 거쳐 갔는지, 현재 살고 있는 소유주가 얼마에 이 집을 샀는지, 이 집을 구입하기 위해 얼마의 대출을 일으켰는지 등을 확인할 수 있다. 사람에게 '족보'가 있듯 등기사항전부증명서는 '아파트의 족보'라고 할 수 있다.

해당 물건의 등기사항전부증명서(그림 2-10)를 보고 다음과 같이 추론할 수 있다.

- 이 아파트의 채무자는 사망했고 이 아파트는 현재 공실 상태일 것이다.
- 따라서 명도는 쉬울 것이다.
- 2016년경 신혼부부 취향으로 깨끗이 리모델링됐을 것이다.

나는 이 집의 가치를 1억 8,000만 원 이상이라고 평가했다. 그리고 내가 원하는 최소한의 수익을 반영하여 최종 입찰가를 1억 6,300만 원으로 정했다. 내가 어떻게 이런 확신을 가질 수 있었을까? 우선 등기부를 바탕으로 내가 재구성한 이 아파트의 이야기는 다음과 같다.

<그림 2-10> 해당 물건의 등기사항전부증명서

2	소유권이전	2001년4월9일 제15515호	2000년12월30일 매매	소유자 이█ 680911-******* 군산시 소룡동 1534-3 소망아트빌라 201호
2-1	2번등기명의인표시 변경		2005년4월25일 전거	이█의 주소 전라북도 군산시 █████ 2016년1월28일 부기
3	소유권이전	2016년1월28일 제5014호	2015년12월14일 매매	소유자 장██ 800911-******* 전라북도 군산시 ████ 거래가액 금155,000,000원
3-1	3번등기명의인표시 변경	2016년2월12일 제6644호	2016년1월28일 전거	장██의 주소 전라북도 █████
4	가압류	2018년10월4일 제36490호	2018년10월2일 전주지방법원 군산지원의 가압류 결정(2018즈단 ██)	청구금액 금45,000,000 원 채권자 김██ 791210-******* ████████
5	소유권이전	2020년5월6일 제17693호	2019년12월14일 상속	공유자 지분 2분의 1 장██ 130213-******* 인천광역시 서구 ███████ 지분 2분의 1 장██ 150622-*******

[집합건물] 전라북도 군산시 ██████ ███████ ██████

순위번호	등 기 목 적	접 수	등 기 원 인	권리자 및 기타사항
				인천광역시 서구 ████████
				대위자 ████████ 부산광역시 ██████████ 대위원인 2016년1월25일 대출거래약정에 기한 채권보전
5-1	5번소유권변경	2020년8월20일 제33085호	2020년5월6일 신청착오	공유자 지분 2분의 1 장██ 471001-******* 전라북도 군산시 ████████ 지분 2분의 1 강██ 550606-******* 전라북도 군산시 ████████
				대위자 ████████ 부산광역시 남구 █████ ██ ██ 대위원인 상속포기(전주지방법원 군산지원 2020느단███) 및 상속한정승인(전주지방법원 군산지원 2020느단███)
6	임의경매개시결정	2020년5월12일 제18277호	2020년5월12일 전주지방법원 군산지원의 임의경매개시결 정(2020타경███)	채권자 ████████ 부산광역시 남구 ███████ ████████

124

【 을 구 】	(소유권 이외의 권리에 관한 사항)			
순위번호	등 기 목 적	접 수	등 기 원 인	권리자 및 기타사항
1	근저당권설정	2016년1월28일 제5015호	2016년1월28일 설정계약	채권최고액 금99,000,000원 채무자 장■■ 전라북도 군산시 ■■■■ ■ ■■■ ■■■■ 근저당권자 ■■■■■ ■■■■■■■■
1-1	1번근저당권이전	2020년3월11일 제10396호	2016년4월5일 확정채권양도	근저당권자 ■■■■■ ■■■■■■■■ 부산광역시 남구 ■■ ■■■■ ■■■
2	근저당권설정	2016년2월12일 제6645호	2016년2월12일 설정계약	채권최고액 금24,000,000원 채무자 장■■ 전라북도 군산시 ■■■■ ■ ■■■ ■■■■ 근저당권자 ■■■■■ ■■■■■ 서울특별시 중구 ■■■ ■■■■ ■■ ■■■
3	2번근저당권설정등 기말소	2017년7월25일 제25514호	2017년7월24일 해지	
4	근저당권설정	2017년8월25일 제29963호	2017년8월24일 설정계약	채권최고액 금32,400,000원 채무자 장■■ 전라북도 군산시 ■■■■ ■ ■■ ■■ ■■■ 근저당권자 ■■■■■■ ■■■■■ 서울특별시 중구 ■■■ ■■■■ ■■■■

출처: 대법원 인터넷등기소

이 집의 주인 장○○ 씨는 같은 아파트 단지에서 전세로 거주하고 있었다. 세 살배기 첫아들에 이어 곧 둘째가 태어날 예정이라 단지 내 좋은 집을 사서 이사하기로 한다. 주택금융공사에서 저렴한 금리로 대출도 받을 수 있었다. 실거주로 두 아이와 함께 살 집이라 잔금을 치르기 전 인테리어도 제법 돈을 들여서 완료했다. 그러나 2018년 GM 군산공장이 문을 닫으면서 군산 경제가 급격히 흔들렸다. 부부는 어떤 경제적 이유로 잦은 다툼을 벌이다가 결국 이혼소송까지 하게 됐다. 소송 결과 아내가 두 아이의 양육권을 가지고 친정인 인천으로 이사했다. 아내가 위자료 4,500만 원을 청구했으나 경제적 어려움이 있던 장 씨는 이를 지불하지 못했다.

갑자기 경제적 어려움에 처한 장 씨는 어떤 이유인지 모르지만 세상을 떠났다. 내 집을 마련하고 3년이 지났을 때쯤이다. 집은 장 씨의 두 자녀에게 상속됐지만, 상속을 포기했다. 결국 고인이 된 장 씨의 집은 부모에게 상속됐고, 아들을 먼저 떠나보낸 부모는 슬픔 속에 아들이 남긴 집과 부채를 경매를 통해 청산하기로 했다.

어떤가, 소설 같은 허무맹랑한 이야기인가? 등기부만 보고 어찌 이리 상세하게 한 가족의 이야기를 재구성해낼 수 있는지 의문이 드는가?

결론적으로 말해서 내가 추론한 이 집의 역사는 대부분 들어맞았다. 명도 과정을 진행할 때 장○○ 씨의 어머님을 만나 직접 대화를 나누면서 확인했다. 미납 관리비를 정산한 후 물건지에 들렀는데, 집 내부의 모습도 내 예상과 다름이 없었다. 신혼부부가 두 아이를 키우기 위해 소박하지만 예쁘게 꾸며놓은 전망 좋은 집이었다.

〈그림 2-11〉 해당 물건의 내부 모습

아들을 먼저 떠나보낸 부모는 이 집의 처분을 기다리고 있었으며 내게 집 정리를 부탁했다. 낙찰 소식을 알고 있었고 마음의 준비를 했지만, 자식의 흔적이 남아 있는 집을 차마 당신 손으로 정리할 순 없었다고 한다. 이런저런 사연이 있는 집은 일반매매로 처분하는 것보다 경매를 통한 처분이 나을 때가 있다. 이 집을 담보로 돈을 빌려준 은행도 채권을 회수해야 하고, 임차인이 살고 있다면 보증금이 걸려 있을 테고, 집주인이라면 단 몇 푼이라도 건져서 나가고 싶은 게 인지상정이다.

등기부 읽는 요령

다음은 등기부를 어떤 방식으로 읽었는지 살펴보자. 갑구와 을구 주요 사건을 날짜 순서대로 나열해보면 다음과 같다.

- 2015.12.14: 매매계약서 체결. 장○○ 가족의 거주지는 나운동 ○○아파트 105동 ○○○호. 당시 나이 35세.
- 2016.1.29: 107동 ○○○호로 이사함. 매매 계약과 잔금 사이 약 한 달 반의 시간이 있음.
- 2018.10.2: 채무자 아내 ○○○가 이 집에 4,500만 원 가압류 설정. 원인은 군산지원 판결 2018 즈단 ○○○○○.
  ※ 즈단: 위자료 2억 원 이하의 단독 사건을 의미함(재산 분할 금액과는 상관없음).
- 2019.12.14: 2013년생 아들과 2015년생 딸 상속 포기. 현재 거주지는 인천으로 나와 있음.

• 2020.8.20: 군산에 거주하는 부모가 집을 상속받음.

이것은 내가 지어낸 소설이 아닌 팩트다. 대부분의 경매 참여자는 시세 파악만 할 뿐 이렇게 등기부까지 확인하지 않는다. 귀찮기 때문이다. 권리 분석과 시세 파악도 중요하지만 여기서 멈추면 딱 거기까지다. 남들보다 한 발 더 앞서나가기 위해서는 때에 따라 등기사항전부증명서 분석이 필요하다. 단돈 10만 원에 희비가 갈리는 법원에서 낙찰 영수증을 받기 위해서는 남들이 보지 못하는 이면을 읽어낼 수 있어야 한다. 사건들 사이, 행간의 비워진 공간을 내 추리력과 상상력을 동원하여 채워 넣을 수 있어야 하는 것이다.

그다음으로 내가 추론할 수 있었던 것은 이 아파트가 리모델링을 마친 집이라는 것이다. 사람들의 거주에 대한 생각 그리고 라이프 사이클은 대부분 비슷하다. 장○○ 씨는 집을 사서 이사를 한다. 거주 만족도가 높을 때 사람들은 전세를 살다가 매매로 전환하거나 단지 내에서 좀 더 큰 평수로 갈아타기를 시도한다. 그러니 전셋집보다는 내 소유의 집에 대한 애정이 있을 것이다.

당시 두 자녀의 나이가 세 살, 한 살이었는데 아마도 전세를 살다가 아이가 커나가면서 내 집 마련을 한 것으로 보인다. 다시 말하면 생애 첫 번째 집인데, 이런 경우 이사 전에 인테리어 공사를 크게 하는 경우가 많다. 특히 어린 자녀가 있으니 집 내부 환경을 생각했을 테고 도배, 화장실 수리 등에도 신경 썼을 것이다. 이사 전까지 충분한 시간이 있었고 소유자가 저금리의 주택금융공사 대출을 받았다는 점도 이런 추측을 하게 된 이유였다. 저금리로 충분한 대출이 가능했기에 마음만 먹으면 집수리 비용이 크게 부담

되지 않았을 것이다.

　그리고 이 집이 공실 상태일 거라고 판단한 근거는 부부가 이혼한 후 소유자가 사망했기 때문이다. 상속은 소유주의 사망으로 발생한다. 남편이 사망한 경우 재산은 아내와 자녀에게 법에서 정한 비율대로, 예를 들어 배우자와 아이 둘이 있다면 1.5:1:1(배우자:자녀:자녀)의 비율로 상속된다. 이 집은 어린 두 자녀가 상속자가 됐는데(후에 상속을 포기함), 이 사실로 미루어볼 때 소유자 사망 전 부부가 이미 법적으로 이혼했다는 것을 알 수 있다.

　또한 중간에 아내로 추측되는 ○○○이 청구한 가압류가 있었는데, 이럴 때는 '법원 사건 검색'을 통해 사건을 조회해보면 된다. 검색 결과 해당 사건은 군산 가정법원의 소액위자료 청구 소송이었다. 따라서 부부는 이혼을 했고 상속 시점에 두 자녀의 주소지가 인천으로 되어 있었기 때문에 이혼 과정에서 아이들의 엄마가 양육권을 가지고 다른 곳에서 살고 있음을 추론할 수 있었다(탐정이 따로 없다).

넉 달 만에 1,200만 원의 순수익을 거두다

이렇게 등기부에서 읽어낸 정보를 바탕으로 현지 중개사무소, 관리사무소 등을 통한 추가 조사를 진행했다. 이렇게 정보를 더하다 보면 내 생각과 입찰가에 확신을 얻을 수 있다. 관리사무소를 통해 현재 미납 관리비가 1년 넘게 전부 공용 부분만 청구되고 있다는 사실을 알 수 있었다. 사람이 살고 있는 경우 대개 전유 부분과 공용 부분 모두에서 관리비가 발생하기 때문에 이미 전출한 상태라는 것을 알 수 있다.

당시 군산 지역의 인터넷 기사와 아파트 시세 정보를 통해 2018년 상반기에 있었던 GM 군산공장 폐쇄가 지역 경제에 큰 타격을 줬다는 사실도 확인할 수 있었다. 이렇게 얻어낸 정보와 사실관계를 조합함으로써 이 집의 실제 금전적 가치와 명도 시 발생할 비용 및 위험 요소까지 모두 미리 확인하고 입찰할 수 있었다.

등기부의 정보는 누구나 볼 수 있다. 하지만 그것을 어떻게 읽어 내고, 조합하고, 채워 넣는지에 따라 물건의 진짜 가치를 파악할 수 있는 귀한 정보가 되기도 한다. 기회는 이런 식으로 스스로 만들어가야 한다.

현재 이 집은 군산 지역 실거주자와 1억 8,500만 원에 매매 계약이 완료된 상태다. 정부의 대출 규제 여파로 전국의 부동산 시장이 얼어붙은 시점이었지만 애초에 매수 대기자가 많은 물건을 저렴하게 낙찰받았기에 매도에 대한 걱정은 없었다. 남은 짐을 처리하는 일련의 명도 과정이 끝난 뒤 한 달 만에 사연 많은 이 아파트는 새 주인을 찾을 수 있었다.

이 아파트의 낙찰가는 1억 6,400만 원이고 미납 관리비를 포함한 취득비용이 600만 원 정도 들었다. 따라서 최종 취득가는 1억 7,000만 원 정도이고 잔금 이후 석 달 만에 시세차익 약 1,500만 원을 거뒀다. 법인세를 납부하면 1,200만 원 정도의 순수익이 발생할 것이다. 나는 단기 매도와 장기 보유를 적절히 섞어가며 투자하고 있으며 이런 값진 경험을 차곡차곡 쌓아가고 있다.

법원에서 사용하는 사건 부호

사건 부호

- **민사 사건**

    − 지급명령(독촉 사건): 차/차전

    − 가압류, 가처분: 카합(합의), 카단(단독)

    − 부동산 경매: 타경

    − 파산: 하합(합의), 하단(단독)

    − 개인회생: 개회

    − 과태료: 과

- **형사 사건**

    − 1심: 고합(합의), 고단(단독), 고약(약식 사건), 고정(약식 사건 정식재판)

- 2심(항소): 노

- 3심(상고): 도

- **이혼 사건**

  - 1심: 드합(합의), 드단(단독)

  - 2심(항소): 르

  - 3심(상고): 므

사건 구분

- 소액 사건: 민사에서 청구 금액 3,000만 원 이하 사건
- 약식 사건: 가벼운 형사 사건에 대해 정식 재판보다 간소하게 서류만으로 재판하는 사건
- 2심: 지방법원 합의부 또는 고등법원 사건
- 합의: 판사 세 명이 하나의 재판부를 구성하는 사건
- 단독: 판사 한 명이 재판하는 사건

재판비용

- 형사 재판: 국가에서 범인을 잡기 위해 소송에 들어가는 비용으로 국가가 부담한다.
- 민사 재판: 개인과 개인의 다툼을 해결하는 방법으로 소송비용은 당사자 부담 원칙이다.

  ※ 먼저 원고(청구자/재판을 거는 사람)가 비용을 내야 재판이 시작된다.

미납 관리비에서 힌트 얻어
한 달 반 만에 2,000만 원 수익

낙찰자	'발품불패' 카페 강사 이태연
낙찰가	2억 188만 원
투자 경과	2억 5,600만 원에 매도

제주도에 있는 1992년도 아파트로 감정가 100%의 신건이었다. 보통 이 정도 연식의 아파트는 인테리어를 해야 하기 때문에 한 번 유찰되고 나서야 관심을 가지기 시작한다. 그러나 감정평가를 할 때 시세보다 낮게 책정되거나 감정 시점과 입찰 시점의 차이로 시세를 제대로 반영하지 못하는 경우가 있는데 바로 이 물건이 그랬다.

〈그림 2-12〉 해당 물건의 경매 정보

제주지방법원	대법원바로가기	법원안내				가로보기	세로보기	세로보기(2)

2020 타경 2●●7● (강제)		매각기일 : 2021-04-19 10:00~ (월)			경매6계 064-729-2156	

소재지	(63128) 제주특별자치도 제주시 ●●●● ●●●● ●●●●● ●●●●●		
	[도로명] 제주특별자치도 제주시 ●●● ●●● ●●●●● [●● ●●●-● ●●●●●●●]		

용도	아파트	채권자	김○○○○○	감정가	191,000,000원
대지권	54.0929㎡ (16.36평)	채무자	김○	최저가	(100%) 191,000,000원
전용면적	84.87㎡ (25.67평)	소유대상	김○	보증금	(10%) 19,100,000원
사건접수	2020-07-20	매각대상	토지/건물일괄매각	청구금액	836,773,200원
입찰방법	기일입찰	배당종기일	2020-10-19	개시결정	2020-07-21

기일현황

회차	매각기일	최저매각금액	결과
신건	2021-04-19	191,000,000원	매각
	낙찰201,888,000원(106%)		
	2021-04-26	매각결정기일	허가
	2021-06-03	배당기일	완료
	2021-06-04	대금지급기한 납부 (2021.05.04)	납부
	배당종결된 사건입니다.		

출처: 스피드옥션

〈그림 2-13〉 해당 물건의 실거래가

매매	전월세

▶ 년도 : 2020년 ▾   ▶ 면적 : 전체 ▾   ▶ 금액 : 전체 ▾

· 8월   차트 인쇄

전용면적(㎡)	계약일	해제여부	해제사유 발생일	거래금액(만원)	층	거래유형	중개사 소재지	전산공부
84.87	21			23,800	4	-	-	보기

· 7월

전용면적(㎡)	계약일	해제여부	해제사유 발생일	거래금액(만원)	층	거래유형	중개사 소재지	전산공부
84.87	23			23,500	6	-	-	보기

출처: 스피드옥션

이 물건에 입찰한 이유

감정가는 1억 9,100만 원이었으나 시세를 살펴보니 2020년에 2억 3,800만 원, 2억 3,500만 원에 거래된 2건의 사례가 있었다. 1년 전 실거래가와 감정평가액 간에 무려 5,000만 원의 차이가 나는 것이다. 이것이 입찰을 결정한 첫 번째 이유다.

두 번째 이유는 평수에 비해 많은 미납 관리비 때문이다. 대부분 투자자는 연체된 관리비가 많으면 입찰을 꺼린다. 채무자나 임차인의 사정이 좋지 않아 명도가 어려울 수 있고 집 상태도 좋지 않을 것이라고 지레 판단하기 때문이다. 하지만 나는 오히려 미납된 관리비가 많으면 많을수록 좋아한다. 경쟁자를 물리칠 수 있기 때문이다. 유료 경매 사이트에는 미납 관리비가 350만 원으로 기재되어 있었다(그림 2-14). 하지만 아파트 관리사무소에 직접 문의했더니 400만 원 정도라고 했다.

이 경매 사건은 매매사업자로 낙찰을 받았기에 미납 금액이 높을수록 오히려 유리했다. 매매사업자는 인테리어 비용, 미납 관리비, 사업상 지출되는 모든 비용을 종합소득세 계산 시 필요비용으로 처리할 수 있기 때문이다. 입찰가 책정에서 타 입찰자보다 경쟁력이 있다고 판단했다.

세 번째 이유는 입지다. 해당 아파트 근거리에 초·중·고등학교와 대형병원 등 편의시설이 있어 실거주자 만족도가 높은 지역이었다(그림 2-15). 이런 입지의 아파트를 낙찰받는다면 대기 매수자가 많을 거라는 생각이 들었고, 절반은 이겨놓고 시작하는 게임이라 판단했다.

입찰 결과 두 명의 경쟁자를 물리치고 낙찰받았다. 2등은 1억 9,999만 원을 썼는데 아무래도 2억 원에 대한 저항감이 있었으리라고 짐작한다. 나는 이런 심리를 반영하여 입찰가를 2억 원대 초반인 2억 188만 원으로 정했다.

〈그림 2-14〉 해당 물건의 미납 관리비 확인

〈그림 2-14〉 해당 물건의 미납 관리비 확인

체납내역							
체납금액	3,500,000원		체납기간	24개월 정도		조사일	2021-04-07
비고	*미납관리비 약350만정도 - 전기,수도 포함/도시가스 별도						

출처: 유료 경매지 〈탱크옥션〉

〈그림 2-15〉 해당 물건의 입지

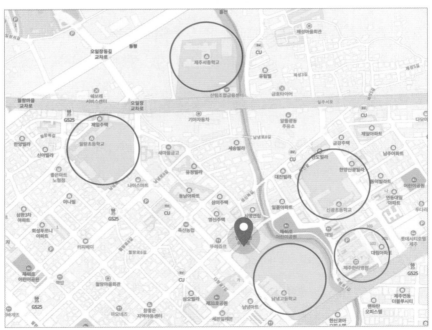

출처: 네이버지도(https://map.naver.com)

낙찰 후 셀프 인테리어

낙찰 후 다시 찾아간 아파트 관리사무소 소장님으로부터 뜻밖의 이야기를 들었다. 지난번에는 미납 관리비가 400만 원 정도라고 했는데, 사실 280만 원이라는 것이었다. 지인 중 이 물건에 입찰하려 하는 사람이 있어서 경쟁률을 낮추려고 조금 부풀렸다고 한다. 나로서는 다행스러운 일이다. 참고로, 낙찰자가 미납 관리비를 전부 인수하는 것이 아니라 최근 3년분 공용 부분에 한해서만 인수한다. 따라서 실제로는 더 낮아지는 게 보통이다.

운도 좋았다. 관리소장님이 해당 호수의 비밀번호를 알고 있어서 낙찰받자마자 집 상태를 확인할 수 있었다. 채무자는 이미 1년 6개월 전 전출한 상태였고, 소장님이 그동안 수차례 연락을 취해봤지만 연락이 안 됐다고 한다. 나도 여러 번 통화를 시도했지만 마찬가지였다.

잔금 납부 후 비용 절감을 위해 셀프 인테리어에 도전했다(그림 2-16). 손품과 발품을 통해 도배, 장판, 새시, 싱크대 등을 새로 했는데 신경 쓸 것이 너무 많아 도중에 포기할 뻔했다. 여러 업체가 왔다 가니 정신이 하나도 없었고, 폐기물을 아무 데나 버리고 가는 업체도 있었다. 어쨌든 한 달가량 아침부터 저녁까지 작업하느라 고생스럽긴 했지만 현장에서 몸소 체험하며 많은 것을 배울 수 있었다.

인테리어 비용은 새시 교체까지 포함하여 약 2,300만 원이 들어갔다. 셀프 인테리어를 하는 것과 전체를 맡기는 턴키 공사 간에는 금액이 500만 원 정도 차이가 났는데, 그 차이가 바로 나의 인건비였다. 만약 직장인이고 시간을 충분히 뺄 수 없는 사람이라면 셀프 인테리어는 추천하고 싶지 않다.

인테리어 끝내자마자 매도에 성공

입주 청소를 끝내고 채 하루가 지나기 전에 모르는 번호로 전화가 왔다. 같은 아파트에 사는 사람인데, 관리사무소에서 이 집 인테리어가 거의 끝났다는 얘길 듣고 한번 보고 싶다는 것이었다.

그분들은 집을 둘러보고 나서 1시간 만에 계약 의사를 밝혔다. 월세 만기에 맞춰 살 집을 알아보는 중이었다고 한다. 애초에 입찰할 때 근처 학군을 중요하게 생각했는데, 예상대로 매수자의 자녀들이 근처 중학교와 고등학교에 다니고 있었다.

내가 경매 공부를 할 때 가장 답답했던 것 중 하나가 입찰가를 어떻게 선정하느냐였다. 어디에도 명쾌히 설명되어 있지 않아 다들 대단한 비밀을 숨기고 있나 싶었다. 하지만 그런 비밀은 없었다. 중요한 것은 내가 이 물건을 팔고 나서 남길 수익만 설정하면 되는 것이었다. 이 물건은 최종적으로 2억 5,600만 원에 매도했고, 두 달도 안 돼 2,000만 원의 수익을 남겼다(표 2-1). 일반적인 방법이라면 1년 이내 단기 매도 시 70%의 양도소득세를 내야 한다. 하지만 이 건은 매매사업자를 활용했다. 그래서 단기양도세율 77%가 아닌 종합소득세율에 따라 수익의 15%인 108만 원을 공제한 약 460만 원을 세금으로 납부했다.

경매로 수익을 올리는 방법은 다양하다. 세금이 높다고 포기할 게 아니라 절세할 방법을 꾸준히 찾아야 한다. 사업자등록부터 조사, 입찰, 낙찰, 매도까지 한번 해보시라. 그 후로는 경험과 통장 잔고가 함께 늘어갈 것이다. 경매를 하며 내가 얻은 것은 수천만 원의 돈뿐만이 아니다. 또 다른 수익은 내가 마음먹기에 달려 있다는 자신감이다. 무언가를 시작하는 데 완벽한 때란 없다. 경매 투자는 더욱 그렇다.

물건성격	경매		
사건번호	2020(타경2○○○○○)		
입찰일	2021. 04. 19		
감정가	191,000,000원		
최저가	191,000,000원		
입찰보증금	19,100,000원		
예상매도일자	낙찰일로부터 최장 4개월		
주소	제주특별자치도 제주시		
예상입찰가	**201,888,000**		
감정가 대비 비율	106%		
KB시세	–		
예상대출금	–		
	금액(단위: 원)	필요비용	비고
총 비용(취등록세 제외)	201,888,000	인정 필요비용	
취등록세	2,220,768		
국민주택채권	103,151		
등기신청수수료	27,000		
법무비	–		대출받지 않음
새시 및 발코니 개조	13,000,000		
보일러 교체비	650,000		
매도 계약 비용	25,000		직거래함
양도 시 인정되는 필요비용 총합계	**16,025,919**		
미납 관리비 포함(보유 시 최대 3개월)	2,800,000	비인정 필요비용	
명도 예상 비용	–		
기타 인테리어 비용	9,440,000		
누수 공사 비용	330,000		
기타 예비비용(누수, 청소, 실리콘 코팅 등)	–		
대출이자	–		대출받지 않음
양도시 비인정 필요비용 합계 (5월 종합소득세 신고 시 비용처리 가능함)	**12,570,000**		
매도가격	256,000,000		
단순 양도차익	54,112,000		
필요비용 반영한 양도차익	38,086,081		
양도소득예정신고비용	4,632,912		
비인정 필요비용(명도비, 기타 현금지출비)	12,570,000		
순이익(양도차익, 양도세, 비인정 필요비용)	**20,883,169**		
현금 투입 대비 수익률	9%		

셀프 인테리어 노하우

업체 선정

업체를 선정하기 전에 자신이 이 집을 어떻게 꾸밀 것인지에 대해 80%는 계획해놓아야 한다. 예를 들어 싱크대 업체를 선정하기 전 상부장과 하부장의 너비와 종류, 색깔을 미리 생각해놓는 것이다. 아무 기준 없이 모든 선택권을 업체에 넘긴다면 마음에 들지 않는 부분이 생겨 재시공을 해야 할 수도 있다. 그리고 최소 세 군데 이상의 업체를 선정하여 방문 견적을 받아보고, 결정했다면 반드시 계약서를 작성해야 한다. 문서 없이 구두로만 진행할 경우 업체에서 말을 바꿀 수 있기 때문이다. 어떤 업체와 계약해야 할지 고민된다면 블로그와 후기를 통해 하자 보수를 확실하게 책임지는 곳을 선택하자.

인테리어 순서

인테리어의 시작은 철거다. 싱크대 업체와 새시 업체 등을 같은 날에 부르면 폐기물 처리를 제대로 하지 않고 가는 경우가 있다. 본인이 직접 상주하면서 관리하기 어렵다면 하루씩 시간 간격을 두어 업체를 부르는 것이 현명하다. 철거가 완료된 후 화장실, 각종 타일 작업, 새시, 문, 싱크대 설치 등을 업체와 스케줄을 맞춰 진행하면 된다. 페인트 작업, 필름 작업은 미리 해놓으면 오염될 수 있기 때문에 뒤쪽으로 빼는 것이 좋다. 도배와 장판 또한 가장 마지막에 하는 것을 추천한다. 이때 전기 작업이 가능하다면 조명과 콘센트를 직접 교체하면 된다.

현관문과 도어락

집의 첫인상은 현관문과 도어락이 좌우한다. 현관문이 오래됐다면 필름 작업과 페인트 작업을 할 수 있는데 그중 필름 작업을 추천한다. 도어락은 저가형보다 일체형 푸시풀로 바꿔주면 고급스러운 느낌이 난다. 35년이나 된 오래된 아파트를 인테리어할 때 현관문과 도어락에 공을 들여 매수인에게 높은 만족감을 준 일도 있었다. 당시 현관문과 도어락 교체 등에 약 50만 원이 들었다.

싱크대

내부 인테리어 중 가장 신경을 써야 하는 부분이 싱크대다. 한번 설치하면 오랫동안 사용하는 경우가 많기에, 나는 유행을 타지 않는 무광 기본 컬러에 손잡이를 달지 않아 깔끔함을 더했다. 그리고 오래된 아파트는 수도꼭지가 벽에 연결되어 있는 벽수전이 많은데, 싱크대에 붙어 있는 입수전으로 변경하는 것이 쓰임새와 미관상 좋다. 쿡탑은 비용 대비 가성비가 높아 설치하는 것을 추천하며 식탁 조명에 포인트를 주어 주방 분위기를 살려주는 것도 좋다.

새시

인테리어 비용 중 가장 많은 부분을 차지하는 것이 바로 새시다. 오래된 알루미늄 새시가 설치되어 있다면 단열에 문제가 있을 확률이 높다. 코킹이 낡으면 집중 호우나 장마철에 누수가 우려되기 때문에 교체하는 것이 좋다.

창호의 1군 브랜드와 2군, 3군 간의 가격 차이는 각각 30% 내외이며 브랜드보다 단열 효과를 우선적으로 살펴보는 것을 추천한다. 만약 흰색의 하이새시로 되어 있는 경우 필름 작업만으로도 충분하기에 그만큼 많은 비용을 아낄 수 있다.

도배, 장판

집의 전체적인 분위기는 도배와 장판의 색감에 따라 달라진다. 초소형 평수가 아닌 경우 벽지는 소폭보다 광폭 합지로, 컬러는 화이트나 라이트 그레이 계열이 넓고 밝아 보인다. 다양한 소품과 가구 배치를 고려하여 포인트 벽지보다 전체적으로 색감을 통일하는 것이 좋다. 장판은 두께에 따라 금액이 달라지며 임대용일 경우 두께 1.8T를 많이 사용한다.

교통 호재에 올라타
낙찰 2개월 만에 4,600만 원 수익

낙찰자	㈜준민자산관리 유근용
낙찰가	3억 2,399만 원
투자 경과	3억 7,000만 원에 매도

2020년 5월 11일 서울시 중랑구 면목동에 있는 아파트를 법인으로 낙찰받았다. 감정가는 2억 9,800만 원이었고 시세를 확인해보니 신건 감정가보다 시세가 높다는 걸 알 수 있었다. 시세와 큰 차이가 있긴 하지만, '신건이니 한 번 더 유찰되길 기다려야지'라고 생각했다면 낙찰받기 어려웠을 것이다.

출처: 스피드옥션

법인 명의로 입찰하다

총 세 명이 입찰했고 2등과는 700만 원 정도 차이인 3억 2,399만 원에 낙찰받았다. 이 물건을 법인으로 낙찰받은 이유는 단기 매도를 목표로 했기 때문이다. 2020년 5월에는 법인 규제 전이었기 때문에 취득세 중과가 없었다. 법인으로 주택을 여러 채 낙찰 또는 매입하더라도 취득세가 1%였다(현재는 공시 가격 1억 이하 부동산 취득일 경우를 제외하고 12%의 취득세를 내야 한다). 또한 매도할 때 내는 세금도 개인과 법인 간에 차이가 있다.

아파트를 낙찰받아 1억 원의 수익을 얻었다고 치자. 1년 이내에 개인으로 매도 시 70%의 양도세를 내야 한다. 지방소득세 7%까지 포함하면 77%가 되기 때문에 총 7,700만 원의 양도세를 납부해야 한다. 그에 비해 법인은 양도세가 아닌 법인세를 납부한다. 2021년 말 현재 기준으로 법인세 11%에 주택추가법인세 22%를 더하면 총 33%의 법인세를 내게 된다. 1억의 수익이 났을 경우 단기 매도 시 3,300만 원의 법인세를 내면 되는 것이다. 이게 법인의 가장 큰 장점이다. 개인과 법인의 차이는 분명하지만, 요즘엔 법인 규제도 심해지고 있으니 시기에 따라 법인으로 할지 개인으로 할지를 고민한 후 입찰에 참여해야 한다.

뛰어난 학군과 주변 환경

낙찰받고 2주 뒤에 해당 물건지로 향했다. 1,362세대 대단지 아파트다. 1987년 12월에 준공됐으니 벌써 34년의 세월이 흘렀다. 재건축이나 리모델링 이야기는 아직 없고, 임대 호수가 많아 주변 부동산 중개사무소에서는 개발이 쉽지 않을 거라고 봤다. 하지만 누구도 장담할 수 없는 게 서울 아파트다. 서울에 있고, 대단지의 낙후된 아파트이기 때문에 미래에는 어떻게 변할지 지켜봐야 할 것이다.

이 아파트 주변에는 2개의 지하철이 있다. 지하철 7호선 면목역과 경의중앙선이다. 더블 역세권 같아 보이지만 아쉽게도 면목역과의 거리는 900m 이상, 중랑역과도 700m 이상 떨어져 있다. 양쪽 어디로든 도보 이용은 쉽지 않다. 그 점을 제외하곤 장점도 많다. 단지 주변에 중랑초등학교와 중목초등학교가 있고, 중랑천을 건너면 휘봉초등학교·전동중학교·휘봉고등학교·휘경공업고등학교가 있다. 중랑천은 관리가 매우 잘되어 있어 산책이나 운동, 자전거 타기에도 최적화되어 있다. 또한 동부간선도로와 동일로

〈그림 2-18〉 해당 물건의 입지

〈그림 2-19〉 신설 예정인 면목선 노선

출처: 네이버지도(https://map.naver.com)

출처: 서울시

등 도로 접근성이 좋은 곳이라 서울 어디로든 빠르게 이동할 수 있다.

낙찰만 받는다면 임대 수요나 매매 수요가 충분할 것으로 판단했고, 가격도 계속 오르는 추세라 단기간에 큰 수익을 얻을 수 있겠다는 확신이 있었다.

여기에 집값을 높여주는 호재가 있었는데 단지 인근으로 동대문구 청량리역과 중랑구 신내역을 잇는 면목선이 추진된다는 것이다. 2021년 8월 예비타당성 조사 대상으로 선정되어 착공을 위한 큰 산을 넘었다. 면목선은 신내동, 면목동을 지나 동대문구 청량리까지 정거장 12개를 운행하는 노선이다. 앞에서도 언급했듯이 중랑역과 면목역을 도보로 이용하기 어렵기 때문에, 면목선이 개통되면 청량리역까지 연결되어 중랑구 신내동 및 면목동 지역 주민의 도심 접근성이 매우 좋아질 것이다.

잔금 납부부터 명도까지

입찰 당일이 됐다. 취득세와 등록세, 부대비용 및 세금까지 고려해 2,500만 원 정도의 순수익을 얻겠다는 생각이었다. 고민에 고민을 거듭한 끝에 최종 입찰가를 3억 2,399만 원으로 정했다. 감정가 대비 109%였고 신건에 3,000만 원 가까이 올려 쓴 것이다. 그리고 낙찰을 받았다.

낙찰이 됐으니 다음 절차를 진행해야 한다. 이미 납부한 입찰보증금 10%를 제외하고 90%의 잔금을 마련해야 했는데, 대출을 최소 60% 이상 받을 수 있음에도 받지 않았다. 당시 여러 물건을 낙찰받아 수익을 낸 상태라 대출 없이 잔금을 치를 돈이 있었기 때문이다. 참고로 대출상담사들에게 문의한 결과 65%까지 대출을 받을 수 있다는 연락을 받았다.

경매 대출은 기본적으로 KB부동산 시세의 70%, 감정가의 70%, 낙찰가의 90%까지 받을 수 있다(무주택일 경우의 예이며, 개인 신용도 및 기존에 대출을 가지고 있느냐 아니냐에 따라 달라짐). 이 물건은 오르는 속도를 KB부동산 시세가 따라와 주지 못했고 감정가보다 높게 낙찰을 받은 터라 대출이 적게 나오는 것이다.

잔금 납부가 가능한 상황이 되어 현장을 찾았다. 세대 수가 많은데 엘리베이터는 1대였고, 오래된 아파트 특성상 엘리베이터 공간이 굉장히 좁아 다섯 명 정도만 타도 꽉 찰 정도였다. 복도식 아파트였기 때문에 겨울에 춥다는 단점이 있었고 주차 공간도 좁아 퇴근 시간에는 주차 전쟁이 일어날 수밖에 없을 듯했다. 초보라면 이런 모습을 보며 불안해할 수도 있겠지만, 우리는 철저히 투자자 입장에서 물건들을 바라봐야 한다. 앞으로 교통이 더 좋아질 것이 확실하고 시간이 흐를수록 재건축 또는 리모델링 바람이 일 수밖에 없는 곳이므로 미래가치를 보고 투자해야 한다. 내가 이곳에 거주할 것이 아니기 때문에 '미래에 이 아파트의 가치가 얼마나 더 오를 수 있을까'와 '세입자를 맞추는 데 어려움은 없을까' 정도만 생각하면 된다.

현장을 찾았을 때 임차인의 아들이 집에 있었고, 전액 배당을 받는 입장이기 때문에 적극적으로 협조해주었다. 집 내부를 둘러봤는데, 인테리어를 한 번 했던 집이라 오래된 아파트치고는 깨끗한 편이었다(그림 2-20). 화장실 또한 올 블랙으로 수리가 되어 있었고, 방 2개에 화장실 1개가 있는 작은 집이지만 어린아이가 있어서 그런지 깔끔하게 잘 사용되고 있었다. 하지만 아무리 공간 활용을 잘한다고 해도 이 집은 혼자 또는 신혼부부가 잠깐 살기 좋은 집이지 아이를 키우기에는 조금 작다고 할 수 있다. 전용면적이 13.46평밖에 안 되기 때문이다.

집 내부를 살펴본 뒤 이사 날짜를 협의했다. 약 2개월 뒤인 2020년 7월 22일에 이사를 나갔고, 집 최종 상태 확인 및 공과금 계산을 끝낸 뒤 세입자에게 명도확인서와 법인 인감증명서를 건넸다. 배당받는 임차인이 있는 만큼 명도가 손쉽게 끝났다.

〈그림 2-20〉 해당 물건의 내부 모습

낙찰 후 2개월 만에 매도 계약을 하다

집을 깨끗하게 비운 뒤 인근 중개사무소에 매물을 적극적으로 내놓았다. 낙찰 후 바로 내놓긴 했지만 내부를 자유롭게 볼 수 있는 상태가 아니었기 때문에 중개사무소 소장님들도 명도가 끝나기만을 기다렸다. 7월 2일, 밤늦게까지 사무실에서 일을 하고 있는데 10시 넘어서 소장님에게 연락이 왔다. 그렇게 늦은 시간에 연락이 온 건 처음이었다. 그만큼 소장님과 매수자 입장에서는 급박한 상황이 아니었을까 추측해본다.

6·17 대책 이후 서울에 있는 중·소형 아파트의 가격이 급등했는데, 이 아파트 역시 마찬가지였다. 당초 나는 2,500만 원 정도의 수익을 생각하고 입찰했는데 6·17 대책 발표 이후 시세가 2,000만~3,000만 원 정도 상승했다. 당시 3억 6,000만 원에 나와 있는 물건도 몇 개 있었는데, 계약을 하려고 하면 계속 가격을 올리는 바람에 매수자는 마음이 급해졌다. 조금만 지나면 가격이 더 오를 것 같아 하루빨리 매입하려고 기를 썼던 것이다.

이때 매도할지 전세를 줄지 고민을 많이 했다. 시세가 더 오를 것이라는 확신이 있었기에 조금 더 가지고 있을까 하는 생각이 들었다. 그렇지만 정부에서 2020년 7월 31일부터 임대차 3법을 시행하는 상황이라 전세 낀 물건은 잘 팔리지 않을 수 있고, 계획이 틀어지면 4년 동안 들고 가야 할 수도 있다. 깊은 고민 끝에 빠르게 수익을 얻고 다른 물건에 투자하자는 생각으로 과감하게 3억 7,000만 원에 매도했다. 낙찰 후 2개월 만에 4,500만 원 정도의 수익을 낸 것이다.

부동산 호재를
어떻게 알 수 있나?

신도시 개발, GTX 노선 포함, 지하철 및 경전철 역사의 개통, 고속도로 IC 신설, 인근 산업단지 개발 등 부동산과 관련된 호재의 종류는 많다. 호재의 규모도 중요하지만, 내가 가진 부동산과 직접적인 연관성이 있는지를 따져 봐야 한다. 예산 확보나 사업비 규모 그리고 사업비 충당은 어디서 되는지 지역 민심과 정치·경제 상황, 환경 단체 및 주민의 반대 여부 등 다양한 변수가 있으므로 계획대로 끝까지 추진될 수 있는지 관심을 가져야 한다. 개발 사업 중 여러 요인으로 전면 백지화가 되는 경우도 있다. 또 계획과 달리 완공까지 매우 긴 기간이 소요되기도 한다. 다음은 부동산 관련 정보를 얻기에 참고하면 좋을 만한 인터넷 사이트를 소개한다.

도시계획정보서비스 토지이음

원하는 지역의 도시계획을 열람할 수 있다. '도시계획'이란 도시의 바람직한 미래상을 정립하고 이를 시행하려는 일련의 과정을 말한다. 도시의 장래 수준을 예측하기가 쉽진 않지만 바람직한 미래상을 설정하여 여기에 맞게 규제나 정책, 정비수단 등을 통해 도시를 건전하고 적정하게 관리해나갈 수 있다. 모든 도시계획은 「국토의 계획 및 이용에 관한 법률」에 근거하여, '공공복리의 증진과 국민의 삶의 질 향상'을 위해 수립되고 있다.

시청 홈페이지

예를 들어 서울시청(www.seoul.go.kr)이나 강릉시청(www.gn.go.kr) 홈페이지 등을 방문한다. 지자체는 지역의 개발 진행 상황을 투명하게 공개하므로, 공신력 있고 확실한 정보를 열람할 순 있으나 선점하는 투자를 하기는 어렵다.

씨:리얼

한국토지주택공사가 운영하는 부동산 정보 포털 사이트. 토지이용계획, 인구 증감, 개발계획, 성장률 등을 볼 수 있다.

네이버 부동산

매매 및 임대 매물 정보, 아파트 부동산 시세, 분양정보, 최신 부동산 뉴스 등을 제공한다. 매매 호가를 볼 수 있고 많은 매물을 가진 부동산 중개업소를 가장 쉽게 파악할 수 있다.

KB부동산

KB국민은행이 만든 부동산 플랫폼. 매물, 시세, 실거래가, 분양, 세금, AI 예측 시세, 빌라 시세 등을 제공한다.

부동산 지인

빅데이터 기반의 아파트 정보 사이트. 지역/아파트/거래량 TOP 10 등을 제공한다. 이 사이트를 통해 인구 증감 및 지역별/연도별 아파트 공급량을 보는 사람들이 많다.

기타

이 밖에도 매일경제, 한국경제 등의 경제 신문과 부동산 전문 블로거가 발행하는 글, 부동산 유튜브 방송 등이 부동산 정보를 얻기에 유용하다. 초보자에게 추천하는 부동산/재테크 유튜브 방송의 목록은 다음과 같다.

- 월급쟁이부자들 TV
- 빠숑의 세상답사기
- 김작가 TV
- 후랭이 TV
- 매부리 TV
- 독행 TV

왕초보 법인 첫 입찰에 낙찰받아
7개월 만에 6,000만 원 수익

낙찰자	왕초보 경매 마스터 36기 김경애
낙찰가	1억 4,127만 원
투자 경과	2억 200만 원에 매도

나는 다주택자(2주택)여서 대출이 되지 않는다. 하지만 대출이 막혀 있다고
해서 가만히 있을 수는 없었다. 경매로 싸게 사서 최대한 빠른 시간에 매도
하는 것을 목표로 하여 2억 이하의 자금으로 입찰할 수 있는 경매 사건을 찾
기 시작했다. 경매 사이트를 검색한 지 30여 분 만에 경기도 안성에 비교적
소액으로 접근할 수 있는 아파트를 발견했다.

출처: 스피드옥션

처음 도전한 입찰에서 낙찰에 성공하다

먼저 손품으로 조사를 시작했다. 네이버 부동산의 호가, 실거래가, 전세가를 고려해서 입찰가를 정해봤다. 현장에 가서 단지를 살펴보니 아파트 주변 환경이 좋아 만족스러웠다. 경매로 낙찰을 받으면 토지거래허가와 자금출처 조사 역시 피할 수 있다. 심지어 공시가가 1억 이하라니 오래 고민할 것 없이 법인 명의로 입찰하기로 했다(법인으로 입찰하면 단기 매도 시 세금을 큰 폭으로 절약할 수 있기 때문이다).

입찰 당일, 경매법정에 들어가니 모든 것이 낯설었다. 입찰봉투 받는 것부터 입찰봉투를 함에 넣는 것까지 행동 하나하나가 어색했다. 실수를 하지 않을까 생각되어 입찰표를 미리 작성하고 도장까지 찍어서 갔는데 안 그랬으면 분위기에 눌려 입찰표도 제대로 쓰지 못할 뻔했다. 앞 사건이 너무 많아서 '언제 시작하나…' 생각하고 있는데 갑자기 우리 법인 이름이 호명됐다. 뭔가 잘못돼서 부르나 했더니 내가 최고가 매수신고인이란다.

드디어 낙찰이었다. 손을 덜덜 떨며 법정 앞으로 나갔다. 입찰기일 조사라는 곳에 도장을 찍고 낙찰된 보증금 영수증을 받아서 나오는데 그렇게 뿌듯할 수가 없었다. 대출 중개사들이 우르르 몰려들어 명함을 건네줬는데, 혹시 몰라서 모두 받아왔다. 2등과의 차이는 단돈 16만 원! '이게 무슨 일이래, 무슨 일이래'를 무한 반복하며 마음을 진정시키려 애썼다.

그렇게 낙찰의 기쁨을 누린 것도 잠시, 명도 걱정에 꼬박 일주일을 보냈다. 이 물건은 채무자가 소유자여서 소유자에게 한 푼도 돌아가지 않는 경우다. 사건 기록을 열람하며 채무자가 젊은 사람이라는 것과 어린 자녀가 있다는 것을 알게 됐다. 피하고 싶은 순간이었다. 어린 자녀가 있는 채무자를 상대로 명도를 하자니 마음이 무겁기만 했다.

매각대금 납부 및 셀프 등기

채무자를 상대로 내용증명을 발송했으나 전달이 되지 않았고, 일반 우편도 전달되지 않았다. 우편물을 확인하지 못했는지 채무자한테서 연락이 없기에 법원 문건 내용을 살펴봤다. 채무자의 항고장이 접수돼 있었다. 대부분 시간을 벌려는 목적으로 알고 있는데, 최악의 경우 경매가 취하될 수도 있다.

'매매가가 오르고 있으니 이자 낼 돈을 구하셨나 보다. 어린 자녀랑 집에서 계속 살 수 있어서 그나마 다행이네. 앞으로 더 분발하라는 하늘의 뜻인

가? 이렇게 취하되면 낙찰자에게 위로금이라도 주나?'

긍정적으로 생각하려고 애썼으나 기운이 빠지는 건 어쩔 수 없었다. 다음 번에는 임차인이 배당 다 받고 편안한 마음으로 명도할 수 있는 물건에 도전해야겠다는 생각도 했다.

낙찰받은 물건이 그렇게 취하되나 싶었는데 상황은 또다시 흥미진진하게 흘러갔다. 채무자의 항고가 기각된 것이다. 종부세를 피하고자 6월 1일 이후 잔금을 냈다. 5월에 빨리 잔금을 납부하고 명도 절차에 착수해 조금이라도 빨리 수익을 실현하고 싶었지만, 절세가 더 중요했다. 낙찰받은 4월 말부터 잔금을 낸 6월 초까지 채무자에게는 내용증명 한 통을 보낸 것 외에 별다른 연락은 하지 않았다. 굳이 잔금을 내기 전 점유자에게 적극적으로 접근하기보다는 잔금 납부 이후 한 번쯤 찾아갈 계획이었다.

6월 2일 잔금을 내면서 대출을 받지 않았기 때문에 셀프 등기까지 시도해봤다. 셀프 등기는 정말 일이 많았다. 딱 한 번만 해보면 좋을 것 같다. 다시는 하고 싶지 않다. 서류 준비에 하루 이상이 걸렸고 법원과 시청을 오가느라 또 하루가 꼬박 걸리니 몸과 마음이 피곤했다. 하지만 서류들과 친해질 수 있고 전반적인 절차가 눈에 들어온다는 장점은 있다. 무사히 등기 완료 통지서를 받고 등기사항전부증명서에 내 법인 이름이 새겨져 있음을 확인했다. 말소기준권리 이하 부가적인 권리들(근저당권 등)까지 모두 지워진 것을 확인하니 너무나 뿌듯했다.

걱정했던 것과 달리 순탄했던 명도 과정

전·월세 등 임대를 할 때 임대인이 '법인' 명의라면 대체로 중개사무소 소장님과 임차인의 환영을 받지 못한다. 그래서 애초부터 입주 가능한 집으로 비워두고 매도하려고 마음을 먹었다. 명도를 급하게 서두르지 않았고 차분히 준비해서 가을 이사철에 매도하겠다고 생각했다.

낙찰 후 명도 절차 안내를 위한 내용증명을 보내자 채무자의 아내분한테 연락이 왔다. 매각대금 완납일로부터 명도 시까지 매월 감정가의 1%에 해당하는 월 임대료를 청구하겠다는 말에 놀라서 연락을 한 것이다.

법인으로 낙찰을 받으니 자연스럽게 3자 화법이 가능했다.

"저희 대표님은 성격이 급하고 엄격하십니다. 다만 아이들이 있으니 최대한 배려하라고 하셨습니다. 저는 생계를 위해 어쩔 수 없이 일하는 직원이라 지시사항을 전달할 뿐입니다."

이렇게 이야기하니 그쪽에서도 순순히 따라주었다.

'사실… 그 성격 안 좋은 대표가 접니다.'

1인법인이긴 하지만 실제로 나도 대표는 맞다. 직접 해보니 협상을 부드럽게 이끌어가는 하나의 방법이 되는 것 같다.

하지만 실제로는 명도 합의를 위해 안성으로 가기 전날 얼마나 떨었는지 모른다. '내가 초보임을 알아보면 어쩌지?' 하는 생각을 떨칠 수 없었고, 명도합의서를 작성할 때 어떤 이야기를 전달해야 채무자의 기분이 덜 상할지 밤새워 고민했다.

떨리는 마음을 애써 누르며 점유자를 드디어 만났다. 그런데 너무 긴장해서인지 합의서만 출력하고 도장을 가지고 가지 않았다. 이런 실수를 하다

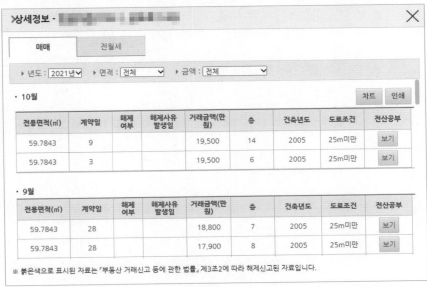

출처: 스피드옥션

니, 손이 부들부들 떨리고 속이 상했다. 채무자의 아내분은 이런 내 모습이 대표님께 혼날까 봐 그러는 줄 알고 안쓰러워하셨다. 다행히도 채무자들은 좋은 분들이었다. 그분들도 나처럼 처음 겪는 이 상황에 많이 긴장하셨고, 상황을 원만하게 해결하기를 원하셨다.

약속한 이삿날 짐이 모두 빠진 것을 확인하고 이사비도 드릴 겸 해서 현장에 갔는데, 이미 전날 짐을 다 뺀 상태였다. 결국 소액이지만 준비한 이사비도 전하지 못했다.

6월 말 집을 공실로 만들고 애초부터 9월 이후 매도할 생각에 중개사무소에 집을 내놓지도 않았다. 그동안 평택, 안성이 전국 매매가 상승률 1위도 하면서 예쁘게 자라고 있는 것을 흐뭇하게 지켜봤다.

인테리어를 마치고 매도 계약에 성공하다

내 부동산의 가치를 제대로 인정받기 위한 상품화, 즉 인테리어 작업에 들어갔다. 욕실 세면대, 욕실장, 수건걸이, 휴지걸이는 네이버 검색을 통해 구매한 뒤 시공만 맡겼다. 총 67만 4,200원이 들었다. 도배, 싱크대 상판 교체, 문 필름 시공 등 작업은 '숨고' 사이트를 통해 진행했으며 총 385만 원이 들었다. 조명은 네이버 검색을 통해 구매하여 도배 기사에게 설치를 부탁했으며 총 14만 3,500원이 들었다.

예전에 건축박람회에 갔을 때 사둔 곰팡이 제거제를 사용해서 베란다 작업을 직접 한 것 또한 기억에 남는다. 낡은 거실장 등 폐기물 처리로 발생한 돈을 경비 아저씨께 드렸더니 너무도 고마워하셨다. 약 600만 원의 비용으로 수리와 청소까지 모두 마쳤다. 하나하나 직접 처리하며 차곡차곡 쌓은 경험만큼 애정도 듬뿍 생긴 나의 첫 경매 물건이다.

인테리어를 마친 후 말끔히 정돈된 상태로 정성스레 새 주인을 맞을 준비를 했다. 전·월세 상태의 물건이 아닌 입주 가능 물건은 귀하신 몸이라 금방 거래가 될 수 있는 상황이었다. 나의 바람대로 2억 원 수준에 매도가 된다면 세전 6,000만 원 정도의 차익이 발생할 것이고, 법인세(법인 주택 추가 과세 20%)를 생각하면 약 4,800만 원의 차익을 기대할 수 있었다. 2022년까지 수도권 입주 물량이 많지 않다는 것과 현재 전세가가 상승 중이었기에 좋은 매수인이 나타나리라 기대했다. 갑자기 불어닥친 대출 규제 한파에 잠시 매물이 쌓이기도 했지만 나는 기분 좋은 매도를 기다렸다.

그리고 실제로 얼마 지나지 않아 중개사무소 소장님으로부터 계약하고 싶다는 분이 있다는 연락을 받았다. 2021년 12월 30일에 잔금을 치르는 일

정으로 계약을 했다. 1억 4,127만 원에 낙찰받아 7개월 만에 2억 200만 원에 매도한 것이다.

셀프 등기
간단 노하우

낙찰을 받고 셀프 등기를 할 때 어려움을 겪는 사람들이 많다. 한번 해본 후 다음에는 절대 셀프 등기를 하지 않겠다고 이야기하는 사람들도 적지 않다. 이유는 무엇일까? 하루에 모든 것을 처리하려고 하기 때문이다. 셀프 등기 할 때의 순서는 다음과 같다.

잔금을 납부하기 위해 법원 방문

법원에 가서도 여기저기 이동을 해야 한다. 헤매는 일이 없도록 정리를 해봤다. 시간 순으로 적어놓은 것이니 하나씩 체크해가며 잔금을 납부하면 된다.

① 해당 경매계로 가서 신분증을 제출한 후 법원보관금납부명령서를 받는다.

② 법원보관금납부명령서를 가지고 은행에 가서 수납한다(이때 수입인지 500원 짜리를 구입한다).

③ 수납 후 은행에서 법원보관금 영수필통지서를 받는다.

④ 법원보관금 영수필통지서를 가지고 경매문건접수 창구로 간다.

⑤ 경매문건접수 창구 근처에 매각대금완납증명원이라는 서식이 있으니 한 장 작성한다.

⑥ 경매문건을 접수하는 곳에서 매각대금완납증명원과 은행에서 구입한 수입인 지를 제출한 후 도장을 받는다.

⑦ 도장을 받은 매각대금완납증명원을 가지고 다시 해당 경매계로 가 제출한다.

⑧ 잔금 납부를 완료했다는 매각대금완납증명원을 받는다.

이상이 법원에 가서 해야 할 일이다. 매각대금완납증명원을 가지고 낙찰받은 지역의 지자체 세무과로 이동해 취·등록세를 납부해야 하는데, 법원에서 거리가 먼 경우가 대부분이다. 서울·수도권은 차가 많이 막히고 12시부터 1시까지는 점심시간이기 때문에 이 시간은 또 피해야 한다.

이런 점을 잘 알기에 나는 잔금만 납부한 후 위의 1~8번까지의 문서를 챙겨서 집으로 돌아온다. 그리고 집에서 편안한 마음으로 셀프 등기에 필요한 서류들을 우체국을 통해 우편으로 법원에 제출한다. 마음이 급하지 않으니 서류를 빠뜨릴 염려도 없고 스트레스도 없다.

잔금 납부 이후 절차는 다음과 같다.

취·등록세를 납부하기 위해 해당 지자체 세무과 방문

지자체 세무과로 취득세 신고서, 등록면허세 신고서, 잔금 납부 후 받은 매각대금완납증명원을 빠른 등기로 발송한다. 다음 날 서류를 받은 담당자로부터 취득세와 등록면허세 납부서는 어디로 보내줘야 할지 묻는 연락이 온다. 납부서를 따로 받을 필요 없이 서울은 이택스, 그 외 지역은 위택스란 사이트에 들어가 취·등록세를 납부한 후 납부확인서를 출력하면 끝이다.

만약 잔금 납부 후 해당 지자체 세무과로 직접 찾아갔다면, 서류를 제출한 후 기다려야 할 뿐 아니라 앞에 사람이 있으면 더욱 오래 기다려야 한다. 게다가 은행에서 취·등록세 납부를 위해 또 기다려야 한다. 여간 번거로운 일이 아니다.

소유권이전에 필요한 서류 확인 후 다시 해당 법원 방문

취득세와 등록면허세 납부 확인서를 출력받았다면 이제 다음 서류들을 준비하여 해당 경매계로 우편 발송하면 끝이다.

① 부동산소유권이전등기 촉탁신청서(잔금을 납부하러 갈 때 법원에서 챙겨 온다.)

② 소유권이전등기 위임장(공동투자일 경우. 단독일 경우 필요 없다.)

③ 소유권을 이전할 때 필요한 인감증명서(공동투자일 경우. 단독일 경우 필요 없다.)

④ 부동산의 표시 4장(경매 사이트에 부동산의 표시가 정확히 적혀 있다. 보고 그대로 적으면 된다.)

⑤ 말소할사항 4장(등기사항전부증명서를 보고 확인할 수 있다.)

⑥ 등기부등본(인터넷 등기소에서 출력할 수 있다. 열람용과 발급용이 있는데 반드시 발급용으로 출력해서 제출해야 한다. 열람용은 안 된다.)

⑦ 토지대장(정부24에서 무료로 출력할 수 있다.)

⑧ 주민등록초본(반드시 본인 주민등록번호 전체가 나와야 한다. 정부24에서 무료로

출력할 수 있다.)

⑨ 국민주택채권매입 영수증(토지 시가 표준액이 500만 원 이하면 매입하지 않아도 된다. 시가 표준액은 취득세 납부 확인서에 적혀 있다.)

⑩ 취등록세납부영수증

⑪ 등록면허세납부영수증

⑫ 등기신청수수료영수증(은행 또는 인터넷등기소에서 납부 후 출력 가능)

⑬ 등기필증수령요청서(등기가 되면 등기필증을 어디로 받을지 주소를 적으면 된다.)

⑭ 등기필증수령 위임장(공동낙찰일 경우 필요)

⑮ 등기필증수령 인감증명서(공동낙찰일 경우 필요)

〈서류 외 체크사항〉

– 등기필증수령하기 위해 필요한 대봉투[우체국에서 대봉투 하나 구입(100원)해서 등기필증 받을 주소를 적은 뒤 동봉]

– 우표 5,700원(우체국 직원에게 선납등기우표 5,700원짜리 달라고 하면 됨. 법원마다 금액이 다를 수 있으니 우체국 담당자에게 우표가 얼마짜리가 필요한지 꼭 물어볼 것. 법원 내에 등기소가 있을 경우에는 없어도 됨)

– 서류를 받은 경매계는 서류에 이상이 없음을 확인하고 모든 서류를 등기소로 보냄. 서류를 받은 등기소는 등기 완료 후 관련 서류를 낙찰자에게 보냄(이때의 비용을 낙찰자가 미리 납부하기 위해 우표를 첨부하는 것임).

※ 지금까지 설명한 내용은 기본적인 사항이다. 농지를 낙찰받거나 주택 또는 법인으로 낙찰받았을 경우 추가 서류들이 필요하다. 낙찰 후 셀프 등기를 할 때 막히는 부분이 있으면 언제든지 발품불패 카페에 올려주기 바란다. 고수들이 바로바로 소통하며 궁금증을 해결해줄 것이다.

역세권 빌라 낙찰로 거둔
플피 투자 쾌거

낙찰자	왕초보 경매 마스터 28기 장진
낙찰가	1억 2,115만 원
투자 경과	1억 4,000만 원에 전세

경매 마스터 강의를 수강하면서 낙찰받은 건이다. 강서구 화곡동 5호선 까치산역에 있는 전용 15평 빌라인데 자금이 부족해서 아파트보다 빌라에 관심을 가지고 검색하던 중 찾은 물건이다. 방 3개, 욕실 1개의 구조로 전세 수요가 꾸준한 곳이었다.

〈그림 2-24〉 해당 물건의 경매 정보

서울남부지방법원	대법원바로가기	법원안내	가로보기	세로보기	세로보기(2)

2020 타경 10212■ (임의)		매각기일 : 2021-02-09 10:00~ (화)		경매8계 02-2192-1338	
소재지	(07754) 서울특별시 강서구 ■■동 ■■■ ■■■■■ 제1■ 제1■■ [도로명] 서울특별시 강서구 ■■■■ ■■■ ■■■■ ■■■ ■■■■■■				
용도	다세대(빌라)	채권자	최○○	감정가	165,000,000원
대지권	23.78㎡ (7.19평)	채무자	이○	최저가	(64%) 105,600,000원
전용면적	51.78㎡ (15.66평)	소유자	이○	보증금	(10%) 10,560,000원
사건접수	2020-02-27	매각대상	토지/건물일괄매각	청구금액	67,741,967원
입찰방법	기일입찰	배당종기일	2020-06-03	개시결정	2020-03-03

기일현황 ▽간략보기

회차	매각기일	최저매각금액	결과
신건	2020-10-06	165,000,000원	유찰
2차	2020-11-17	132,000,000원	유찰
	2020-12-22	105,600,000원	변경
2차	2021-02-09	105,600,000원	매각
	낙찰/입찰5명/낙찰121,150,000원(73%)		
	2021-02-16	매각결정기일	허가
	2021-03-24	대금지급기한 납부 (2021.03.24)	납부
	2021-05-04	배당기일	완료
	배당종결된 사건입니다.		

출처: 스피드옥션

〈그림 2-25〉 매매가와 전월세가 검색

● 실거래내역

| 매매 ∨ | 51.78 ∨ | 총건수 : 6 건 | 최저가 : 10,500 만원 | 평균가 : 15,467 만원 | 최고가 : 18,200 만원 | | 건축년도 | 2001 |

번호	명칭	분기	거래기간	전용면적(㎡)	층	거래금액(단위:만원)
6	■■■■■■■	2020년 4분기	2020.12.21 ~ 2020.12.31	51.78	2	18,200
5	■■■■■■■	2011년 4분기	2011.10.01 ~ 2011.10.10	51.78	2	15,500
4	■■■■■■■	2010년 2분기	2010.5.11 ~ 2010.5.21	51.78	2	17,000
3	■■■■■■■	2010년 1분기	2010.2.01 ~ 2010.2.10	51.78	1	15,100
2	■■■■■■■	2008년 2분기	2008.6.21 ~ 2008.6.31	51.78	2	16,500
1	■■■■■■■	2007년 1분기	2007.2.01 ~ 2007.2.10	51.78	1	10,500

실거래가 정보 (* 최근 거래내역 10건) ○ 매매 ● 전월세   [시세] [실거래가] [전월세]

명칭(전월세)	전용면적(㎡)	거래년월	계약일	해당층	전세금	월세
■■■■■■■	38.38	2021.6	(21~31)	-1	120,000,000 원	0 원
■■■■■■■	51.78	2021.6	(11~20)	1	160,000,000 원	0 원
■■■■■■■	68.24	2021.3	(21~31)	4	150,000,000 원	0 원
■■■■■■■	68.24	2017.2	(21~31)	4	150,000,000 원	0 원
■■■■■■■	53.65	2016.11	(21~31)	2	140,000,000 원	0 원
■■■■■■■	68.24	2015.3	(11~20)	4	140,000,000 원	0 원
■■■■■■■	43.54	2013.2	(21~31)	3	90,000,000 원	0 원
■■■■■■■	38.38	2012.12	(11~20)	-1	10,000,000 원	400,000 원
■■■■■■■	38.38	2012.5	(11~20)	-1	10,000,000 원	400,000 원
■■■■■■■	68.24	2012.2	(11~20)	4	115,000,000 원	0 원

출처: 스피드옥션

전세 수요 충분한 역세권 빌라

잠깐의 검색으로 주변 빌라의 매매가와 전·월세 시세를 어렵지 않게 파악할 수 있었고, 이를 바탕으로 입찰가를 산정했다. 서울의 아파트와 빌라는 대출이 거의 나오지 않기에 최소의 자금으로 진행하기로 하고 시세 파악에만 집중했다.

이 물건은 두 번의 유찰로 최저가가 1억 560만 원까지 떨어진 상태였다. 실거래는 2020년 12월 1억 8,200만 원에 매매됐고 2017년 2월 1억 5,000만 원에 전세 거래가 된 기록이 있었다(그림 2-25).

다섯 명이 입찰했고, 근소한 차이로 내가 낙찰을 받았다. 입찰가를 많이 고민했는데 낙찰이 되는 순간 며칠간의 고민에 대한 보상을 받는 것 같았다. 즉시 매도해도 1,000만 원 이상의 순수익을 기대할 수 있지만, 나는 전세를 놓기로 했다. 5호선 역세권에 방 3개짜리 빌라로 전세 수요는 충분히 있었다.

〈그림 2-26〉 해당 물건의 외관

잔금 납부 후 명도까지

잔금 납부 후 점유자에게 협의할
사항이 있으니 연락 달라는 쪽지
를 남겼다(그림 2-27).

<그림 2-27> 현관문에 남겨둔 쪽지

몇 번의 일정 조율 끝에 점유
자와 만나 처음으로 집 내부를
보게 됐다(그림 2-28). 살고 있던
임차인은 경매가 진행되는 동안
이사 준비를 해왔기에 남은 짐이
많지 않았다. 점유자는 이사하는
날을 따로 잡지 않고 작은 짐들

을 조금씩 직접 옮기는 중이라고 했다. 그런데 점유자가 좀 당황스러운 부탁
을 했다. 일부 짐(장롱, 서랍장, 냉장고, 소파 등)의 폐기물 처리를 해달라는 것
이었다.

'왜 이런 것까지 낙찰자에게 부탁하지?'라는 생각이 들어 직접 하라고 말
하려다가 점유자의 입장에서 생각해봤다. 폐기물 처리를 해달라는 건 무리
한 부탁이 아니라는 생각이 들었다. 그 일을 대신 해줌으로써 명도가 쉽게
끝난다면 오히려 좋은 일이다. 그래서 점유자의 요구를 들어주기로 했다.
폐기물 처리를 위해 인건비 20만 원이 들었고, 폐기물 스티커 비용으로 주
민센터에 9만 원을 납부했다.

〈그림 2-28〉 물건지의 실내 모습

플피 투자에 성공하다

그렇게 걱정했던 명도가 의외로 싱겁게 끝이 났다. 만약 점유자가 터무니없는 이사비를 요구하거나 낙찰자의 예상을 넘어서는 무리한 부탁을 한다면 단호하게 거절하는 것이 맞다. 수용할 수도 있다는 모호한 태도를 보여 기대를 심어주면 상황이 악화할 수도 있다. 내가 수용할 수 있는 범위를 정하고 적정하게 타협하는 것이 좋다. 이 경우에는 내가 충분히 수용할 만한 것이었다. 만약 내 주장만 했다면 감정은 감정대로 상하고 시간도 더 끌게 됐을 것이다.

경매 투자를 하는 사람이라면 명도를 두려워할 필요가 없다. 명도는 시간의 문제일 뿐 결국 낙찰자가 이기게 된다. 합의가 되지 않는다고 해도 낙찰자에게는 강제집행이라는 최후의 수단이 있기 때문이다. 하지만 처음부터 이 무기를 꺼내기보다 최대한 상대를 배려하고 합의하려는 노력을 보이는 것이 원만한 명도를 위한 길이라고 생각한다.

빌라 투자에 대한 걱정도 있었다. 하지만 가진 자금으로 아파트 경매는 접근하기 어려웠고 오피스텔, 빌라 등이 자연스레 눈에 들어왔다. 한 해 동안 진행되는 수천 건의 경매 사건 중에 단 1개만 내 것으로 만들면 된다고 배웠다. 그 틈새를 노리고 기회를 찾기 위해 꾸준히 노력할 뿐이다. 끝없이 외면받고 계속 떨어지기만 하는 투자 상품은 없다. 가격 대비 상품성(가성비)이 좋다면 빌라 투자로도 얼마든지 수익을 낼 수 있다.

2021년 2월 1억 2,115만 원에 낙찰받아 명도를 진행하고, 4월 말까지 약간의 내부 수리를 했다. 수리를 하는 중에도 전세 문의가 계속 있었고 수리를 마치자마자 1억 4,000만 원에 전세 계약을 마쳤다. 말 그대로 플러스피, 즉 투자금이 들어가는 게 아니라 오히려 돈이 남는 투자를 한 것이다.

이런 달콤한 결과는 내가 경매의 고수라서, 완벽한 준비를 해서 얻은 것이 아니다. 배운 대로 시도했고, 되겠다는 확신이 있었기에 고민하거나 망설이지 않았다. 이 한 건으로 나는 자신감을 얻어 곧바로 지방 아파트 낙찰에도 성공했다. 그 이후로는 패찰 중이지만 조바심내지 않고 꾸준히 도전할 것이다.

명도를 안전장치로
활용하는 법

명도가 두렵다면 경매로 꾸준히 수익을 내기는 어렵다. 낙찰 후 잔금을 내면 매수인(새로운 소유자)이 된다. 잔금일로부터 6개월 이내에 인도명령을 신청하면 법원은 부동산 점유자에 대해 매수인에게 해당 부동산을 인도하도록 명할 수 있다(민사집행법 제136조 1항), 6개월이 지나면 명도소송을 제기해야 할 수 있으므로 낙찰자는 잔금 납부와 동시에 인도명령을 신청하는 것이 일반적이다.

인도명령의 결정 시기는 점유자에 따라 차이가 있다.

- 채무자 겸 소유자: 신청일로부터 3일 내외

- 임차인: 배당일로부터 3일 내외

- 유치권자, (배당요구를 하지 않은) 대항력 있는 임차인: 서면 심리 또는 심문 후 결정

- 기타 점유자: 심문 기일을 정하거나 심문서 발송 후 보내온 답변서를 보고 담당 재판부에서 결정

과반수 지분의 소유권자라면 인도명령 신청을 통해 점유를 이전받을 수 있다. 그렇다면 아파트의 2분의 1 지분을 낙찰받아 인도명령을 할 수 있을까? 집행 대상과 법원에 따른 실무에 차이가 있으나 집행이 불가능한 경우가 많다. 점유하는 부분을 특정하기 어렵기 때문이다. 이때 부당이득반환청구 또는 공유물분할청구의 소를 진행한다. 이 패턴에서 크게 벗어날 일이 없고, 실제로 한 해 수십 건의 소를 진행하고 있다.

점유자의 인적사항을 알 수 없는 경우의 처리 방법을 보자. 우선 전 소유자를 상대로 인도명령결정을 받아 강제집행을 신청한다. 집행일에 집행관이 방문했을 때 실제 점유자는 그날 집행을 당하지 않기 위해 자신의 인적사항을 집행관에게 밝혀야 한다. 소명하지 못하면 집행을 하거나 무단 주거침입 등을 주장하여 출동한 경찰관의 도움을 받을 수 있다.

점유자를 상대로 손해배상청구 및 형사상 권리행사방해죄 등의 형사고소가 가능하다. 점유자가 퇴거한 상태로 전입신고가 되어 있다면 주민등록말소 역시 가능하다. 소유권이 이전된 등기사항전부증명서를 첨부하여 관할 주민센터에 말소 신청을 하면 된다.

마지막으로, 명도가 완료되면 반드시 현관 열쇠나 키 번호 등을 지체 없이 교체해야 한다. 가능하다면 시건장치(key box)를 완전히 바꾸는 것이 좋다.

빌라 2

인서울 단독주택
경매로 저렴하게 마련하다

낙찰자	왕초보 경매 마스터 30기 박정순
낙찰가	2억 540만 원
투자 경과	부모님 입주

서울 아파트 가격은 내게 너무 비싸다. 고령의 부모님을 모실 주택을 찾다
가 좀 더 싸게 취득하기 위해 경매 사이트를 검색했다. 그러던 중 강북구에
있는 한 단독주택을 발견하여 입찰을 준비했다. 방 3개로 부모님을 모시기
에 나쁘지 않아 보였고 금액대도 괜찮았다.

　2종 일반주거지역의 단층 주택으로 대지 감정가만 2억 4,700만 원. 2억
원 초반에 낙찰을 받는다면 손해는 없을 거란 생각이 들었다.

서울북부지방법원	대법원바로가기	법원안내				가로보기	세로보기	세로보기(2)

2020 타경 3444 (임의)		매각기일 : 2021-04-12 10:00~ (월)		경매5계 02-910-3675

소재지	(01031) 서울특별시 ████ ████ ████-███ [도로명] 서울특별시 ████ ████ ████ ████

용도	주택	채권자	신○○○	감정가	256,744,000원
토지면적	76㎡ (22.99평)	채무자	신○	최저가	(80%) 205,395,000원
건물면적	46.57㎡ (14.09평)	소유자	신○	보증금	(10%) 20,539,500원
제시외	8㎡ (2.42평)	매각대상	토지/건물일괄매각	청구금액	89,720,387원
입찰방법	기일입찰	배당종기일	2020-07-30	개시결정	2020-05-19

기일현황

회차	매각기일	최저매각금액	결과
신건	2021-03-08	256,744,000원	유찰
2차	2021-04-12	205,395,000원	매각
박○○/입찰1명/낙찰205,404,900원(80%)			
	2021-04-19	매각결정기일	허가
	2021-05-27	대금지급기한 납부 (2021.05.26)	납부
	2021-07-14	배당기일	완료
배당종결된 사건입니다.			

출처: 스피드옥션

단독 낙찰

단독주택이라 시세 파악이 쉽지 않았지만 소신껏 입찰가를 정해봤다. 감정가 2억 5,600만 원에 최저가 2억 500만 원. 1회 유찰돼 감정가의 80%까지 떨어진 물건이다. 유찰을 한 번 더 기다려볼까 하다가 다음 회차에는 입찰자가 많으리라는 생각에 이번에 입찰하기로 했다. 1회 유찰 최저가에서 1만 원을 더해서 적어냈고 결과는 예상대로 단독낙찰 이었다.

낙찰 후 현장을 방문했는데 현재 거주자에게 낙찰자라고 이야기하니 흔쾌히 집 내부를 보여주었다. 알고 보니 운이 좋은 경우로, 점유자가 채무자의 지인이었다. 점유자는 매우 협조적인 태도로 내 질문에 답해줬고 사진까지 찍을 수 있도록 도와주었다.

인테리어만 약간 하면 부모님께서 사시는 데 불편함이 전혀 없을 듯했다 (그림 2-30). 경매로 나온 집이라 상태가 좋지 않을 줄 알았는데 너무나 깨 끗하고 양호해서 기분이 좋았다.

소유권이전등기와 관련하여 법무사 사무소에서 견적을 받았는데(그림 2-31), 비용이 적절하게 산정됐는지 검토해보고 싶었다. 등기 보수액이 과 하진 않은지, 교통비나 기타 비용은 적절한지 감이 오지 않았다. 혼자 고민 해도 해결되지 않기에 정민우 대표님께 문의드렸다. 대표님의 조언으로 약 간의 보수액 조정을 받고 잔금 납부와 동시에 등기까지 마무리했다.

〈그림 2-30〉해당 물건의 외관과 실내 모습

〈그림 2-31〉등기비용 관련 계산서와 영수증

협의와 인도명령 신청은 동시에 진행해야

현재 점유자가 워낙 좋아서 인도명령 신청을 해야 하나 고민이 됐다. 그가 적극적으로 협조해줬다는 점을 생각해서 잔금 납부를 하면서 인도명령을 신청하지 않았다. 하지만 상황이 어떻게 전개될지 모르니 만약을 대비해 인도명령을 신청하는 것이 좋다고 배운 기억이 떠올라, 나도 그 안전장치를 마련하기로 했다.

인도명령 신청 기간은 잔금 납부일로부터 6개월 이내다. 만일 협의가 되지 않은 상태에서 이 기간이 지나가 버리면 명도소송을 통해 집행해야 한다.

잔금 납부를 완료한 후 소유자의 자격으로 점유자와 협의를 진행했다. 6월 25일 이사를 한다고 했던 점유자는 계속 이사 날짜를 미뤘는데, 늦게라도 인도명령결정문을 받아둔 것이 다행이라는 생각이 들었다. 그 후로도 두 차례 이사 날짜를 변경하기에 강제집행 신청까지 염두에 두었다.

처음 점유자의 협조적인 모습에 인도명령 신청을 하지 않았다면 협의가 쉽지 않았을 것이다. 결국 이사 날짜를 몇 번 연기하던 점유자는 약속했던 날짜가 훨씬 지나 이사를 했다. 강제집행까지 가지는 않았지만 소유권 취득 후 점유를 완전히 이전받는 데 생각보다 오랜 시간이 걸렸다.

점유자가 이사 나가고 일주일 정도 수리를 했다. 내부는 크게 손보지 않아도 괜찮은 상태였기 때문에 약간만 손을 봤다. 그렇게 7월 말경 부모님을 처음 낙찰받은 집에 모셨다. 밝은 표정의 부모님을 뵈니 몹시 뿌듯하고 벅찬 감정이 올라왔다.

〈그림 2-32〉 수리를 마친 내부 모습

뒤늦게 알게 된 '맹지'라는 사실

이렇게 잘 마무리됐으면 좋겠지만, 집 앞 도로가 채무자 명의로 되어 있다는 연락을 받았다. 이게 뭔 소린가 싶어 당황스럽고 어떻게 대처해야 할지 막막했다. 채권자인 ○○은행에서 집 앞의 도로를 빼고 경매를 신청하는 바람에 도로가 아직도 채무자 명의인 상태로 남아 있는 것이었다. 지적도상 맹지가 되어 추후 매도나 신축 시 건축허가 등에 문제가 생길 수도 있었다. 잔금대출을 받을 때도 문제가 되지 않았는데, 대출 담당 직원도 이 부분을 놓친 듯했다.

내가 할 수 있는 방법은 세 가지 정도로 정리할 수 있었다. 공시지가 반영 금액으로 채무자와 협의해서 가져오는 방법, 다른 권리를 이전받아 처리하는 방법, 도로가 다시 경매로 나오면 내가 낙찰받는 방법이었다.

문제를 해결하기 위해 가압류권자인 신용보증재단과 소통했는데, 신용보증재단에서 배당 이후 맹지로 문제가 되고 있는 (나머지) 부분에 대한 경매 진행 여부를 결정한다고 했다. 경매로 진행될 가능성이 크다는 것이다. 신용보증재단에서 가압류권자와 협조하여 답변할 가능성도 있으나 가압류권자들이 많아서 고려 중이라고 했다.
그중 한 명이 가처분소송 중이며,
2022년 초 현재까지도 소송이 이
어지고 있다.

〈그림 2-33〉 맹지가 된 단독주택

출처: 토지e음

　흔하게 접할 수 있는 일은 아
니다. 부모님께서 거주하시기에
당장 매도하거나 신축할 계획은
없지만 신청 채권자인 ○○은행
담당자가 원망스러웠다. 그렇지
만 어차피 문제가 해결되려면 시
간이 필요하다. 이렇게 생각하자 마음이 편해졌다. 조급해하지 않고 많은
것을 배울 기회로 삼기로 했다.

　경매가 아무리 대중화됐다고 해도 처음 입찰하는 이들에겐 큰 도전일 수
있다. 일반매매 거래는 공인중개사무소에서 해주지만 경매는 스스로 해나
가야 한다. 그 과정에서 어떤 난관에 부딪혀도 문제를 해결할 실마리를 찾
아가는 것 또한 내가 해야 할 일이다. '왜 하필 나에게 이런 일이'라고 불평
하기보다 좋게 생각하기로 했다. 부모님께 소중한 보금자리를 마련해드릴
수 있었던 점, 문제 상황을 파악해서 해결할 기회가 있다는 점, 알지 못했던
새로운 지식을 얻게 됐다는 점 등 상황을 긍정적으로 받아들이는 것 또한
경매를 통해 배우게 됐다.

낙찰 후
권리상 문제가 발견됐을 때

기간별로 취할 수 있는 조치

기간별로 다음과 같은 조치를 할 수 있다. 뒤로 갈수록 구제 가능성이 크게 떨어지므로 하자 발견 시 서둘러 대응하는 것이 좋다.

- 낙찰일~매각허가결정일: 최고가 매수신고인은 매각불허가 신청을 할 수 있다.

- 매각허가결정일~매각허가확정일: 최고가 매수신고인은 매각허가결정에 대한 이의신청 또는 즉시항고를 할 수 있다. 항고를 할 때는 항고보증금(매각대금의 10%)을 공탁해야 한다.

- 매각허가확정일~잔금 납부일: 매각허가결정에 대한 취소신청을 할 수 있다. 인수해야 할 하자가 있다면 매각대금 감액 신청도 가능하다.

- 배당일 이후: 채무자에게 계약해제 주장 또는 배당받은 채권자를 상대로 대금 반

환을 청구할 수 있으나 실무상 받아들여지기가 매우 어렵다.

즉시항고 방법

매각결정일로부터 일주일 이내에 항고장을 제출해야 한다. 항고인은 낙찰가의 10%에 해당하는 금액을 공탁해야 한다.

즉시항고가 됐다고 하더라도 항고보증금을 납부했는지를 확인하자. 보증금을 납부하지 않으면 법원에서 각하되며, 낙찰자는 공탁보증금을 납부하지 않아도 된다. 항고 기각 시 채무자 또는 소유자라면 납입된 보증금은 몰취된다. 이외의 이해관계인은 항고일로부터 기각결정이 확정된 날까지 매각대금의 연 12% 이율에 의한 금액을 몰취한다. 나머지 금액은 반환신청에 의해 반환받을 수 있다.

채무자 또는 소유자가 항고보증금까지 납부하는 경우는 드문 일이다. 하지만 돈을 구할 시간을 마련하기 위해 고의로 경매 절차를 지연시키기도 한다. 항고가 기각되더라도 낙찰자가 잔금 납부 전까지 채권자와 합의를 하거나 채무를 변제하고 집행취소 서류를 제출할 수 있다. 이 경우 해당 경매 사건은 취소되고 항고인은 공탁한 보증금을 돌려받게 된다. 채권 변제의 시간을 벌고자 하는 경우라면 즉시항고를 통해 경매 절차를 잠시 홀딩한 후 항고의 기각으로 몰취된 보증금을 추후 집행 취소에 의해 돌려받을 수 있다.

다음의 경우 항고 사유가 될 수 있다.

- 매각허가에 대한 이의신청이나 매각허가결정 이전의 절차에 중대한 잘못이 있는 경우
- 과잉 매각한 경우

· 채무자 또는 소유자에 대한 경매개시결정 송달 과정에 흠이 있는 경우

민사소송법상 즉시항고는 집행정지의 효력이 있다. 하지만 집행 절차에 대한 법원 재판의 즉시항고에는 확정 차단의 효력이 있을 뿐 집행정지의 효력은 없다. 즉시항고가 되면 매각허가결정이 나지 않을 것이므로 사실상 대금 납부일과 배당일이 지연될 수밖에 없다. 매각허가결정 이후라도 집행정지 또는 취소신청 서류가 제출된 경우 또는 집행의 일시정지를 명하는 결정 정본이 제출된다면 법원은 매각 절차를 정지한다(유료 경매 사이트에 '정지'라고 쓰여 있는 경우가 이런 사례다).

항고심의 재판에 이의가 있는 사람은 다시 항고할 권리가 있다. 매각허가결정 단계에서 부동산의 현저한 훼손, 중대한 권리관계의 변동을 모르고 즉시항고를 제기하지 않은 경우 매각허가결정 취소신청을 할 수 있다. 매각일과 잔금일 사이 부동산 가격이 현저히 하락한 경우에도 매각허가결정 취소신청이 가능하다.

화재 등으로 인한 유실, 소실이 있다면 집행법원에 매각대금의 감액을 주장할 수 있다. 잔금 납부 이후에도 배당을 실시하기 전이라면 감액된 부분만큼 매각대금의 반환을 청구할 수도 있다. 공장, 모텔, 시설물의 감정평가된 유체동산 또는 고가의 장비가 훼손되거나 도난되는 경우가 있다. 이런 경우 감정평가상 사진과 경찰서의 도난 사실 확인서 등을 첨부하여 매각대금 반환신청을 할 수 있다.

매각불허가 사례: 낙찰받은 빌라 호수가 잘못됐어요!

경매를 하다 보면 건축물대장 등 공적장부와 실제 현황에 차이가 나는 경우가 있다. 예를 들어 아파트, 빌라 등의 건축도면에 나와 있는 호실의 번호(공부)와 실제 현관에 붙어 있는 호실의 번호(현황)가 다른 경우다. 왜 이런 현상이 발생하는 것일까? 건물 준공 후 각 세대에 호수를 명명하는 과정에서 도면과 다르게 붙였기 때문이다. 이런 물건이 종종 경매로 나오는데, 쉽게 생각할 문제가 아니다. 낙찰 이후 엉뚱한 사람을 명도해야 할 수도 있다.

현황과 공적장부 불일치 사건

이 경매 사건에서 실제로 채무자 겸 소유자가 점유하는 호수는 문패 기준

〈그림 2-34〉 해당 물건의 경매 정보

출처: 스피드옥션

〈그림 2-35〉 공부와 현황상의 호수 불일치

출처: 스피드옥션

204호인데 공부상(건축물대장상)으로는 201호다. 이런 오기는 수분양자나 매수인이 건축도면을 제대로 확인하지 않고 그냥 등기를 넘겨받는 과정에서 생긴다. 이런 집이 경매로 진행되면 여러 사람 피곤하게 하는 물건이 탄생한다. 아무 상관 없는 옆집이 경매에 나올 수 있다는 얘기다. 결론부터 말하자면, 현황과 공적장부가 일치하지 않을 때는 언제나 공적장부가 우선시된다.

경매로 나온 집 vs. 실제 채무자가 거주하는 집

특히 초보자들은 이런 사실을 인지하지 못하거나 대수롭지 않게 생각할 수 있는데 주의해야 한다. 대개 명도 과정에서 알게 되며 집행 불능에 빠지는 등 문제가 발생할 수 있기 때문이다. 소유권이전 이후 명도 대상은 실제로 살고 있는 점유자가 되어야 하지만, 집행 법원의 명도 대상자는 공부를 기준으로 한다.

생각해보자. 점유자와 명도 대상자가 일치하지 않는데 명도가 제대로 되겠는가? 옆집의 채무로 억울한 사람의 집이 경매로 진행될 수도 있는 어처구니없는 상황이 발생하는 것이다.

이런 경우 법원에서 판단하는 명도 기준(인도명령결정 여부)은 어떨까? 법원별로 차이가 있으나 잔금 후 인도명령이 기각될 가능성이 크다. 물론 명도소송으로 다투면 바로잡아 승소할 수 있겠지만, 일반인에게는 소송을 진행한다는 것 자체가 엄청난 스트레스를 유발한다. 그것도 아파트, 빌라 등을 조금 싸게 받으려고 경매를 하면서 장기간 소송을 진행하고자 하는 사람은 많지 않을 것이다.

협의가 되면 좋겠지만 그렇지 않을 경우 법적 절차를 진행해야 한다. 이런 경우 크게 세 가지 정도의 해결 방법이 있다.

- 인도명령이 기각될 것을 고려하고 처음부터 명도소송을 진행하는 것이다. 시간적·금전적 손해가 있을 수밖에 없다.
- 전 소유자를 설득한다. 가장 좋은 시나리오는 실제 경매로 나온 공부상 204호(현황상 201호) 소유자를 만나 함께 구청에 가서 도면을 바로잡는 것이다. 가장 깔끔한 방법이지만 사람과의 협의가 쉬운 것만은 아니다. 만일 임차인이 점유하고 소유자와 연락이 닿지 않는다면 이 방법은 어렵다.
- 낙찰 이후 매각불허가 신청을 한다.

낙찰 후 공부상 204호(현황상 201호) 점유자를 만났다. 모녀가 살고 있었는데 이런 상황을 전혀 모르고 있었다. 처음에는 경계하다가 상황을 설명하니 크게 당황해했다. 일단 시간을 드릴 테니 본인도 알아보시라 하고, 연락처를 받아서 돌아왔다.

다음 날 다시 통화를 했다. 이제 상황 파악이 됐는지 분노와 망연자실함의 감정이 동시에 느껴졌다. 사실을 바로 알려주고 서로 피해를 줄이기 위해 열심히 설명했지만, 낙찰자에 대한 경계심이 더 깊어진 것이다. 바로 옆집에서 수년을 살면서 누군지도 몰랐고, 동장에게 연락처를 물어서 전화를 해본 모양이다. 그분들도 이런 상황을 모르기는 마찬가지여서 해결 방법을 찾지 못하고 이리저리 알아보느라 정신이 없어 보였다.

나는 "함께 의견을 모아봅시다."라고 하면서 앞서의 두 번째 해결 방법을 제시했다. 소유자 겸 채무자를 설득해서 잘못된 것을 바로잡기로 하고 3자가 함께 대면했다. 하지만 모두가 예민한 상황에서 대화가 될 리가 없었다. 서로 언성이 오갔고, 엉뚱하게 피해를 보게 된 아주머니는 '난 모르겠으니 그냥 다 나가라' 식의 반응을 보였다.

소강상태가 되고 나서야 이야기를 이어나갔다. 결국 시간문제이지 명도는 진행될 수밖에 없으며, 앞으로 명도가 어떻게 진행될지 설명했다. 그리고 그 기간의 무단 거주에 대한 부당이득반환 문제가 발생할 수 있으니 잘 생각하시라고 최대한 공손히 전달했다. 그들은 한결같이 자신의 처지를 한탄하기만 할 뿐 처음에는 해결하려는 생각을 하지 못하는 것 같았다.

시간이 흐르면서 일단 해결하자는 데 뜻이 모였다. 채무자의 부인은 집이 남편 명의인데 혼자 살고 있었고, 본인도 더는 이 집에 미련이 없다는 뜻을 내비쳤다. 그러면서 옆집 아주머니가 안됐다며 위로를 하기도 했다. 처음보다 일이 진행되는 듯한 느낌이었다. 하지만 본인은 무조건 서너 달은 여기 있을 거라고 했다.

더 앉아서 이야기를 해봐도 답은 안 나오겠다는 판단에 다시 연락하자고 하고 일어섰다. 일단 퇴거 의사를 비친 것만으로도 성과는 어느 정도 얻었다는 생각이 들었다.

그리고 다음 날, 공부상 거주자에게 연락을 했다. 더 질질 끌 필요가 없었다. 그렇다고 억울한 일을 당한 사람을 상대로 명도소송을 진행할 생각도 없으니 얼른 법원에 가서 '매각불허가 신청서'를 제출하라고 알려줬다(그림 2-36). 내가 낸 매각불허가 신청에 힘을 싣기 위해서다. 그분은 바로 법원으로 달려가서 매각불허가 신청서를 제출했고, 최종적으로 매각불허가결정이 났다.

신 청 이 유

1. 귀원 위 경매사건의 공부상 호수는 204호이나 현황은 201호입니다.

2. 위 신청인은 낙찰시점까지 1항 정보에 대하여 위 채무자 겸 소유자인 ○○○가 공부상에는 204호 소유자로 되어 있지만, 실제로는 문패가 201호인 집에 거주 하는 것으로 인지했습니다.

3. 낙찰 후 2018년 4월 25일 19시 20분 경, 현황 201호에 방문을 해보니 △△△이 라는 소유자가 살고 있었습니다(공부상 201호의 등기부를 떼어보니 소유자와 ○○○ 의 이름이 일치합니다).

4. 그렇다면 본래 공부상 204호 소유자 △△△은 현황 201호에 살고 있어야 한다 는 말이 맞는데, 실제로도 201호에 거주하고 있는 것이었습니다.

5. 이유는 오직 건축물현황 기준으로 매각 대상이 결정되었기 때문에 이러한 일이 발생한 것으로 보입니다.

6. 문건/송달내역 문건처리내역을 보면 현황조사보고서 제출이 2017년 6월 16일 에 이루어졌고, 감정평가서 제출이 2017년 6월 22일에 이루어졌습니다.

7. 현황조사서를 요약하면 "폐문부재로 이해관계인을 만날 수 없어, 전입세대열람 결과 소유자 이외의 전입세대는 없음."이라고 되어 있으나 이는 현재의 사실과 다릅니다.

위 내용은 근거로 민사집행법 제123조 1항의 매각의 불허 단서인 "정당한 이의신청" 으로 본 건은 당연히 매각불허 되어야 할 것이므로 본 신청에 이르게 되었습니다.

억울하게 집을 잃을 뻔했던 아주머니는 전 채무자 겸 소유자에게 연락하 여 건축도면 변경신고를 했다. 그리고 그 사항을 매각물건명세서에 추가로 기재하여 다시 경매가 진행되었다.

다가구 주택이라면 동/호수 오기가 크게 문제 되지 않는다. 주인이 한 사람이고 여러 세대가 전입되어 있는 구조이기 때문이다. 하지만 아파트, 빌라 등 집합건물에서 집주인과 임차인이 서로 남의 집을 자기 집으로 착각하고 잘못 전입한 사례도 있다. 이 경우 낙찰자는 실제 낙찰받은 물건의 임차인만 상대하면 된다. 경매 입찰 대상의 실제 현황과 공적장부가 일치하지 않는다면 일단 조심해야 한다. 기준은 항상 공적장부가 우선이다.

경매가 취소되는 이유

복등기

20억 상가 반값 낙찰 기회를 놓친 적이 있다. 실 140평에 지하철 5호선 송정역 도보 1분 거리의 대형 상가였다. 12층 건물 중 12층 상가 전체가 통째로 경매로 나왔고 감정가는 18억 5000만 원, 최저가는 11억 8,000만 원이었다. 그런데 현시점에 재감정을 한다면 최소 20억 원은 나올 것으로 보였다.

2021년 4월 27일에 이미 낙찰된 건인데, 어떤 이유에서인지 최고가 매수 신고인이 잔금 납부를 하지 않았다. 이렇게 미납된 사건은 입찰보증금이 최저가의 20%로 상향돼 재경매가 실시된다.

관리사무소를 방문하고 채권자 미팅을 통해 유치권 신고와 선순위 임차인에 대한 모든 서류를 확보했다. 주차 시설까지 인근 현장 조사를 포함한 모든 만반의 준비를 마쳤고 반드시 낙찰받기 위해 입찰가를 확 올려서 쓰려고 마음먹었다.

그런데 이럴 수가 입찰할 사건이 사라졌다. 입찰일 직전 1억 원 이상의 입찰보증금을 몰취당한 낙찰자가 기한 후에 잔금을 납부한 것이다. 잔금을 낼 거라면 그동안 굳이 연 12%에 달하는 고금리를 부담하면서 시간을 끌었을 리가 없다. 나는 제3자가 개입했을 거라는 생각이 들었다. 나처럼 상가의 가치를 높게 본 누군가가 입찰을 준비했을 것이고, 반드시 가져가야 하는 어떤 회사가 작업을 한 것 같다. 추측이지만 전 낙찰자(최고가 매수신고인)에게 금전 보상을 하면서 소유권을 '복등기'(분양 또는 매매 계약 등을 원인으로 소유권 이전 등기를 했다가 곧바로 다른 매수인 앞으로 등기를 바꾸는 것. 등기를 동시에 두 번 한다고 해서 복등기라고 부른다)로 가져간 것으로 보인다.

잔금 미납으로 배당이 늦어져서 불측의 손해가 예상됐던 채권자에게는 다행스러운 일이다. 하지만 한 달 이상 입찰을 준비했던 우리는 허탈감을 감출 수 없었다. 이 사례처럼 좋은 경매 물건임에도 아쉽게 놓치는 상황이 생긴다.

무잉여

경매가 취소되는 또 다른 사례로 '무잉여'가 있다. 무잉여란 모든 부담과 경매비용을 변제하면 남는 것이 없다고 인정될 때, 이러한 사실을 채권자에게 통지하고 경매 절차를 법원이 직권으로 취소하는 것이다. 무잉여로 경매가 최소되면 입찰자는 보증금을 반환받을 수 있다. 입찰 전 경매 신청 채권자의 신청 금액과 선순위 채권 등을 추산하여 경매 취소의 가능성이 있는지 살펴볼 수 있다.

제3장

따라 하면 무조건 돈 버는
상가 물건의
실전 부동산 경매

지식산업센터·상가·오피스텔·호텔

패찰했지만 배운 것이 많았던 서울 성수동 지식산업센터 입찰

지식산업센터는 일반매매로만 사야 하는 줄 알았는데, 경매 마스터 수업을 통해서 경매도 유용한 매입 방법이 될 수 있다는 것을 배웠다. 그래서 분양 물건 매입까지 포함하여 모든 매입 방법을 경험해보기로 했다. 좋은 물건을 잡으면 그 자체로 좋은 것이고 그렇지 못하더라도 지금의 이 경험은 두고두고 써먹을 나만의 무기가 될 테니 말이다.

수업 중 다루어진 지식산업센터 경매 사건은 물론, 서울·수도권의 모든 지식산업센터 경매 물건을 검색하고 손품 조사를 했다. 그중 뚝섬역 바로 앞 초역세권의 성수동 지식산업센터가 눈에 띄어 바로 현장조사를 떠났다.

서울동부지방법원	대법원바로가기	법원안내		가로보기	세로보기	세로보기(2)

| 2017 타경 ▒▒▒▒ (임의) | 물번1 [배당종결] ▾ | 매각기일 : 2020-06-29 10:00~ (월) | 경매4계 02-2204-2406 |

소재지	(04789) 서울특별시 성동구 ▒▒▒▒▒▒▒▒
	[도로명] 서울특별시 성동구 ▒▒▒▒▒▒▒▒

용도	아파트형공장	채권자	중○○○○○	감정가	1,033,000,000원
대지권	41.03㎡ (12.41평)	채무자	카○	최저가	(100%) 1,033,000,000원
전용면적	160.9㎡ (48.67평)	소유자	주○○○○	보증금	(10%) 103,300,000원
사건접수	2017-11-20	매각대상	토지/건물일괄매각	청구금액	1,593,997,016원
입찰방법	기일입찰	배당종기일	2018-11-08	개시결정	2017-11-21

기일현황 ▾건반보기

회차	매각기일	최저매각금액	결과
신건	2018-10-15	1,033,000,000원	변경
신건	2019-01-07	1,033,000,000원	매각
이○○/입찰2명/낙찰1,075,130,000원(104%)			
	2019-01-14	매각결정기일	허가
	2019-01-31	매각결정기일	허가취소
신건	2020-06-29	1,033,000,000원	매각
최○○/입찰30명/낙찰1,389,780,000원(135%)			
2등 입찰가 : 1,341,000,000원			
	2020-07-06	매각결정기일	허가
	2020-08-17	대금지급기한	기한변경
	2020-08-18	대금지급기한 납부 (2020.08.18)	납부
	2020-09-15	배당기일	완료
배당종결된 사건입니다.			

출처: 스피드옥션

난생처음 지산 투자에 도전하다

막상 가서 무엇을 해야 할지도 모르는 초보이지만, 일단 가서 부딪쳐보자는 심정으로 무작정 출발했다. 1층에 보이는 중개사무소에 들어가서 인사를 하는데 "경매 때문에 오셨죠?"라고 이야기한다. '내가 늦게 왔군…. 쉽지 않겠네' 하는 생각이 얼핏 스쳤지만, 이왕 이렇게 된 거 사실대로 말씀드리고 이것저것 정중히 질문을 드렸다. 임대 시세는 내가 사전에 파악한 내용과 동일했다. 놀라운 사실은 매매, 임대 불문하고 물건이 단 1개도 없다는 것이었다.

낙찰만 되면 대박인 물건이지만, 경매와 관련해서 방문이나 전화로 문의

를 엄청나게 받았다는 말을 듣고는 만감이 교차했다. 중개사무소에서 나와 바로 관리사무실에 들렀다. 미납 관리비와 해당 호실 임차인 현황 등을 파악하기 위해서다. 관리사무실 문을 열고 들어가 ○○○○호에 대해 알아보고 싶어서 왔다고 했더니 쪽지 한 장을 건네줬다. 관리비 문의하러 오는 사람이 너무 많아서 미납 관리비가 적힌 쪽지를 준비해둔 것이다.

'낙찰받기 쉽지 않겠구나. 꼭 받으려면 입찰가를 높게 써야겠다'라는 생각을 하면서 관리사무실을 나와 해당 호실을 방문했다. 문이 잠겨 있어서 들어가 볼 수는 없었지만, 경매 정보지의 임차인 현황과 일치하는지를 비롯해 현장에서 직접 확인해야 하는 여러 사항을 최대한 꼼꼼히 살펴보고 돌아왔다.

감정가와 최저가가 10억 3,300만 원이었는데, 거기에 약 1억 4,000만 원을 더해 11억 7,000만 원을 입찰가로 정했다. 평당 1,300만 원 정도로 잡고 입찰가를 산정한 것이다. 그렇게 입찰함에 입찰봉투를 넣고 희망을 품은 채

196

기다렸다. 결과는 입찰자 30명에 낙찰가 13억 9,000만 원. 혹시나 했지만 상당한 금액 차이로 패찰했다. 낙찰자의 평당 매입가액은 1,550만 원에 달했는데, 너무 비싸게 낙찰받았다고 경매법정의 사람들이 웅성거렸다(나 또한 같은 생각이었다).

이렇게 나의 첫 지식산업센터 입찰은 패찰로 끝났다. 하지만 현장 경험을 통해서 사람들의 심리와 지역 분석, 시세 분석, 임장 노하우, 입찰가 산정 등 많은 것에 대해 생각할 수 있었다.

패찰에서도 배울 게 있다

2022년 현재 성수동 지식산업센터의 평당 매매가는 3,000만 원을 향해 달려가고 있다. 나는 여전히 성수동 지식산업센터를 갖고 싶지만, 공급에 비해 수요가 훨씬 많다 보니 쉽진 않을 것 같다. 풍부한 유동성과 서울 핵심 준공업 지역 지식산업센터라는 희소성 등으로 앞으로는 수익형이 아닌 차익형으로 시장이 바뀌리라는 걸 입찰 당시에는 생각하지 못했다. 이렇게 경험을 통해 하나씩 배워가고 있다.

경매는 낙찰받는 게 중요하지만 입찰을 하다 보면 패찰 횟수도 늘어나기 마련이다. 이를 시간만 날렸다고 생각하기보다는 좋은 자산을 사기 위한 하나의 과정이라고 생각하자. 실제로 나에게는 지식산업센터 패찰이 오히려 득이 됐다. 정말 많은 사람이 이런 자산을 원한다는 것을 내 눈으로 직접 봤기 때문이다.

나는 의심이 많은 편이어서 내 눈으로 직접 보고 실행을 통해 얻은 경험과 지식에 강하게 의지한다. 이렇게 수요는 많은데 공급이 원활하지 않다면 결과는 정해져 있지 않겠는가? 그렇게 마음먹고 움직이자 제법 자산이라고 부를 수 있을 정도의 부동산 개수가 늘어났다. 물론 시행착오도 있었지만 해결되지 않는 일은 없었고 모두 나의 경험과 내공으로 쌓였다.

나 같은 평범한 직장인도 월급을 모으고 신용대출을 일으켜 최소한의 투자금(지식산업센터 계약금)으로 여러 물건을 유지하고 있다. 중도금 대출이 전액 무이자로 실행되고 있고, 중간에 계약금·중도금에 대한 건물분 부가세가 환급되기 때문에 버티는 동안에도 큰 어려움 없이 시세의 상승을 온전히 누리고 있다(물론 중도금 이자는 분양가에 녹아 있을 것이고, 수분양자가 환급받은 건물분에 대한 부가세는 잔금을 납부할 때 정산해야 한다).

짧은 2년 동안 배운 대로 실행했고 서울과 수도권에 5개의 지식산업센터를 매입 후 월세를 받고 있다. 몇 건의 투자를 진행하며 나의 생각과 삶은 이전과 완전히 달라졌다. 하고 싶은 것을 모두 할 순 없지만, 하기 싫은 것을 하지 않을 자유는 생겼다. 초보일 때 올바른 방향을 잡아줄 수 있는 훌륭한 멘토를 만나는 것이 무엇보다 중요하다.

두 마리 토끼 잡는
지식산업센터 투자

부동산 투자라고 하면 아파트나 상가 등을 떠올리기 쉽지만 지식산업센터 같은 상품도 있다. 아파트는 시세차익을 주로 노리는 데 비해 지식산업센터는 월세 수입 목적으로 매입하면서도 차익과 현금흐름이라는 두 마리 토끼를 모두 잡을 수 있다는 점에서 매력적이다. 최근 매매가가 급등하면서 수익률이 낮아지고 있지만, 월세 수입이 안정적으로 발생하면서 매매가도 같이 올라주니 투자 대상으로는 이보다 좋을 수 없다고 생각한다.

지식산업센터의 장점은 다음과 같다.

- 현금흐름(월세 수입)과 시세차익을 동시에 노릴 수 있다.
- 아파트, 빌라, 오피스텔 등에 비해 임대 스트레스나 임대인과 임차인 간 분쟁이 훨씬 덜한 편이다.

- 보유 시 종부세 부담이 없고 레버리지 비율을 높게 쓸 수 있다.
- 지식산업센터 분양권 투자 시 계약금 10%만 있어도 가능하다. 주로 실사용자에게 세금 혜택이 있다[취득세 50% 감면(5년 이내 임대 시 반환), 재산세 37.5% 감면].

월세를 받을 수 있는 부동산으로 상가도 있다. 하지만 초보자라면 개별성이 강한 상가보다는 지식산업센터 투자가 훨씬 용이하다. 그래서 최근 1~2년 사이 초보 투자자들이 대거 몰렸다. 시세와 수익률은 지역별로 어느 정도 정해져 있으니 시간만 낼 수 있다면 조사하는 것은 어렵지 않다. 관심 지역의 범위를 좁혀 공부해본다면 지역별 평당가와 임대가 비교를 통해 내게 맞는 투자를 할 수 있을 것이다.

지식산업센터는 상가처럼 개별성이 크지 않기 때문에 의사결정 시 리스크를 최소화할 수 있고, 한번 들어온 임차인이 자주 바뀌지 않아서 임대 관리 역시 편하다. 아파트는 겹겹이 쌓인 규제로 어려워진 반면 사업자와 법인을 대상으로 하는 지식산업센터는 특별한 규제가 없다. 대출 한도가 높아서 레버리지를 극대화할 수 있다는 것도 큰 장점이다.

참고로 구로/가산, 서울 디지털산업단지에는 약 1만 1,000개의 기업이 입주해 있으며 단지 규모는 60만 평, 고용 인원은 15만 명 이상이다. 1단지는 소프트웨어 개발 관련 업종이 전체의 46%를 차지하고, 2단지는 섬유 및 의복 관련 제조·판매 시설이 많으며, 3단지는 지식 기반 제조업과 개발 업체들이 주로 들어와 있다. 단지 규모는 1, 2단지를 합친 것보다 3단지가 크다. 이 중 가산디지털단지(2·7호선) 인근 지산의 시세가 가장 높은데(우림라이온스밸리, SKV1 등) 지하철역의 접근성이 매매가(임대가)에 큰 영향을 미치기 때문이다.

지산 2

낙찰 1년 만에 2억 원 오른
지식산업센터

낙찰자	왕초보 경매 마스터 11기 유○○
낙찰가	6억 5,260만 원
투자 경과	보증금 2,300만 원, 월세 230만 원에 임대

지식산업센터에 관심을 가지고 경매 사이트를 살피던 중 마음에 드는 물건을 찾았다. 서울 가산동에 있는 지식산업센터로 1호선과 7호선이 만나는 가산디지털단지역 초역세권이었다. 해당 지식산업센터는 지하철역과 바로 연결되어 있어서 비가 오는 날에도 비 한 방울 맞지 않고 출퇴근이 가능하다.

〈그림 3-3〉 해당 물건의 경매 정보

출처: 스피드옥션

꼭 갖고 싶다는 간절함에 높게 써낸 입찰가

가산디지털단지 지식산업센터의 주 이용자는 회사원들이다. 입주 회사의 직원 대부분이 출퇴근 시 지하철을 이용하므로 접근성이 가격과 임대료에 가장 큰 영향을 미친다. 아파트보다 입지가 더 중요한 게 지식산업센터다. 대중교통을 이용하기 어려운 곳에 지식산업센터가 있다면 구직자들이 면접을 보러 잘 오지도 않는다. 초보 투자자들이 주의해야 할 점은 구로, 가산디지털단지 등 국가 산업단지 내 지식산업센터는 원칙적으로 임대 목적의 취득이 불가하다. 직접 사용하거나 일부를 임대하는 등 약간의 편법을 통해 임대할 수 있을 뿐이다.

나는 반드시 낙찰받고자 하는 마음에 현장에서 일하는 사람들의 의견을 더 듣고 싶었다. 몇 군데 방문한 중개사무소에서는 내가 생각한 입찰가보다 다소 높은 가격을 이야기했다. 그 얘길 들으니 '내가 초역세권 부동산의 가치를 너무 낮게 봤나?' 하는 생각이 들어 입찰가를 높여야겠다고 마음먹었다.

성급한 결정은 그리 좋지 않은 결과를 가져왔다. 꼭 낙찰받고자 하는 간절함이 있었기에 애초에 생각한 가격보다 중개사무소에서 이야기해준 높은 시세를 기준으로 입찰가를 써낸 것이다. 절실하면 통한다는 것은 맞는 말이다. 나는 낙찰을 받았다. 다만, 나의 독주(獨走)였다. 당초 파악한 시세보다 높은 금액의 낙찰가였다. 2등 입찰가와 차이가 수천만 원이나 됐으며, 일반 매매가와 비슷한 금액으로 낙찰을 받게 된 것이다.

낙찰의 기쁨보다는 걱정이 앞섰다.

'중개사무소 한 곳의 말을 너무 신뢰한 탓일까. 최소한 세 곳 이상은 둘러봐야 했나?'

탄식이 나왔다. 2등 입찰가와의 차이를 알게 되자마자 그야말로 멘붕이 왔다. 5,248만 원의 입찰보증금을 포기할까 하는 생각마저 들었다. 현장에 간 것은 나의 선택이었지만 너무 높은 금액에 낙찰받았다는 자책감과 두려움에 더는 진행할 용기가 나지 않았다. 한동안 마음고생을 했고 다시는 경매 같은 걸 하지 말아야겠다는 생각마저 했다.

하지만 수천만 원의 보증금은 큰돈인 데다 시간이 흐르면 시세는 회복되리라 생각했다. 고민 끝에 잔금을 납부하기로 마음먹었다.

그것으로 끝이 아니라 이제부터 시작이다. 명도와 임대를 맞추어야 하는 산이 남아 있다.

강제집행으로 명도를 마치다

지식산업센터 경매의 경우 임차인이 아닌 소유자가 사용하던 곳이라면 점유자와 연락이 닿지 않을 확률이 높다. 아파트나 빌라 등은 경매가 진행되어도 가족이 계속 사는 경우가 많지만, 사업장은 그냥 폐업하거나 필요한 것만 챙겨 나가버리기도 하기 때문이다. 결국 강제집행까지 필요한 상황이었다. 시간도 부족하고 더 이상 신경 쓰고 싶지 않았다.

그렇게 혼자 고민하다가 정민우 대표님이 있는 바른자산관리에 명도 컨설팅을 의뢰했다. 강제집행은 채권자의 신청이 있어야 한다. 채권자의 신청이 있을 때 국가가 정해진 법 절차에 따라 채권자를 대신해 강제로 그 의무를 이행한다.

강제집행을 신청하기 전 법원에서 신청서를 작성하여 집행문과 송달증명원을 발급받는다. 이는 인도명령결정문과 피신청인(상대방)이 결정문을 송달받았다는 것을 증명하는 서류로, 채무자에게 결정문이 송달되지 않으면 강제집행은 할 수 없다.

송달이 되면 강제집행신청서를 작성한다. 집행관사무소에 신청하면 완료됐다는 접수증과 법원 은행에 집행비용을 예납하라는 납부서를 주는데, 법원에 있는 은행에 돈을 내면 된다.

강제집행에 앞서 법원 집행관, 실무 담당관은 집행에 필요한 현장 검증을 하고 집행 사실을 알리

〈그림 3-4〉 집행비용 예납 영수증

기 위해 사전에 강제집행 예고를 진행한다. 신청자는 증인 2인을 동반해야
하고 출입구가 잠겨 있다면 열쇠공을 섭외해야 한다. 현장에서 집행관은 채
무자와 관련된 물건들을 파악했는데, 예상대로 채무자는 돈이 될 만한 것은
모두 뺀 상태였다. 천장 에어컨도 없었다. 회사를 운영하며 작성했을 각종

〈그림 3-5〉 강제집행 예고 안내문

〈그림 3-6〉 강제집행을 실시하는 모습

서류와 집기류만 남아 있을 뿐 급하게 짐을 뺀 흔적이 있었다. 집행관이 사무실 안쪽 잘 보이는 곳에 강제집행 예고 안내문을 부착했다.

중간에 채무자 회사의 직원과 연락이 닿기도 했으나 협의 의사가 없어 보였고 결국 집행 기일이 정해졌다. 보통 잔금 납부일로부터 두 달 전후로 집행되는 게 일반적이다. 하지만 이 사건의 집행일은 코로나19 영향으로 예상보다 늦게 잡혔고 몇 번의 독촉 끝에 집행관과 열쇠공, 노무(용역) 인원이 현장에 도착했다.

집행 당일 20여 명의 노무자가 왔다. 지식산업센터 강제집행은 아파트 등 주거용 부동산에 비해 짐을 빼는 속도가 빠른 편이다. 화물용 엘리베이터가 여러 대 있기 때문이다. 해당 물건지에 아무도 없고 남아 있는 물품의 가치가 없다고 해서 짐을 마음대로 처분하는 것은 법적으로 문제가 될 수 있다. 끌어낸 짐은 모두 보관 창고로 이동하게 된다.

<그림 3-7> 채무자 짐에 대한 수탁계약서와 보관각서

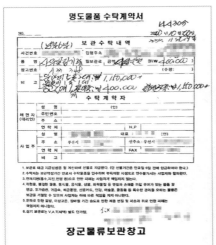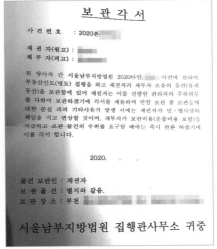

유체동산 처리 최고장

- 수신인 성명: ▮▮▮▮▮▮▮▮▮▮▮
  - 주소: ▮▮▮▮▮▮▮▮▮▮▮
- 발신인 성명: ▮▮▮▮▮
  - 주소: ▮▮▮▮▮▮▮▮▮▮▮▮▮▮

- 제목: 유체동산 처리 최고서

1. 본인은 서울남부지방법원 판결이 있음에도 불구하고 부동산의 명도(인도)를 이행하지 아니하여 부득이 서울남부지방법원 소속 집행관실에 부동산 인도 강제집행신청서(사건번호 ▮▮▮▮▮▮▮▮를 제출하여 2020년 10월 20일 귀하가 점유하던 ▮▮▮ ▮▮▮▮▮▮▮▮▮▮▮▮ 부동산 강제집행을 하였습니다.

2. 목적 부동산 내에 귀하 소유 동산을 인계하여 줄 방법이 없어, 집행관의 보관물품처리 절차에 의하여 발신인을 보관인으로 하여 집행관에게 보관각서를 제출한 후 아래 주소에 보관하였음을 알려드립니다.

주소 : ▮▮▮▮▮▮▮▮▮▮▮
전화번호 : ▮▮▮▮▮▮▮▮▮

3. 귀하가 위 동산의 수령을 지체하면 본인이 창고의 보관비용을 계속 부담하여야 하는 등 앞으로도 많은 경제적 피해를 보게 되며 비용 발생시 귀하께 청구할 예정입니다.

본 최고서 수령 7일 이내 인수하여 가셔서 서로에게 더 이상의 불이익이 가지 않도록 조치하시기 바라며, 만약에 인수조치를 거부하거나 연락이 없을 경우, 본인은 서울남부지방법원 집행관실에 매각 및 공탁명령의 신청을 하여 보관물품을 매각하여 그 대금에서 집행비용(창고비용,매각비용 등)을 제외하고 나머지에 대해 공탁할 것을 최고합니다.

2020년 10월 23일

위 발신인 채권자 (신청인) 성명 : ▮▮▮▮

(대리인) 성명 : ▮▮▮

채무자의 주민등록상 주소지로 짐을 찾아가지 않으면 폐기한다는 내용의 내용증명을 보냈다(그림 3-8). 법원에는 동산매각 신청서에 내용증명 보낸 것을 첨부하여 같이 제출한다. 동산 경매비용을 예납하면 경매기일이 잡히고, 이해관계인에게 통지서가 발송된다.

통지서가 발송되고 약 10일 후 유체동산이 보관된 장소에서 경매가 진행됐다. 집행관이 직접 나와 매각 진행에 대한 절차를 설명했다. 대개 동산 소유자(채무자)가 참석하지 않으므로 스스로 입찰하여 낙찰받은 후 처리하는 게 일반적이다.

명도물품을 폐기하도록 약간의 비용을 주고 의뢰하면 보관 업체에서 알아서 처리해준다. 120만 원을 들여 쓰레기 짐을 모두 처리했다. 채무자에게 청구가 가능하지만 현실적으로 받기는 쉽지 않다.

집과 마찬가지로 사무실도 인테리어를 해두면 임대가 잘 나간다. 직접 사용할 게 아니라면 공실로 두는 것보다 하루빨리 인테리어를 해서 임차인을 맞을 준비를 하는 게 좋다. 세 곳의 견적을 받아 항목별로 비교해 한 곳을 선정해 인테리어 작업을 진행했다.

해당 사무실에 채무자가 설치한 커다란 나무 장식이 있었는데 이런 특수 인테리어를 선호하지 않는 경우가 많기에 철거했고, 입찰 전 생각한 조건으로 임대를 맞췄다.

투자할 때 일희일비 하지 말 것

이 물건은 현재 보증금 2,300만 원, 월세 230만 원에 계약을 마쳤다. 인생

은 선택과 결정의 연속이다. 만약 낙찰 후 보증금을 포기했다면 오랜 시간 후회했을 것이다. 5,000만 원을 날린 것도 그렇지만, 1년도 되지 않아 2억 원이 올랐다는 사실을 알게 된다면 어떤 심정일까? 생각만 해도 아찔하다.

경매 정보는 경매 사이트를 통해 알 수 있고, 지역별로 분양 일정을 꿰고 있는 사람들도 많다. 해당 건은 평당 1,000만 원에 매입했는데, 현재 시세는 평당 1,600만 원에 육박하며 실제 거래는 1,400만 원 선에서 가능하다. 놀라운 상승이다. 이 건을 통해 현장조사는 크로스체크를 해야 한다는 것 그리고 일희일비할 필요가 없다는 것과 시간이 지나면 대부분의 문제는 해결된다는 것을 배웠다.

지식산업센터 분양권 전매 절차

지식산업센터 분양권은 지식산업센터가 준공되면 입주할 수 있는 권리를 말한다. 입주 전 분양계약서를 사고파는 것을 분양권 거래라고 하고, 분양받은 자가 입주 전 권리 형태로 제3자에게 파는 것을 분양권 전매라고 한다.

지식산업센터 분양권 전매 시 필요 서류

시행사에 따라 서류는 달라질 수 있으므로 사전 확인이 필요하다.

- 매도인: 분양계약서 원본, 신분증 사본, 사업자등록증 사본, 인감도장, 인감증명서(매도용, 매수인 인적사항 포함), 주민등록등본(개인일 경우) 또는 법인등기부등본(법인일 경우)

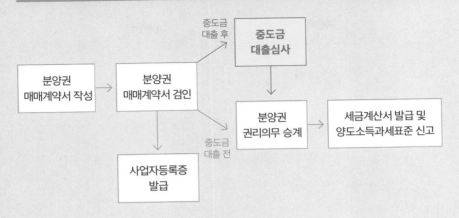

- 매수인: 신분증 사본, 인감도장, 인감증명서, 사업자등록증 사본(계약 완료 후 개설), 주민등록등본(개인일 경우) 또는 법인등기부등본(법인일 경우)

지식산업센터 분양권 전매 절차

❶ 분양권 매매계약서 작성

매도인과 매수인 간에 계약 의사를 확정한다. 가분양권 계약서를 참고하여 계약금까지 또는 1차 중도금, 2차 중도금 등 실행된 중도금까지를 매매대금으로 정한다.

❷ 매매계약서 검인(실거래 신고)

준공 전 전매는 검인을 받고, 준공 후 전매는 실거래가 신고를 한다. 준공 전 전매라면 매수인은 전매계약서와 분양계약서를 가지고 해당 지역 구청 또는 시청의 토지관리과에 가서 검인을 받는다. 검인 필요 서류는 분양권 전매계약서, 분양계약서 원본, 양수인 신분증, 양도인 위임장과 신분증 사본 등이다.

준공 후 전매라면 해당 지역 구청에서 실거래가 신고를 해야 한다. 검인 필요 서류와 동일하게 준비하여 실거래가 신고서를 작성하고 검인 담당자에게 제출하면 부동산 거래 신고 필증을 발급해준다. 지자체마다 다를 수 있으니 확인이 필요하다.

❸ 사업자등록증 만들기

매수인이 사업자가 없는 경우라면 세무서를 방문하거나 홈택스에서 사업자를 신설한다. 세무서 방문 시에는 매매계약서와 신분증을 지참한다.

❹ 중도금 대출 승계

중도금 대출 이후 전매일 경우 매도인 중도금 대출을 승계해야 한다. 해당 은행에 필요한 서류를 제출해서 매도인(최초 분양자)이 계약하고 진행했던 은행과의 중도금 대출을 매수인이 승계 가능한지 확인한다. 신분증을 지참하여 은행을 방문해 확인할 수 있다. 매도인과 매수인이 함께 또는 따로 방문하여 진행할 수 있는데, 따로 갈 경우 매도인이 먼저 진행한다. 분양권 매매 검인 전 매수인의 재무 관련 서류를 받고 검토 후 하자가 없을 때 대출승계를 진행한다.

❺ 명의 변경(권리의무 승계)

매수인은 계약 시 중도금 채무를 승계한다는 대출승계확인서를 은행에서 발급받는다. 시행사 사무실에서 분양계약서 명의 변경을 진행한다. 전매의 경우 지정한 날짜에 진행하기 때문에 예약하고 방문한다.

분양계약서 맨 뒷면에 있는 권리의무 승계란에 매도인과 매수인의 인적사항을 기재한다. 이어서 시행사, 시공사, 신탁사 등의 인장이 날인되면 매수자에게 분양권의 모든 권리와 의무가 이전된다. 신탁사가 없을 경우 신탁사 날인은 생략한다.

⑥ 원본 분양계약서 수령

시행사를 방문하여 전매 날인이 완료된 원본 분양계약서를 수령한다. 시행사, 시공사, 신탁사의 날인이 필요하므로 1~2주 소요된다.

⑦ 양도소득세 신고 및 납부(프리미엄을 받은 경우)

매도인은 양도소득세를 60일 이내에 신고해야 한다. 매도인이 프리미엄을 받은 경우 개인사업자는 양도소득세를 신고·납부해야 하며, 법인사업자는 법인세를 낸다.

지식산업센터 분양권 프리미엄 거래시 주의사항

프리미엄을 현금으로 거래하는 것은 신중해야 한다. 프리미엄이 억 단위 이상 되는 지식산업센터도 많다. 다수의 지식산업센터가 포진한 성동세무서, 강동세무서, 강서세무서, 영등포세무서 등은 이미 많은 분양권 거래 정보를 확보하고 있을 것이다. 실제로는 프리미엄을 주고받으면서 세무서에 양도세 신고를 하지 않는다면 허위 계약서 작성과 신고를 하는 셈이고, 이로 인해 형사 처벌을 받을 수도 있다. 세금추징 유효 기간이 10년임을 고려하면 무서운 일이다.

혹시 의심 사례를 파악하더라도 관할 세무서 담당자는 즉시 연락을 취하지 않는다. 약 1~2년 후 정상 거래임을 소명하라는 연락을 하기도 한다. 오래된 일을 기억해서 대처하기란 쉽지 않을 것이니 미리 영수증, 자금 출처 조사 등에 대비하는 것이 좋다.

서울 성수동 지식산업센터, 10만 원 차이의 짜릿한 낙찰

낙찰자	왕초보 경매 마스터 27기 김○○
낙찰가	4억 5,610만 원
투자 경과	보증금 2,000만 원, 월세 190만 원에 임대

아파트 대출 규제가 갈수록 심해지면서 대체 투자처를 찾아야 했다. 정부의 부동산 정책이 투자의 방향에 큰 영향을 미치는데, 그래도 지식산업센터는 주택보다는 규제가 덜했다. 무엇보다 80% 이상의 대출을 통해 레버리지를 활용할 수 있기에 경매로 나오는 지식산업센터에 관심을 두기 시작했다. 레버리지를 통해 소액 투자로도 서울에 있는 지식산업센터를 가질 수 있다는 생각을 하니 가슴이 두근거렸다.

서울동부지방법원	대법원바로가기	법원안내			가로보기	세로보기	세로보기(2)

2018 타경 **** (임의)		매각기일 : 2020-04-27 10:00~ (월)		경매3계 02-2204-2407	
소재지	(04799) 서울특별시 성동구 *** *** *** *** *** *** *** *** *** *** *** *** *** *** [도로명] 서울특별시 성동구 *** *** *** *** *** *** *** *** *** ***				
용도	아파트형공장	채권자	신○○○	감정가	427,000,000원
대지권	20.79㎡ (6.29평)	채무자	박○○	최저가	(100%) 427,000,000원
전용면적	75.95㎡ (22.97평)	소유자	박○○	보증금	(10%)42,700,000원
사건접수	2018-06-21	매각대상	토지/건물일괄매각	청구금액	426,604,211원
입찰방법	기일입찰	배당종기일	2018-09-10	개시결정	2018-06-22

기일현황

회차	매각기일	최저매각금액	결과
신건	2020-03-23	427,000,000원	변경
신건	2020-04-27	427,000,000원	매각
입찰4명/낙찰456,100,000원(107%) 2등 입찰가 : 456,000,000원			
	2020-05-04	매각결정기일	허가
	2020-06-25	대금지급기한 납부 (2020.06.03)	납부
	2020-07-16	배당기일	완료
배당종결된 사건입니다.			

출처: 스피드옥션

중소형 평수에 뷰가 환상적인 물건

마침 성동구에 있는 지식산업센터 사무실이 나와서 평일 점심시간을 활용하여 현장에 다녀왔다. 서울 성수지구 지산이란 점과 12층 탁 트인 뷰의 지원시설이라는 점이 마음에 들었다. 지원시설은 지식산업센터 입주 회사의 업무 활동을 지원하고 근무자들의 생활과 편익을 위해 마련된 시설로 상가, 의료시설, 운동시설, 기숙사, 창고 등이 있다(소비자에게 직접 소매로 판매하는 판매점은 입점할 수 없다). 엘리베이터를 타고 올라가니 12층까지 금세 다다랐고 내리는 순간 시원한 뷰가 한눈에 들어왔다. 이를 보고 사무실 뷰도 좋을 것으로 예상했다. 내부를 보고 싶었지만 들어가지는 못했다. 경매로 진행 중인 지식산업센터라서 많은 사람이 사무실을 찾아올 것이고 업무에 지장이 있었으리라. 사무실 입구에 '경매 관련 사무실 방문은 자제 바랍니다'라고 적혀 있었다.

성수동 해당 지식산업센터는 2014년에 입주했다. 분양 당시 공급 가격(부가세 제외)은 일반층의 공장과 사무실이 평당 800만 원 초반인 데 비해 12층 사무실은 지원시설이라서 평당 950만 원이 넘었다(지금도 지원시설 분양 가격이 일반 지식산업센터 평당가보다 높은 것이 일반적이다. 이는 지원시설의 수익률 하락 요인이 될 수 있다).

분양가가 5억이 넘는 물건이었는데, 감정가는 4억 2,700만 원으로 분양가와 차이가 있었다. 가격에 의문이 들었지만 대출을 충분히 활용할 수 있고 인서울 지식산업센터라는 생각에 입찰하기로 했다. 2014년 입주 당시는 분양가가 약 5억 5,000만 원(평당 955만 원)이었다. 경매 사이트에는 임차인이 향수(방향제) 제조 업체로 나와 있었다. 임대 시세는 보증금 2,000만 원에 월세 190만 원으로 조사됐다.

해당 지산 관리소장님을 만나서 이 물건에 대해 몇 가지를 물었다. 기존 임차인은 나간 상태이고, 새로운 임차인이 들어와 있는데 의류 디자인 업체라고 했다. 소장님은 최근 거래가 활발한 것 같고 현재 월세 시세는 190만 원이 아닌 250만 원인 것으로 알고 있다는 이야기까지 해주었다.

조사를 해보니 경매가 진행 중임을 알고 깔세(보증금 없는 선불 월세 결제 방식의 임대 형태)로 들어온 업체였고, 월세도 절반 수준이었다. 관리소장님도 잘못 알고 있었던 것이다(현장조사를 열심히 하되 전적으로 신뢰하기보다는 크로스체크를 하는 것이 바람직하다).

이 정도 물건이면 입찰할 만하다고 판단됐고, 이 기회를 헛되이 날리면 안 되겠다는 생각이 들었다. 낙찰로 연결해보기로 마음먹었다.

10만 원 차이로 낙찰에 성공하다

먼저 주변 시세를 모두 살펴보고 성수동 지식산업센터 낙찰 사례들을 찾았다. 그리고 서울 중구 소재 지식산업센터의 낙찰가와 최근 지식산업센터들의 낙찰가를 모두 검토해봤다. 2019년만 해도 지식산업센터들은 1~2회 유찰된 뒤 낙찰되는 분위기였다. 하지만 2020년을 넘어서면서 신건이 낙찰되는 추세가 보이기 시작했다.

월세 250만 원이라면 더 높게 써야겠지만, 그래도 보수적으로 판단하자는 마음에 향후 월세를 190만 원으로 잡았다. 수익률은 4% 후반에서 5% 정도로 조사됐고, 이를 입찰가에 반영했다.

유찰을 기다리면 물 건너갈 것이다. 신건에 입찰해야 한다. 수익률 5%, 주변 시세, 최근 서울 지식산업센터의 낙찰률 등을 고려하니 4억 5,600만 원의 적정가가 나왔다. 감정가의 106~107% 수준이다. '최소 이 정도는 적어내야 낙찰받겠구나'라는 생각이 들었는데, 더 높이 쓸 경우 수익률 감소를 염두에 두어야 한다는 점이 마음에 걸렸다.

경쟁자들을 이길 수 있을까? 그들은 어떤 생각으로 입찰할까? 여러 측면에서 짐작해봤는데, 4억 5,600만 원보다 더 높게 쓰지는 않을 것 같다는 생각이 들었다. 다만, 어쩌면 나와 똑같은 입찰가를 적어내는 사람이 있을 수 있겠다는 생각이 들어 거기에 딱 10만 원만 더 적어내자고 판단했다. 그런데 그게 신의 한 수가 될 줄이야!

4억 5,610만 원으로 최종적으로 결정하고 동부지법에 도착했다. 입찰 서류는 컴퓨터로 미리 다 작성해 갔다. 결과 발표를 기다리는데, 최고가 낙찰자에 내 이름이 불렸다. 그러고 나서 집행관이 2등의 입찰가는 4억 5,600만 원이며 최고가 낙찰자와는 10만 원 차이라고 발표했다. 그 자리에 있던 사람들이 너나없이 "와!" 하고 탄성을 질렀다. 2등은 법인으로 입찰했는데 4억 5,600만 원을 써냈다. 10만 원 더 써내기를 정말 잘했다는 생각이 들었다. 낙찰 영수증을 받아들고 나오는데 대출상담사들이 나를 에워싸며 축하한다고 명함을 주어서 다 받아 왔다.

명함 속의 대출상담사들과 차례차례 통화를 했다. 그중에 가장 좋은 조건으로 진행될 가능성이 있는 곳을 스마트폰에 따로 저장해두었다. 그리고 최종적으로 시중은행에서 90% 대출을 받아냈다. 제시된 대출 조건보다 더 받을 수 있었던 이유는 쉽게 만족하지 않고 더 좋은 대출을 받아내기 위해 끈질기게 접촉했기 때문이다.

명도, 인테리어, 임차 계약까지

끝이 아니다. 이제 명도가 남았다. 낙찰받고 일주일 후 점유자(임차인)인 의류 디자인 업체 사장님을 만났다. 금방 나가기 어려우니 시간을 달라고 했다. 잔금 납부 기한까지 한 달 반이 남았는데, 그보다 늦출 이유가 없어서 한 달 뒤가 잔금 납부이니 서둘러달라고 이야기했다. 그 후 몇 차례 통화도 하고 만나기도 했는데, 이런 밀고 당기는 협상은 처음이라 도대체 뭘 어떻게 해야 할지 감을 잡을 수 없었다.

그래서 특정 날짜까지 비우라고 최고하는 내용증명을 보냈다. 처음에는 내용증명을 받은 점유자가 다소 흥분했지만 효과가 있었다. 내가 잔금을 납부한 지 이틀 후 점유자가 이사하는 것으로 잘 마무리됐다.

2020년 6월, 임차 중이던 회사가 나갔다. 빈 사무실에 들어가 쓸고 닦고 청소하여 나름대로 깔끔하게 준비했으나 한 달이 지나도록 임차인을 받을 수 없었다. 사무실이 분양 당시 그대로였기에 고민 끝에 임차인들 마음에 들도록 조금 손을 봐야겠다고 생각했다.

중랑천 뷰가 잘 나오는 장점을 살리기 위해 발코니 확장 공사를 하고 시스템 에어컨을 설치하고 바닥재 교체 공사를 했다. 사무실 현관이 철문으로만 되어 있었는데 트렌드에 맞춰 유리 현관문을 추가로 설치했다.

1,000만 원이 조금 안 되는 돈을 들여 완전히 다른 사무실로 재탄생했다. 지성이면 감천이라고 했던가. 마침 같은 건물에 있는 사업체가 사업을 확장하면서 임차 의사를 밝혔다. 협의 끝에 주변 시세인 보증금 2,000만 원에 월세 190만 원으로 임차가 맞춰졌다.

공실 상태에서 새로운 임차인을 맞이하는 것은 가만히 앉아서 바란다고 되는 일이 아니다. 나는 성동구 일대 중개사무소 40여 곳과 송파·구로·금천 등 지식산업센터가 많은 중개사무소 100여 곳에 전화와 문자를 했다. 그 덕에 새 임차인을 맞이할 수 있었으며, 무엇이든 노력하면 된다는 것을 다시금 느꼈다.

목표수익률과 적정 입찰가 산정법

수익형 부동산은 주로 월세를 받는 상품이므로 매입 전에 목표수익률이 있어야 한다. 즉 시세와 원하는 수익률에 따라 입찰 가격이 달라지는 것이다. 사람마다 목표수익률은 다를 수밖에 없다. 누구는 시세차익을 올릴 수도 있으니 정기예금 금리보다 높으면 좋겠다고 하고, 누구는 공실·세금·관리 리스크 등을 고려하여 예금 금리의 두세 배 이상의 수익률을 거두길 원한다. 정답은 없지만, 초보가 처음부터 너무 높은 수익률을 목표로 한다면 패찰을 거듭할 것이다.

나는 상가·지산·오피스텔 등 부동산 종류별로 목표수익률을 다르게 책정하고, 서울·수도권·지방 등으로 나누어 목표수익률을 계산한다. 예를 들어 강남 오피스텔의 목표수익률은 4%, 수도권 지식산업센터 목표수익률은 5% 이상, 지방 상가는 6% 이상으로 잡는 식이다.

입찰가를 자신 있게 써낼 수 있는 근거는 입찰 대상의 시세(매매가, 임대가)에 대한 확신이다. 기준이 명확하고 해당 부동산의 평균 수익률을 안다면 현재 시장 참여자들의 심리적 마지노선이 보인다. 욕심을 내려놓으면 낙찰을 받지 못하는 게 이상할 정도다. 나 역시 이 정도 써내면 되겠다 싶은 마음이 들 때는 여지없이 낙찰을 받았다.

자신의 기대수익에 마진을 붙여 입찰가를 쓰면 되지만, 초보라면 처음에는 마진을 조금만 붙이고 써보는 게 좋다. 입찰 당일까지도 불안하거나 낙찰 확률이 낮을 것 같다는 생각이 든다면 입찰을 하지 않는 게 낫다. 특히 초보일수록 패찰이 연속되면 멘탈을 다시 잡고 열심히 조사하는 게 쉽지 않기 때문이다.

아파트 시세 조사는 쉽게 하는 사람들이 많지만, 상가 등 수익형 부동산의 시세 파악에 어려움을 겪는 이들이 많다. 그런 경우 다음과 같은 방법을 사용해 대략적인 입찰가를 잡을 수 있다.

• 수익형 부동산 입찰 적정가 산정법: 임대 보증금 3,000만 원에 월세 150만 원의 상가에 입찰할 경우(목표수익률 6% 가정)

(150만 원×12/ 0.06)+3,000만 원 = 3억 3,000만 원

이 금액을 1차 기준으로 잡고 위치, 동선, 공실 위험, 금리 수준, 예상 보유 기간 등을 고려하여 입찰가를 써낸다.

상가

10일 만에 1,500만 원
수익 낸 투자

낙찰자	왕초보 경매 마스터 18기 신정훈
실투자금	868만 원
투자 경과	1,500만 원 받고 합의서 작성함

2020년 3월, 부동산 1인법인이 세금과 대출에서 개인보다 유리하다는 소문과 함께 신규법인 광풍이 불었다. 하지만 정부의 강력한 부동산 규제로 법인의 혜택이 축소됐고, 과밀억제구역 내 신규법인 설립이 규제되고 과세도 이뤄지게 됐다. 이에 따라 수도권(즉 과밀억제권역) 내 신규법인 설립은 사실상 아무런 혜택도 이득도 없는 상황이 됐다. 그래도 1인법인을 만들고자 하는 많은 개인 투자자가 김포와 용인으로 몰려갔으며 인터넷 카페에서는 '거

기는 아직 안 묶였다', '어디는 묶는다더라' 등의 정보가 떠돌며 몹시 혼란스러웠다.

그러던 중 네이버 유명 카페에 올라와 있는 비상주 사무실 임대 글이 눈에 띄었다. 전화 문의를 통해 춘천에 있는 비상주 사무실을 저렴한 가격에 임대받을 수 있다는 걸 알게 됐고, 우여곡절 끝에 1인법인을 만들었다.

비상주 사무실은 소재지 주소만 받아 사용하는 것이기에 별 의심도 검증도 하지 않았다. 임대자 또한 얼마 전 1인법인을 만들고 이곳을 월세로 임대받아 비상주 사무실 임대업과 경매 투자를 병행하는 사람이었다. 주로 초보 투자자인 부동산 1인법인들에 전대차로 다시 임대를 하고 있었다. 춘천의 부동산 시장 정보도 많이 얻게 되어 나 또한 비상주 사무실을 구하는 사람들에게 홍보도 많이 해주었고 실제로 임대 계약을 한 사람도 꽤 됐다.

그렇게 계약 기간 1년이 끝나갈 무렵, 무심코 춘천 물건을 검색하던 중 낯익은 주소가 보였다. 아뿔싸, 바로 내가 전대차로 계약한 그 사무실 주소였다. 물건을 자세히 들여다보니 2~5층까지 모든 호실이 11개의 물건으로 분류되어 나와 있었다.

내 사무실이 경매로?

다급히 전대인에게 전화했다

"사무실이 경매로 나왔던데 어찌 된 일이죠?"

"괜찮을 겁니다. 임대인이 채권 모두 변제하고 취하시킨다고 했어요."

"아, 그렇군요. 그럼 그렇게 알고 있겠습니다."

출처: 스피드옥션

　그렇게 전화를 끊고 난 후 그래도 의구심이 들어 가만히 물건 분석을 해봤다. 채권청구 금액이 총 17억 원이 넘었다. 저 많은 금액을 변제할 수 있을까? 못 할 것 같다는 생각이 강하게 들었다. 이대로 가만히 있다가는 난생처음 만들어놓은 내 법인이 집 잃은 미아가 될 판이다.

　그제야 등기사항전부증명서를 들춰봤다. 세상에, 나와 같이 비상주 사무실로 전대차 계약을 한 회사가 무려 29개나 됐다. 대부분이 부동산 투자를 이유로 만든 1인법인이었고, 그중에는 내가 소개한 사람들도 있어서 미안한 마음이 들었다. 매각물건명세서에서 내 이름과 내 회사명을 발견한 순간 신기하면서도 걱정이 됐다. 경매 낙찰을 받는 입장에서 경매를 당하는 입장이 되니 당황스러웠다. 감정가는 1억 2,400만 원이라고 되어 있었다.

　1차 기일에 유찰되고 2차 경매기일이 잡혔다. 이렇게 된 이상 내가 낙찰받아 수익을 내보자는 생각이 들었다. 출구 전략은 이렇게 짜봤다.

- 낙찰받아 소유권을 취득하고 새로운 임차인 구하기
- 기존 비상주 사무실 임대업 직접 운영해보기
- 단기양도차익을 노리고 낙찰 이후 빠르게 매도하기
- 기존 임대인에게 합의금을 받고 잔금 납부를 포기하기

물건 분석과 입찰가 산정

현장 분위기와 주변 환경을 직접 눈으로 보고 시장 조사를 하기 위해 평일을 택해 새벽 일찍 출발했다. 상가와 사무실로 사용되고 있는 건물이기에 평일 건물 이용객과 주변 이동 인구수, 출퇴근길의 동선을 파악해야 했다.

주변 공인중개사무소는 물론 가까운 편의점과 식당, 커피점 등도 방문해서 조사를 했다. 해당 물건 주위에는 번듯한 현대식 건물이 몇 개 없었는데, 공실 하나 없이 모두 임대되어 있었다. 주변 환경이 낙후돼 수요가 현대식 건물로 몰리고 있었다. 역세권이었으며 맞은편에는 대형 마트가 자리했고 고속버스터미널도 근거리에 있다. 근처 아파트 주민들이 주로 해당 건물 앞으로 통행하는 것을 확인했으며 주변에 학교와 공원이 있고 신축 건물이라 입찰을 하기로 했다.

조사 과정에서 재미있었던 사실은 바로 인근의 공인중개사들도 이런 새 건물의 사무실 매물 거래가 전무하여 매매가에 대한 감이 전혀 없더라는 것이었다. 사무실을 구해달라고 해도 없어서 못 구해준다고 했다. 월세의 경

출처: 직접 촬영, 네이버지도(https://map.naver.com)

우 임대인 마음대로 내놓아도 금방 들어올 정도라고 한다. 적정선은 보증금 500만 원에 월 45만 원 정도로 파악됐다.

입찰가를 산정하기 위해 해당 건물의 최초 분양가를 검색했다. 등기부상 채권최고액과 검색으로 추정한 분양가는 평당 680만 원 선으로 파악됐으며, 총분양가는 1억 200만 원이라고 판단했다. 현재 감정가는 1억 2,400만 원인데, 6년간 지가 상승을 반영한 가격치고는 좀 과하다 싶은 생각이 들어서 1회 유찰을 기다렸다.

한 번 유찰된 2회차 최저가는 8,680만 원. 최초 분양가인 1억을 넘지 않는 선에서 낙찰받으면 메리트가 있다고 판단했다. 입찰가를 9,590만 원으로 정했다. 나와 비슷한 생각을 하는 회사가 있을까 싶어서 입찰가를 다소 올려 쓴 것이다.

입찰과 해결 전략

입찰 당일에는 그날따라 진행 물건도 몇 건 되지 않았으며 진행되는 물건마다 입찰자들을 파악하기 쉬웠다. 분명 전대인도 입찰을 하기 위해 와 있을 거라 생각했다. 내가 입찰한 물건번호가 불리고 입찰자들이 한두 명씩 앞으로 나갈 때, 난 내가 낙찰자임을 알아챘다. 나는 보통 1,000만 원 이하 금액의 보증금은 모두 현찰로 2개의 봉투에 넣어 제출한다. 돈을 세는 기계 소리가 요란하게 나고 있으니 나의 보증금이라는 것이 확실했다.

낙찰은 항상 마음을 설레게 하고 자신감을 갖게 한다. 2등은 최저가에서 42만 2,000원을 더 써냈다. 거의 단독이라 확신하고 써낸 것 같았다. 그 순간 2등으로 패찰한 여성분이 차순위 매수신고를 하는 것이 아닌가. 내가 잔금을 납부하지 못할 정도로 생기지는 않았는데 좀 의아했다.

이윽고 그 여성이 바로 나에게 전대차를 준 전대인이라는 사실을 알게 됐다. 입찰법정에서 누군지는 진작에 알아봤지만 서로 눈을 마주치지 않으려

한 것 같다. 차순위 매수신고를 한다는 것은 해당 사무실이 꼭 필요하다는 얘기일 것이다. 출구 전략에서 하나의 카드를 확실히 손에 넣었다는 느낌이 들었다.

낙찰 이후 차순위 매수신고를 한 회사, 즉 나에게 사무실을 임대한 법인에 대해 알아봤다. 그 여성은 대형 강의 플랫폼에서 재테크 강의를 하는 법인의 대표였다. 해당 춘천 소재지를 본점으로 비상주 사무실 임대업을 운영하면서 서울 잠실 쪽에도 분점을 두고 있었다. 그런데 법인 본점을 잃으면 어찌 되겠는가. 수십 명의 전차인에게 주소 이전 보상까지 하려면 피해가 클 것이다.

얼마 후 그 여성분과 통화를 했다.

"이번에 사무실 낙찰받은 ㈜○○입니다."

"그걸 왜 받으셨어요? 그렇게 안 봤는데 너무하시네요."

그녀는 서운하고 분한 마음에 억지를 부렸다. 패찰한 마음은 이해되지만, 경매라는 것은 불특정 다수 누구든 입찰할 수 있는 제도 아닌가.

"잔금 납부는 내일 바로 할 것입니다. 협의할 내용이 있으시면 다시 연락해주시기 바랍니다."

여성이란 게 마음에 걸려 최대한 편의를 봐드리겠다고 마무리하고 통화를 마쳤다. 다음 날 그분의 남편한테서 전화가 왔다. 아내가 흥분해서 언성을 높인 것을 사과하면서 본인들이 사무실을 계속 쓸 수 있도록 잔금 납부를 포기해달라고 부탁했다. 합의금으로 얼마를 원하느냐며 금액도 말해보라고 했다. 단기 투자로 10일이라는 짧은 기간에 등기도 없이 좋은 수익을 얻을 수 있겠다는 생각이 들었다.

이 행 각 서

(최고가 매수인 매각대금 미납에 관한 각서)

(갑)
  *주   소 : 강원도 춘천시 ██████ ██ █████████
  *회 사 명 : ██ ██
  *대 표 자 : █ ███

(을)
  *주   소 : 강원도 춘천시 ██████ ███████ ████, ████ █████
  *회 사 명 : 주식회사 ██████ (████-██████████)
  *대 표 자 : █ ███ (██████-███████)

"갑"은 다음의 목적물에 대한 최고가 매수인으로서 매각대금을 미납하고 차순위 매수 신고인인 "을"에게 다음의 조건으로 목적물에 대한 매각 허가 결정에 협조하며 상호 이를 이행하지 않아 발생하는 문제에 대해서는 다음과 같이 책임을 질 것을 약속한다.

- 다 음 -

1. 목적물
   목적물의 사건번호 : 2020타경██████
   목적물의 주소 : 강원도 춘천시 ██████ ███ ██, ████████ ███ ███ ████

2. 이행의 조건
   각서 이행금 : 천오백만원 (15,000,000원)
   "을"은 최고가 매수인인 "갑"에게 2021년 4월 22일 계약금으로 (천오백만) 15,000,000 원을 선 지급하고 이후 "을"의 차순위 매수 신고에 대한 매각 허가 결정 시 나머지 잔금 _____ 0 원을 지급한다.

   "갑"의 이행금 수령 계좌번호 :

3. 상호 불이행에 대한 책임
   위 약속의 불이행 시 "을"은 계약금을 포기하고, "갑"은 계약금을 배액 배상한다.

위 사항에 대해 상호 원만히 합의하였으므로 이후 이에 문제가 발생했을 경우 후일의 증거로서 이 각서에 서명 날인한다.

2021년 4월 22일

최고가 매수인 (갑)   성 명 : █ ███

차순위 매수 신고인 (을)   성 명 : ██████ ████

법원보증금을 제외하고, 잔금 납부를 포기하는 조건으로 얼마의 합의금을 제시해야 할지 이런저런 생각을 해봤다. 터무니없는 가격을 제시해 도둑놈 소리를 듣긴 싫었다. 나는 1,500만 원을 제시했고 상대방은 아주 흔쾌히 받아들였다. 다음 날 춘천에서 아침 일찍 서울로 달려와 합의금을 주고 잔금 납부 포기 이행각서를 받아 돌아갔다.

몇 번의 낙찰 경험이 있지만 이런 초단기 수익은 처음이다. 실행은 언제나 내게 수익 또는 경험을 주는데 종종 이 두 가지를 함께 받기도 한다.

1인법인 vs. 개인
부동산 경매 투자 시 장단점

개인과 법인의 가장 큰 차이점은 세율이다. 개인의 최고 종합소득세율은 45%로 소득이 많은 사람은 약 절반을 세금으로 내야 한다. 종합소득에는 근로소득(월급)과 임대소득 등이 합산된다. 예를 들어 연봉 5,000만 원의 직장인이 월세 300만 원을 받는다면 합산 소득은 총 8,600만 원이 되고, 이 금액을 과세 기준으로 해서 세금이 매겨진다.

양도소득세는 부동산의 개수와 지역에 따라 중과한다. 조정대상지역에 속하는 주택이라면 2주택자는 22%(지방세 포함), 3주택자는 33%가 추가로 과세되고 최고 세율은 무려 80%가 넘는다. 투자를 잘해서 10억 원이 남아도 8억 원 이상을 세금으로 내야 한다는 얘기다.

대개는 세금을 낼 돈이 부족하므로 팔고 싶어도 팔기가 어렵다. 해당 부동산에 대출을 받거나 전세를 주는 경우가 많기에 팔아도 손에 쥐는 돈이

〈표 3-1〉 법인세율		
과세표준	세율	누진공제
2억 이하	10%	–
2억 초과 200억 이하	20%	2,000만 원
200억 초과 3,000억 이하	22%	42,000만 원
3,000억 초과	25%	942,000만 원

내야 할 세금에도 미치지 못하는 경우가 많기 때문이다.

하지만 법인은 양도소득세를 내지 않는다. 양도소득세가 아닌 법인세를 내는데, 연간 소득금액이 2억 원 이하라면 10%의 세율이 적용된다. 2억 원 초과부터 200억 원 이하는 세율이 20%(지방세 10% 별도)다(표 3-1 참고).

현행법상 법인 최고세율은 25%로, 개인 세율에 비해서는 낮은 편이다. 1년간 사업활동으로 발생한 수익금에서 비용을 제외한 전체 소득에서 과세 구간에 따라 세금을 매긴다. 법인세는 1년 단위로 계산해서 신고하고 납부하는데, 비용이 수익보다 큰 경우 이전 연도의 결손금을 이월시킬 수도 있다. 예를 들어 이전 연도에 매매로 인한 손해가 있다면 개인은 올해 양도소득세에 반영할 수 없지만 법인은 이월이 가능하다.

부동산 법인이 필요한 이유는 결국 절세다. 우리 세법은 소득이 많을수록 세율이 올라가는 누진세율 구조다. 즉 노동소득이 많은 사람은 과표가 높아지니 세율이 올라가고 종합소득세가 발생한다. 만일 고소득자가 월세가 나오는 부동산을 구입한다면 최고 세율을 맞을 것이 자명하다.

이럴 때 부동산 법인을 활용할 수 있다. 높은 누진세율을 적용받는 사람이 소득의 일정 부분을 법인에 이전하면 상대적으로 낮은 세율을 적용받을 수 있다. 대표자가 본인이라도 법인과 개인은 완전히 다른 주체로, 완전히 다른 인격체로 본다.

법인을 경매 투자에 적용해보면 세금을 줄일 방법이 몇 가지 있다. 현재 공시가 1억 이하의 주택은 1.1%의 취득세율이 적용되므로 저가 주택을 경매로 낙찰받아 단기 차익을 얻고자 할 때 유효하다.

법인을 활용한 부동산 투자를 하겠다면 시야를 넓혀야 한다. 아파트는 법인 종부세 탓에 실효성이 떨어진다. 앞으로 남고 뒤로 밑지는 투자가 될 수 있는 것이다. 상가, 지식산업센터, 생활형 숙박시설, 공장, 모텔, 토지 등 다양한 비주택 부동산을 경매로 낙찰받을 수 있다.

법인의 또 다른 장점은 개인에 비해 비용으로 처리할 수 있는 부분이 많다는 것이다. 매도 시 절세 측면에서 유리한 편이다.

개인과 법인 중 무엇이 내게 맞는지는 투자 방법과 성향에 따라 다르다. 자신의 소득 구간, 투자 빈도수, 주택 또는 비주택 투자 성향 등에 따라 적절히 활용할 수 있다.

속초의 오피스텔 낙찰받아 공유숙박 사업 시작하다

낙찰자	'발품불패' 카페 강사 박태민
낙찰가	4,688만 원(실투자금 2,938만 원)
투자 경과	월세 144만 원에 임대(월 순수익 86만 원)

투자 대상과 취득 방법은 다양하다. 환금성이 좋은 아파트 투자를 주로 하는 사람이 있고 나처럼 수익형 부동산에 주로 투자하는 이들도 있다. 경험상 분명한 사실은 남들과 차별화된 투자는 경쟁을 줄이고 수익률을 높인다는 것이다. 이번에는 공매와 법인과 사업을 결합해봤다. 공매로 관광지에 있는 숙박시설을 법인 명의로 낙찰받아 공유숙박(에어비앤비) 사업으로 연결했다.

개인이 아닌 법인 투자를 시작한 이유는 크게 두 가지다. 첫째, 법인 소유는 개인 소유와는 별개라는 점이다. 법인으로 주택을 여러 채 구입해도 개인의 주택 수에는 영향을 미치지 않는다. 따라서 개인 입장에서 양도세 비과세 혜택을 유지하면서 법인으로 투자를 계속해나가는 투트랙 전략이 유효하다. 둘째, 개인보다 세 부담이 낮다는 것이다.

나는 상업용 부동산을 매입해서 사업 아이템을 접목하는 방법을 생각했다. 단순히 부동산 임대를 통해 월세 수입을 얻는 것은 누구나 생각할 수 있지만, 한발 더 나아가 사업으로 접목하는 것은 아직 소수만이 한다. 안정적이고 고정적인 월세도 좋지만, 사업을 영위하면 내가 어떻게 접근하느냐에 따라 수익을 극대화할 수 있다.

2021년 8월, 강원도 속초에 있는 한 오피스텔을 공매로 낙찰받았다. 입찰을 할 때부터 단순 임대보다는 공유숙박 사업을 염두에 두었다.

최고의 관광 도시라는 이점

월세로 임대를 놓을 때는 임차인 한 명만 만족시키면 된다. 하지만 공유숙박 사업을 할 때는 절대 다수의 고객을 만족시킬 만한 요소가 필수적이다. 강원도는 매년 국내에서 가장 많은 관광객이 몰려가는 곳이다. 2026년 동서고속화철도가 개통되면 용산에서 춘천을 거쳐 속초까지 1시간 15분 만에 갈 수 있다. 이미 강릉 KTX와 서울—양양 간 고속도로 개통으로 관광 수요가 큰 폭으로 늘어났다. 교통망이 구축돼 접근성이 개선되면 해당 지역 부동산에 큰 호재로 작용한다. 그중에서도 속초는 천혜의 자연을 품고 있는

데, 바로 설악산과 동해바다 그리고 두 개의 큰 호수(청초호, 영랑호)가 그것이다. 산, 바다, 호수가 모두 한곳에 집중되어 있는 도시는 전국에서 속초가 유일하다고 할 수 있다.

이런 점들이 내가 속초를 사랑하고 좋아하는 이유이기도 하다. 분명 다른 사람들도 나와 같은 느낌을 받았다면 속초를 다시 찾을 수밖에 없으리라 생각했다. 숙소의 위치가 시외버스터미널 5분, 동명항 10분, 해수욕장 10분, 관광 수산시장 15분으로 모두 도보로 닿을 만큼 가까운 거리에 있다는 입지적인 조건 또한 매력적이다. 예상대로 이미 다수의 공유숙박 업체가 성업 중이었고 기존 업체와 차별화 전략을 구축한다면 충분히 승산이 있다는 확신이 들었다.

나는 투자나 사업을 시작할 때 많은 고민을 하지 않는다. 누군가가 현재 하고 있다면 나 역시 할 수 있고, 그들과 차별화되는 장점 한두 가지를 더할 수 있다면 충분히 성공할 수 있다는 긍정의 마인드로 일단 시작한다. 부족한 점은 진행하면서 보완해나가면 되지 않겠는가.

낙찰 후 물건지를 방문하다

여느 때처럼 공매 물건을 검색하는데 속초의 한 숙박시설이 눈에 띄었다. 대출 레버리지를 매우 높게 활용하고 내 돈 800만 원을 더해 4,688만 원에 법인사업자로 낙찰받았다.

낙찰을 받은 뒤 현장에 가봤다. 인근 중개사무소 소장님 말로는 서울, 경기 사람들이 세컨드하우스 목적으로 물건이 나오면 바로 구입하고 월세도

■ 상세입찰결과

물건관리번호	2021-●●●●-●●●		
재산구분	압류재산(캠코)	담당부점	강원지역본부
물건명	강원도 속초시 영랑동 ****		
공고번호	202106-●●●●-●●	회차 / 차수	033 / 001
처분방식	매각	입찰방식/경쟁방식	최고가방식 / 일반경쟁
입찰기간	2021-08-23 10:00 ~ 2021-08-25 17:00	총액/단가	총액
개찰시작일시	2021-08-26 11:08	집행완료일시	2021-08-26 11:16
입찰자수	유효 2명 / 무효 0명(인터넷)		
입찰금액	46,880,000원/ 45,670,000원		
개찰결과	낙찰	낙찰금액	46,880,000원
감정가 (최초 최저입찰가)	55,000,000원	최저입찰가	44,000,000원
낙찰가율 (감정가 대비)	85.24%	낙찰가율 (최저입찰가 대비)	106.55%

■ 대금납부 및 배분기일 정보

대금납부기한	2021-09-29	납부여부	납부
납부촉구(최고)기한	2021-10-12	배분기일	2021-12-08

출처: 온비드

저렴해서 금세 나간다고 했다. 명도 과정에서도 새로운 사실들을 알게 됐다. 개인 한 명이 많게는 90여 채를 보유하며 이곳에서만 6개의 에어비앤비를 운영하고 있다는 것이다. 그 사람도 처음엔 나처럼 임대로 시작했다가 돈이 조금씩 모일 때마다 1채씩 매수했다고 한다. 사업이라고 해서 꼭 거창한 것만은 아니다.

물건지에 가보니 연식에 비해 건물 외부 관리가 잘되어 있었다. 걱정했던 주차장도 주차대수 여력이 충분했고, 엘리베이터 4대가 갖춰져 오래 기다리지 않아서 좋았다. 건물 내에 편의점이 있으니 생필품을 사러 밖으로 나가지 않아서 좋았고, 복도 등 공용 부분도 관리가 잘되고 있었다.

　문제는 연식이다. 30년 가까이 된 오래된 건물이다 보니 시설물들이 몹시 낡아 있었다. 특히 중요한 것이 화장실인데 변기와 세면대를 벽으로 구분해서 안 그래도 작은 방이 더 좁게 느껴졌다. 획기적인 변화가 필요했다. 물론 입찰 전에 사진을 보며 예상했던 것이다.

전면적 인테리어로 사업 준비를 마치다

연식이 오래됐다면 입찰을 하지 않는 것이 아니라 내가 모든 걸 수리한다고 생각하면 된다. 즉, 입찰가에 수리비를 반영해서 낙찰받으면 후회가 없다. 그러다가 종종 운이 좋으면 말끔히 수리된 집이 걸리는 경우도 있는데 이것은 실력이 아니라 말 그대로 '운'이 좋은 것이다.

대부분의 경·공매 투자자는 오래된 집일 경우 도배와 장판만 교체해서 월세를 놓는다. 하지만 이 건은 월세 임대가 아닌 사업 운영이 목적이기에 인테리어에 많은 공을 들였다. 비용을 아끼기 위해 부분 수리를 하는 것이 아니라 전체 수리를 단행했다. 내가 자주 오고 싶고 만족할 수 있을 정도가 되어야 고객들 역시 만족할 수 있다고 믿기 때문이다.

숙박시설은 깔끔함과 뷰가 생명이다. 내가 낙찰받은 물건은 방 안에서 아름다운 영랑호와 설악산의 시원한 조망을 즐길 수 있다. 17층에서 영랑호가 한눈에 내려다보이는 뷰는 내가 가장 좋아하는 포인트다. 이곳을 선택한 사람들이 다시 오고 싶은 곳으로 만들고 싶었다.

약 1개월간의 수리 끝에 드디어 인테리어 공사를 마무리하고 첫 손님을 맞을 준비를 마쳤다. 기존의 낡고 허름하던 모습을 완전히 바꾸었다. 전체적으로 화이트 계열로 밝고 환한 느낌을 줬고, 가구들은 내추럴 톤으로 편안한 느낌을 주고자 했다.

숙소의 위치가 속초의 명소들과 가깝다는 점 역시 장점이다. 시외버스터미널 도보 5분, 동명항 차량 5분, 보광지 도보 12분, 등대해수욕장 도보 10분, 속초 중앙시장이 차로 5분 거리다. 입지적 조건과 마트, 시장 등 편의시설과의 접근성은 주거지만이 아니라 관광지의 숙박시설에도 그대로 적

용된다. 이제 새 단장을 마쳤으니 앞으로 멋지게 운영해볼 생각이다.

〈표 3-2〉에 시나리오별 수익률을 정리했다. 낙찰받아 단순 임대로 월세를 받는 것과 사업으로 연결할 때의 수익률은 약 2배 차이가 난다. 임대를 통해 18%의 수익률을 얻는 것도 좋지만, 사업을 운영하면 무려 35%의 수익률을 낼 수 있다.

물론 초기에 세팅하는 데 내 시간과 노력이 투입되어야 하지만, 분명한 것은 사업은 할수록 실력이 늘고 리스크를 낮출 수 있다는 것이다. 나는 경

구분	임대	공유숙박 사업	비고
감정가	55,000,000	55,000,000	
낙찰가	46,880,000	46,880,000	
비용	5,500,000	5,500,000	취득세 등
대출	38,000,000	38,000,000	신탁/3.5%
수리비	1,000,000	15,000,000	
실투자금	12,380,000	29,380,000	
임대보증금	3,000,000	–	
월세(월 매출)	300,000	1,440,000	예약률 50% 가정 시
운영비용	110,000	580,000	이자, 관리비 등
월 순수익	190,000	860,000	
수익률	18.4%	35.1%	

〈표 3-2〉 사업 시나리오별 예상 수익률

험만이 내 부족한 실력과 자산을 키울 수 있는 가장 빠르고 확실한 방법이라고 믿는다.

투자 금액 및 목적별 물건 검색 요령

첫 번째 검색 방법은 내가 잘 아는 지역부터 시작하는 것이다. 초보 투자자일수록 가격이 많이 떨어져 있거나 유찰 횟수가 많은 경매 사건부터 눈길이 갈 것이다. 하지만 가격이 많이 떨어진 부동산 경매 사건을 보는 것이 아니라 잘 알고 있는 지역에서 원하는 부동산을 찾아내는 것이 중요하다.

대표적으로 집 또는 직장 근처, 부모님 댁 근처, 친지나 친구 집 인근 등 익숙한 곳부터 검색한다. '어디가 좋다더라', '어디에 개발 호재가 있다더라' 하는 곳에 귀를 기울이기보다 잘 아는 지역부터 시작해서 영역을 넓혀가는 게 좋다.

자금이 부족하다면 매매가와 전세가의 차이가 작은 아파트, 빌라, 오피스텔 등을 찾으면 된다. 낙찰 후 전세를 주어 투자금을 최대한 회수하거나, 대출을 최대한 받고 월세를 받아 대출 이자에 충당할 수도 있다. 본인의 목표수익률, 리스크 관리 및 종잣돈 수준, 예상 소득 등에 따라 정하면 된다. 다만 월세가 목적인지, 시세차익이 목적인지, 실거주가 목적인지 명확히 해야 한다. 아쉽게도 모두를 만족하는 부동산은 없다.

호텔

경매로 바다가 보이는
호텔 객실의 주인이 되다

낙찰자	정민우, 유근용 외 1명
낙찰가	2억 3,400만 원
투자 경과	월세 100만 원에 임대

코로나19 장기화로 숙박시설 경매 물건이 많이 나오고 있다. 모텔 건물을 낙찰받아 단기 수익을 낸 후 숙박시설 경매 사건을 검색하던 중에 해운대에 있는 호텔 객실 하나가 내 눈을 멈추게 했다. 분양평수가 30평형으로 감정가는 약 4억 원. 적절한 크기에 그냥 임대만 놓아도 월 100만 원 이상은 나올 것이란 생각이 들었다(실제 시세는 월 120만 원 내외다). 에어비앤비로 활용하거나 가끔 바다가 보고 싶을 때 개인 별장처럼 사용하는 것도 괜찮을 것

〈그림 3-20〉해당 물건의 경매 정보

부산 동부지원	대법원바로가기	법원앤				가로보기	세로보기	세로보기(2)
2020 타경 ▦▦ (임의)			매각기일 : 2021-05-18 10:00~ (화)			경매1계 051-780-1421		
소재지	(48094) 부산광역시 해운대구 ▦▦▦▦▦ ▦▦▦ ▦▦▦▦							
	[도로명] 부산광역시 해운대구 ▦▦▦▦ ▦▦ ▦▦ ▦▦ ▦▦▦▦▦▦							
용도	숙박시설	채권자	남OOOOOO		감정가			388,000,000원
토지면적	7.0879㎡ (2.14평)	채무자	심OO		최저가	(51%) 198,656,000원		
건물면적	49.175㎡ (14.88평)	소유자	심OOOO		보증금	(10%)19,865,600원		
제시외		매각대상	토지/건물일괄매각		청구금액			252,368,350원
입찰방법	기일입찰	배당종기일	2020-10-05		개시결정			2020-07-22

기일현황 ▼ 간략보기

회차	매각기일	최저매각금액	결과
신건	2021-02-02	388,000,000원	유찰
2차	2021-03-09	310,400,000원	유찰
3차	2021-04-13	248,320,000원	유찰
4차	2021-05-18	198,656,000원	매각
▦▦▦▦ /입찰5명/낙찰234,090,000원(60%) 2등 입찰가 : 231,231,000원			
	2021-05-25	매각결정기일	허가
	2021-06-23	대금지급기한 납부 (2021.06.21)	납부
	2021-07-29	배당기일	완료
배당종결된 사건입니다.			

출처: 스피드옥션

같았다.

굳이 어려운 코로나19 시기에 호텔에 입찰한 이유는 무엇일까? 언제일지는 정확히 알 수 없지만 평생 마스크를 벗지 못할 거란 생각은 하지 않는다.

물론 평생 마스크를 벗지 못하고 소비 위축과 상권의 몰락으로 금융위기가 오고 경제 '폭망'으로 이어진다면 나의 투자는 실패할 수도 있다. 하지만 희망적인 미래를 생각할 수 없다면 내 돈이 들어가는 투자는 절대 하지 못한다. 나는 투자는 어두울 때 해야 한다고 생각한다. 어두울 때 투자하면 경쟁을 피할 수 있으며 동이 트는 아침을 맞이할 수 있다는 게 나의 기본 투자원칙 중 하나다.

현재는 코로나19 시기지만 주말은 거의 만실이 되는 등 해운대 바다를 찾는 수요는 여전히 많다. 많은 이들이 현실을 두려워하는 지금이 투자 적기일 수 있고, 언제일지 모르나 코로나19 시기가 지나면 프리미엄이 충분히 붙을 수 있다는 판단이 들었다.

숙박시설을 오피스텔로 용도 변경을 하는 것 역시 가치를 상승시키는 요소다. 나는 아파트, 오피스텔, 지식산업센터 등 어떤 부동산이든 조망의 가치를 높게 두는 편이다. 돈을 더 지불하거나 대출을 더 받더라도 막힌 것이 없는 시원한 뷰, 바다와 호수 조망이 가능한 물건을 매입한다. 그래서 해운대 바다가 보이는 이 호텔 객실에 큰 프리미엄이 있다고 생각하고 자신 있게 입찰했다.

투자를 하면서 리스크를 완전히 낮출 수는 없지만, 최소화할 수는 있다. 투자금이 많이 들어가거나 내 돈으로 이자를 내며 버텨야 하는 투자는 하지 않는다. 내가 내야 하는 이자보다 호텔 운영으로 발생하는 이익금이 크다면 마음 편하게 장기 투자를 할 수 있겠다고 생각했다.

30평형 호텔 객실을 낙찰받다

구분등기(한 동의 건물을 독립된 각각의 부분으로 나눌 수 있을 때, 해당 부분을 양도하거나 임대하기 위해 여러 개의 건물로 등기하는 것)가 되어 있는 부동산의 시세 조사는 상대적으로 쉬운 편이다. 인터넷 검색과 전화 몇 통으로 10여 분 만에 조사를 마치고 입찰 준비를 했다.

시세 조사를 할 때 34평형이 급매로 4억 5,000만 원에 나와 있었다. 코로나19 분위기를 고려하면 이런 관광지 숙박시설에 누가 입찰할까 싶겠지만,

분명 나와 비슷한 생각을 하는 사람들이 있으리라고 생각했다. 그래도 대다수가 입찰가를 쓸 때 보수적으로 접근할 수밖에 없을 것이고, 나는 그 허들을 2억 초반 정도로 봤다. 운이 좋게도 예상이 맞아서 다섯 명의 입찰자 중 네 명이 2억 원 초반의 금액을 써냈고, 나는 2억 3,400만 원을 써내 300여만 원의 근소한 차이로 낙찰을 받을 수 있었다.

낙찰 영수증을 받아 들고 부산 동부지원에서 바로 현장으로 갔다. 먼저 관리사무소를 방문해서 실거주인에 대해 물어봤는데, 한 회사에서 관리하고 있다고 했다. 이어 해당 호텔에 있는 위탁관리 업체를 찾아 책임자와 첫 만남을 가졌다.

사전 조사를 통해 알고 있었지만 호텔 위치가 정말 좋았다. 2호선 해운대역과 붙어 있으며 메인 상권이 인접할 뿐 아니라 해운대 바닷가까지 금세 걸어 나갈 수 있었다.

잔금 납부를 위한 대출 계획

숙박시설은 주택담보대출의 규제를 받지 않는다. 모 은행에서는 낙찰가의 80%를 연 3% 금리로 안내했고, 또 다른 은행은 낙찰가의 85%가 가능하지만 금리 수준은 3.6%라고 알려왔다. 참고로 시중은행(제1금융권)은 기업은행을 제외하고 호텔 경락잔금대출을 취급하는 곳이 거의 없다. 주로 새마을금고, 수협 등에서 가능하다는 회신이 왔는데 최종적으로 대출을 받은 금융기관은 지역 농협이었다. 대출 한도 및 금리를 낮추기 위한 거래 조건을 정리하면 다음과 같다.

- **대출 내역**

  – 낙찰가: 2억 3,400만 원

  – 대출액: 1억 8,700만 원(낙찰가의 80%) (○○○농협 채권최고액 2억 2,440만 원

  설정)

  – 금리: 3.1%

  – 중도상환 수수료: 1.2%(3년 경과 시 면제)

- **부수 거래 조건**

  – 신용카드 신규 가입

  – 자동이체 3건 또는 정기적금 10만 원

  ※ 부수 거래를 하지 않아도 되지만 금리가 3.5%로 높아짐

- **담보 제공자 서류**

  – 신분증

  – 인감증명서 2통(본인 발급)

  – 인감도장

  – 주민등록등본

  – 주민등록초본 2통(이력사항 전부)

  – 납세증명서

  – 지방세 완납증명서

  – 지방세 세목별 과세증명서

마음 편한 장기 투자에 최적

수익률을 높이기 위해 기존 관리 업체에 계약 해지를 통보하고 다른 곳과 임대차 계약을 맺었다. 객실 내 모든 집기류를 반출하고 개별 임대로 새로운 임차인을 맞았다. 1년 임대 시에는 월 110만 원, 단기 임대는 월 120만 원을 받기로 했다. 주변 월세 시세보다 20만 원을 내려주니 금세 계약이 됐고 현재는 이자를 제외한 이익금이 쌓이고 있다. 수익률은 최소 5%가 나오며, 레버리지 수익률은 12% 선이다. 벌써 최소 1억 원 이상의 시세차익이 예상된다.

만일 이런 호텔을 분양받았다면 어땠을까? 수년간 마음고생은 물론 이자보다도 낮은 수익금 배분에 실망하며 다시는 투자를 하지 않을 거라고 이를 갈고 있을지도 모른다. 실제로 지인 중 한 분은 제주도에 분양형 호텔 2채를 분양받았는데, 아직도 수익금을 제대로 배분받은 적 없이 본인이 가끔 가서 쉬는 용도로 쓰고 있다.

나는 관광객 수가 정상화될 때까지 몇 년 더 묵혀둘 생각이다. 그래야 내 부동산이 최고의 가치를 받을 수 있기 때문이다. 투자를 할 때는 가장 확실한 우군인 시간의 흐름에 맡겨두면 된다. 변동성에 흔들릴 필요가 없다. 나는 여기서 나오는 월세를 모아 다른 자산을 매입하는 데 사용한다. 이는 시세보다 싸게 사서 충분한 안전마진을 확보했고, 보유 기간 중 이자 부담이 없기에 가능한 일이다.

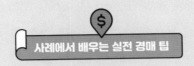

조심해야 할
분양형 호텔 투자

분양형 호텔은 호텔 객실을 투자자에게 분양해서 객실별로 구분등기를 해주는 수익형 부동산 중 하나다. 대개의 수익 구조는 호텔 위탁 운영사가 맡아서 운영하고, 운영 과정에서 발생하는 모든 비용을 공제한 후 투자자(수분양자)에게 배분하는 방식이다.

분양형 호텔은 2012년부터 호텔을 호실별로 나누어 분양이 가능하도록 규제가 풀리면서 대폭 늘어났다. 현재는 수도권 등 주요 도심까지 '생활형 숙박시설'이라는 이름으로 분양하고 완판되며, 지역에 따라 수억 원의 프리미엄이 붙기도 한다. 아파트 투자에 대한 규제가 갈수록 강해지다 보니 갈 곳 잃은 돈이 이쪽으로 몰리기 때문이다. 핵심 주거지를 대체할 수 있거나 조망과 접근성이 좋아서 세컨드하우스 등으로 활용할 수 있다면 투자를 적극적으로 고려해볼 만하다. 실제로 지인 중 한 사람은 청약으로 당첨된 호텔 분양권을 매도해서 몇 개월 만에 100% 이상의 수익을 올리기도 했다.

다만, 투자에 나서기 전 신중히 생각할 것을 권한다. 많은 사람이 분양 당시에 매월 수익금을 배분받고 가끔 가족과 함께 무료 숙박을 하는 삶을 꿈꾸겠지만 현실은 전혀 다르다. 미래 수요를 현재 시점에서 예측하기가 어렵고 공급도 아파트보다 쉽기 때문에 가격 경쟁 탓에 수익률이 낮아질 위험성도 크다.

분양 대행사들은 '최소 ○○년간 8% 확정 수익률 보장' 등의 문구를 사용하는데, 이를 보고 노후 자금까지 넣어 여러 채를 분양받는 사람도 봤다. 계약서에 '확정 수익률 보장'이란 문구를 모호하게 표현해서 법적 이행 의무를 회피하는 경우가 많기에 여러 현장에서 분쟁과 소송이 적지 않게 일어나고 있다. 수년째 수익금을 지급하지 못하거나 아주 적은 돈을 수익금이라고 주는 대행사도 많다. 여기에 퇴직금을 몽땅 털어넣은 수분양자라면 심정이 어떻겠는가.

특히 준공 자체가 미루어지거나 숙박 수요가 부족해 관리비만 나가는 경우에는 수분양자가 입는 손실이 크다. 계약금 10~30%를 실투자금으로 하여 대출을 통해 나머지 중도금 및 잔금을 마련하는 경우가 많으므로 수익 없이 이자비용만 나갈 수 있기 때문이다. 도장 한 번 잘못 찍었다가 신용불량자로 전락하기도 한다.

제주도 호텔에 현장조사를 간 적이 있는데, 용도는 업무용 오피스텔이지만 실제로는 객실로 사용하고 있었다. 현황조사서에도 휴업 상태라고 되어 있었지만 숙박 허가를 받아 운영하고 있었다. 수익률은 약 2%대로 수억 원을 투자한 사람에게 30만 원도 안 되는 수익금을 배분해주고 있었는데 이마저도 언제 끊길지 모르는 불안한 상태였다.

수익 배분은커녕 적자가 누적되는 호텔 현장도 상당하다. 현재 주요 관광지에는 분양 중인 호텔이 있고, 팔다 남은(미분양된) 호텔 객실들도 있다. 비공개적으로 팔아달라는 매물이 수북이 쌓여 있는 현장도 있었다. 코로나19 여파로 중국인 관광객이 급감하는 등 사업수지가 악화된 현장이 대부분이다.

우리 회사에도 이런 중소 규모의 호텔 채권이 접수되고 있는데, 객실 가동률이 떨어지면 수분양자들은 약속된 수익을 보장받기 어려운 구조다. 하지만 나는 이런 상황이 평생 갈 것이라는 비관적인 생각보다 낮은 가격에 매입하면 얼마든지 수익을 낼 수 있다고 생각하고 접근한다. 이를 위해 관광지의 분양형 호텔은 분양을 받기보다 다 지어진 곳을 충분히 감가하여 경매나 공매로 취득하는 편이다.

분양형 호텔에 투자할 때는 시세를 맹신하지 말자. 분양형 호텔은 실거래 확인이 가능하지만 감정가와 시세는 신뢰하기가 어렵다. 아파트처럼 적정 가격을 비교 분석할 수 있는 데이터가 부족하기에 철저히 수익률에 따라 입찰가를 정해야 한다.

제4장

따라 하면 무조건 돈 버는 건물 지분의 실전 부동산 경매

아파트·빌라·오피스텔

아파트 1

196만 원으로 할 수 있는 아파트 지분 투자

낙찰자	㈜준민자산관리 유근용 외 1명
낙찰가	196만 원(입찰보증금만 납부)
투자 경과	550만 원에 합의, 수익률 200%

2020년 7월 7일, 한 지분 물건이 눈에 띄었다. 경기도 부천시 원종동에 있는 아파트의 2평 남짓한 지분이었다. 수익을 충분히 낼 수 있을 것 같아 실전반에서 추천했는데 선뜻 입찰에 나서겠다는 수강생이 없었다. 추천을 했는데 입찰하겠다는 사람이 없다면? 당연히 내가 직접 입찰한다.

입찰 전날 한 수강생에게 함께 입찰하고 싶다는 연락이 와서, 둘이 공동입찰로 진행해 낙찰받았다. 놀라운 사실은 이 물건에 공유자가 있었고 공유

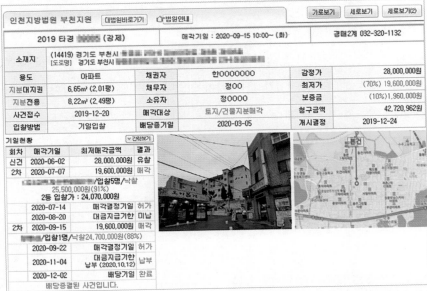

출처: 스피드옥션

자 우선매수가 들어왔는데 우리가 낙찰받았다는 것이다. 도대체 어떤 상황이었을까?

지하철 노선이 신설돼 교통이 획기적으로 좋아질 곳

먼저 물건을 분석해보자면, 2000년에 지어진 아파트이고 세대수는 총 44세대다. 20년 된 아파트인데 30년도 넘은 듯 낙후돼 보였고, 언뜻 빌라처럼 보이기도 했다. 주변 환경도 좋지 못했고 주차 환경 또한 매우 열악했다.

5층이 최고층인데 해당 물건이 5층이었으며, 엘리베이터가 없어서 오르내리기 불편할 듯했다. 최고층은 하자가 많을 수밖에 없다. 특히 결로가 가장 큰 문제다. 위에 다른 집이 없으니 실내외 온도 차로 벽에 습기가 차기 쉽고, 방치하면 곰팡이가 끼게 된다. 아니나 다를까, 경매 사이트에 올라온 사진을 보니 천장에 곰팡이가 가득 피어 있었다. 하지만 입찰할지 말지를 판단할 때 이런 하자는 크게 고려할 필요가 없다. 직접 들어가 살든 세를 놓거나 매도하든, 인테리어를 새로 해서 멋진 곳으로 탈바꿈시키면 되니 말이다.

입지를 한번 보자. 이 물건에 입찰한 가장 큰 이유가 지하철 신설이라는 호재다. 대곡소사선 공사가 진행 중인데 2022년에 소사—원종 구간이 부분 개통되고, 2023년이면 전 구간이 개통된다고 한다. 해당 아파트가 원종역

〈그림 4-2〉 신설 예정인 대곡소사선

출처: 네이버지도(https://map.naver.com)

과 300m도 안 되는 거리에 있다. 몇 년만 지나면 초역세권 아파트로 탈바꿈하기 때문에 가격이 오를 수밖에 없다고 판단했다. 원종역은 김포공항을 거쳐 대곡역까지 연결되는 노선에 있는데, 김포공항까지 한 정거장이다. 김포공항에서 9호선으로 환승하면 마곡, 여의도, 강남까지의 이동이 굉장히 편리해진다.

교통이 획기적으로 좋아지는 곳인 만큼 이런 곳을 경·공매를 통해 처음부터 저렴한 가격으로

낙찰받으면 절대 손해 볼 일이 없다. 실제로 개통 시기가 가까워지면서 원종역 주변 집값과 땅값이 계속 오르고 있다. 그동안은 김포공항과 가깝다는 이유로 고도제한에 묶여 개발이 어려웠다. 주변 환경이 좋지 못한 게 그 때문이다. 그런데 원종역이 개통되면 놀랍게 변화할 것이다.

이번엔 등기사항전부증명서를 살펴보자(그림 4-3). 전체 면적의 6분의 1 지분이 경매에 나왔다. 큰형님이 6분의 5, 둘째 동생이 6분의 1을 가지고 있다. 애초에는 여섯 형제가 6분의 1씩 상속을 받았는데 큰형님이 동생 넷의 지분을 몇 년에 걸쳐 하나씩 매입했다. 나머지 한 명의 지분만 인수하면 소유권을 온전히 획득할 수 있는 상황에서 둘째 동생의 지분이 경매로 나온 것이다. 등기사항전부증명서에 기록된 이와 같은 내용만 봐도, 6분의 5를 가진 큰형님이 공유자 우선매수로 들어올 확률이 매우 높다는 걸 짐작할 수 있다.

입찰부터 낙찰까지

입찰 당일에는 인천지방법원에 변론기일인 건이 있어서 나는 참여하지 못했다. 공동입찰하기로 한 수강생이 참여해 196만 원의 보증금을 내고 입찰했다. 결과를 메시지로 전달받았는데 총 다섯 명 입찰에 2등과는 약 150만 원 차이로 낙찰을 받았다는 내용이었다. 하지만 기쁨도 잠시, 공유자 우선매수가 들어왔다는 메시지가 왔다.

'아, 낙찰이 물거품이 되는구나'라고 생각하고 있는데 반전이 일어났다. 6분의 5를 소유한 공유자가 입찰보증금과 자신이 공유자임을 증명할 수 있

주요 등기사항 요약 (참고용)

[주 의 사 항]

본 주요 등기사항 요약은 증명서상에 말소되지 않은 사항을 간략히 요약한 것으로 증명서로서의 기능을 제공하지 않습니다.
실제 권리사항 파악을 위해서는 발급된 증명서를 필히 확인하시기 바랍니다.

고유번호 ▢▢▢-▢▢▢-▢▢▢▢▢

[집합건물] 경기도 부천시 ▢▢▢▢ ▢▢▢ ▢▢▢▢▢▢ ▢▢▢ ▢▢▢▢▢

1. 소유지분현황 (갑구)

등기명의인	(주민)등록번호	최종지분	주　　　소	순위번호
정▢▢ (공유자)	▢▢▢▢-*******	6분의 1	경기도 부천시 ▢▢▢▢▢▢ ▢▢▢ ▢▢. ▢▢▢▢▢▢▢▢ ,▢▢▢▢ ▢▢▢	2
정▢▢ (공유자)	▢▢▢▢-*******	6분의 4	경기도 부천시 ▢▢▢▢▢▢ ▢▢▢ ▢▢, ▢▢▢ (▢▢▢▢,▢▢▢▢ ▢▢▢)	5
정▢▢ (공유자)	▢▢▢▢-*******	6분의 1	경기도 부천시 ▢▢▢▢▢▢ ▢▢▢ ▢▢. ▢▢▢▢▢▢▢▢ ,▢▢▢▢ ▢▢▢	2

2. 소유지분을 제외한 소유권에 관한 사항 (갑구)

순위번호	등기목적	접수정보	주요등기사항	대상소유자
8	강제경매개시결정	2019년12월24일 ▢▢▢▢▢▢▢	채권자　한국자산관리공사	정▢▢

3. (근)저당권 및 전세권 등 (을구)
- 기록사항 없음

[참 고 사 항]
가. 등기기록에서 유효한 지분을 가진 소유자 혹은 공유자 현황을 가나다 순으로 표시합니다.
나. 최종지분은 등기명의인이 가진 최종지분이며, 2개 이상의 순위번호에 지분을 가진 경우 그 지분을 합산하였습니다.
다. 지분이 통분되어 공시된 경우는 전체의 지분을 통분하여 공시한 것입니다.
라. 대상소유자가 명확하지 않은 경우 ' 확인불가 ' 로 표시될 수 있습니다. 정확한 권리사항은 등기사항증명서를 확인하시기 바랍니다.

출처: 대법원 인터넷등기소

는 서류를 안 가져왔다는 것이다. 경매를 하면서 이런 경험은 처음이었다. 공유자 우선매수를 하겠다고 법원까지 오면서 아무런 준비를 하지 않다니…. 낙찰의 기쁨과 왠지 모를 안타까움이 교차했다. 공유자가 지금이라도 서류와 보증금을 준비해 오겠다며 경매 집행관에게 사정했지만 받아들여지지 않았다고 한다.

공유자는 왜 맨몸으로 법원에 온 것일까? 나중에 안 사실이지만 경매가 진행되기 전 변호사 사무실에서 상담을 받았다고 한다. 변호사는 "지분 물건이고 오래된 아파트이기 때문에 아무도 입찰 안 합니다. 최소 3~4차는 되어야 입찰 들어올 테니 이번에는 신경 안 쓰셔도 됩니다."라고 이야기했다고 한다.

변호사의 말만 믿고 별다른 준비를 하지 않고 있다가 혹시나 하는 마음으로 법원에 와봤는데 눈앞에서 낙찰이 된 것이다. 이래서 경매 공부가 필요하다. 내가 알아야 한다. 그것도 제대로 알아야 한다. 남이 잘못 알려줬다고 호소해봐야 바뀌는 건 아무것도 없다. 원망과 한탄만 남을 뿐이다. 어쨌든 입찰 상황을 보고자 굳이 법원까지 온 것이니 공유자가 그 집을 지키고자 하는 마음이 얼마나 큰지를 느낄 수 있었다.

6일 만에 공유자에게 매도

낙찰 후 공동입찰자에게 바로 집으로 돌아가지 말고 공유자를 찾아보라고 이야기했다. 조금이라도 빨리 공유자를 만나 대화를 나눈다면 앞으로 어떤 식으로 해결해 나갈지 감을 잡을 수 있어서다. 분명히 법원 안에 있을 거라고 말해두었는데, 해당 경매계 앞에서 공유자를 찾았다고 한다. 경매계장과 이야기를 나누고 있기에 대화가 끝날 때까지 기다렸다가 연락처를 받았다면서 내게 알려주었다.

경매 당일 오후 3시 30분, 공유자를 만나 서로 인사를 나눈 뒤 협의를 시작했다. 그분 얘기로는 아파트를 상속받아 소유하고 있었는데 동생들에게 계속 금전적인 문제가 생기다 보니 일이 이렇게까지 커졌다는 것이다. 이야기를 차분히 들어드린 다음, 이 문제를 해결할 수 있는 가장 좋은 방법도 설명해드렸다.

공유자에게 최대한 도움을 드리며 서로 윈윈하기 위해 노력했고 큰 수익에 대한 욕심을 내려놓고 있는 그대로 말씀드리니 이야기가 잘 통했다. 대화를 나눌수록 공유자도 충격과 걱정에서 벗어나 안정을 찾아가는 듯했다. 공유자가 2~3일 뒤에 다시 연락을 주기로 했고, 1차 만남은 끝이 났다.

이후 두 차례 통화 끝에 매도 계약을 체결하기로 했다. 낙찰 후 6일째 날, 김포공항 근처에서 공유자와 다시 만났다. 미리 준비한 확약서를 읽어드리고 서로 도장을 찍은 후 한 장씩 나눠 가졌다.

확약서 내용은 크게 세 가지였다.

> ① 잔금 납부를 포기한다.
> ② 잔금 미납 후 공유자가 경매계에 공유자 우선매수 신청 서류를 접수할 수 있도록 도와준다.
> ③ 협의 금액은 550만 원이고, 계약금 300만 원에 공유자 우선매수 신청 접수 후 250만 원을 받는다.

입찰 전 계획은 낙찰 후 6분의 1 지분에 대한 만큼을 월세로 받다가 원종역이 개통돼 집값이 더 오르면 공유자와 함께 매도하는 것이었지만, 상대방이 처한 상황을 보고 그에 맞춰 빠르게 협의를 한 것이다.

확약서에 도장을 찍으며 공유자와 이야기를 나눴는데, 주변 중개사무소에 들러서 아파트 가격을 알아보니 자신이 생각하던 가격보다 4,000~5,000만 원이 더 올라 있어서 깜짝 놀랐다고 한다. 교통 호재에 아파트 가

공유자의 지분우선매수신청서

사건번호 ██ 1█ 타경 ████

채권자 ㈜╗안엄머니

채무자 ██

　인천 지방법원 ██ 2█타경 █████호 부동산강제(임의)경매사건에 관하여 공유자 ㈜랜명머니 은 다음과 같이 공유자지분우선매수권 행사신고를 합니다. 개당 새매 녹근훈

　다　음

1. 우선매수신고대상 경매목적물
　▶ 부동산의 표시 : 인천시 계양구 ████ 11-█, ██ █████ ████ ████
　▶ 위 부동산에 대한 지분표시 : 2빗의 |

2. 위 1항 목적물에 대하여 공유자 ㈜랜명머니 계도라은 위 목적물에 대한 지분의 공유자인 바 최고매수신고가격고 동일한 가격으로 우선매수할 것을 신고합니다.

202|. █. █.

우선매수신고인 공유자 ㈜랜명머니 계도라
（연락처☎ : █████████)

지방법원 민사집행과 귀중

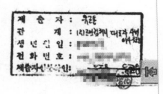

1 / 11

격이 들썩거린다는 걸 전혀 몰랐다는 반증이다. 우리는 계약금 300만 원을 받고 약속대로 잔금 납부를 포기했다.

우여곡절 끝에 자신의 집을 낙찰받은 공유자

우리가 잔금을 납부하지 않았기에 매각기일이 다시 잡혔다. 2020년 9월 15일이었다. 공유자에게 공유자 우선매수 신청법을 알려드렸고 이제 접수만 하면 되는 상황이었다. 그런데 문제가 생겼다. 담당자가 공유자 우선매수 신청을 할 수 없다고 이야기했다는 것이다. 공유자와 함께 경매 접수하는 곳으로 바로 달려갔다. 상황을 설명하고 공유자란 것을 확인시켜줬더니 담당자가 서류 접수를 받아줬다. 알고 보니 이 업무를 맡은 지 2~3일밖에 안 된 직원이었다. 이렇게 공유자가 보는 앞에서 공유자 우선매수 서류를 접수했고 약속대로 남은 250만 원을 받을 수 있었다. 양쪽 모두 좋은 결과로 마무리된 것이다.

그런데 서류 접수 3일 후 공유자에게 또 연락이 왔다. 해당 경매계장에게 연락을 받았는데 "선생님은 공유자 우선매수 신청 자격이 없으십니다. 입찰에 직접 참여하셔야 합니다."라는 이야기를 들었다는 것이다.

이게 무슨 날벼락 같은 소리인가. 내가 직접 해당 경매계장과 통화해보기로 했다. 자초지종을 들어보니 우리가 낙찰받았던 그날 공유자가 공유자 우선매수 신청을 하겠다고 의사표시를 했기 때문에 이미 기회가 사라졌다는 것이다. 공유자 우선매수 신청은 단 한 번밖에 사용할 수 없기 때문이다. 경매계장이 입찰조서에 '공유자 우선매수권을 사용했음'이라고 적어놓았기 때문에 되돌릴 방법은 없었다.

공유자는 "이 물건 때문에 스트레스가 너무 심합니다. 돈이 중요한 게 아니에요. 돈이 더 들어가더라도 빨리 내 것으로 가지고 와서 마음 편히 살고 싶습니다. 좀 도와주세요."라고 했다. 나도 가만히 있을 수는 없다는 생각이었고 끝까지 책임지고 싶었다.

일단 법원경매 사이트와 유료 경매 사이트에 공유자가 공유자 우선매수 신청을 했다는 기록이 남아 있으므로, 이 기록을 보고 입찰에 들어오는 사람은 거의 없을 것이다. 하지만 전국에서 단 한 명이라도 입찰하는 사람이 생긴다면 그 사람에게 소유권이 넘어갈 수도 있다. 우리는 서로 머리를 맞대고 얼마에 입찰할지 고민하고 또 고민했다. 나는 최소 2,200만 원 이상 써야 안전할 것 같다고 말씀드렸다. 공유자는 입찰 당일 2,470만 원을 써내 단독으로 낙찰받았다.

낙찰 영수증을 받은 뒤 공유자의 얼굴에는 웃음꽃이 피었다. 속이 정말 후련하다면서 내 손을 잡고 몇 번이나 고맙다고 말했다. 내가 가진 경험과 기술로 누군가에게 도움을 줄 수 있다는 것만으로도 경매와 공매를 배울 가치는 충분하다는 걸 다시 한번 실감했다.

이 건은 낙찰 후 6일 만에 매도 계약을 체결하고, 두 달 뒤에 최종적으로 마무리했다. 196만 원의 보증금을 들여 550만 원을 받았으니 2개월여 만에 350만 원의 수익, 즉 약 300%의 수익을 낸 것이다.

공유자 우선매수
신청하는 법

경매

경매에서는 두 가지 방법으로 공유자 우선매수 신청을 할 수 있다.

❶ 미리 신고하는 방법

법원에 가지 않고 우편 또는 전자소송 사이트 내에서 해당 경매계에 공유자 우선

매수 신청서를 접수할 수 있다. 우편 접수 시 필요한 것은 다음 두 가지다.

- 공유자 우선매수 신청서
- 부동산등기사항전부증명서

266

❷ 현장에서 직접 신고하는 방법

낙찰자가 나올 때까지 기다린 후 낙찰이 되면 집행관이 "공유자 우선매수신고할 분 계신가요?"라고 묻는다. 이때 "제가 신청하겠습니다."라고 말한 뒤 다음 세 가지를 건네면 공유자에게 매각을 허가해준다.

- 보증금 10%
- 부동산등기사항전부증명서
- 신분증

공매

공매는 전자입찰로 진행된다. 경매와는 달리 사전에 공유자 우선매수 신청을 할 수 없고, 입찰 결과가 나와야만 할 수 있다. 신청 방법은 다음과 같다.

① 낙찰 결과는 보통 목요일 오전 11~12시에 나온다.
② 누군가에게 낙찰된 것을 확인한 후 온비드 사이트 또는 해당 물건을 담당하는 한국자산관리공사 직원에게 전화해서 공유자 우선매수 신청을 한다.

매각결정은 낙찰 다음 주 월요일 오전 10시에 확정되므로 공유자는 오전 10시 이전에 공유자 우선매수를 신청한 후 보증금 10%를 납부해야 한다. 매각결정이 난 뒤에는 공유자 우선매수 신청을 해도 받아들여지지 않는다.

아파트 2

거래가 활발한 아파트
공매로 낙찰받아 수익 내다

낙찰자	(주)준민컴퍼니 유근용 외 1명
낙찰가	829만 5,000원(입찰보증금만 납부)
투자 경과	1,950만 원에 합의하여 잔금 납부 포기

2020년 1월, 대전 평촌동에 있는 주거용 지분 물건을 낙찰받았다. 공매를
통해 낙찰받은 건으로, 경매뿐만 아니라 공매를 통해서도 얼마든지 수익을
낼 수 있다. 경매와 공매 둘 다 관심을 가져야 하는 이유다.

감정가가 시세보다 조금 높게 잡혀 있어서 3회 유찰까지 기다렸고, 드디어
때가 된 것 같아 입찰했다. 입찰자는 총 여덟 명으로, 생각보다 많은 인원이
참여했다. 법인 규제가 없던 시기다 보니 개인뿐만 아니라 법인입찰자들도 많

268

〈그림 4-5〉 해당 물건의 공매 정보

물건관리번호 : 2019-████████	물건상태 : 낙찰 │공고일자 : 2019-10-30 │조회수 : 572

[주거용건물 / 아파트]
대전광역시 대덕구 ████████████████

일반공고 매각 인터넷 압류재산(캠코) 일반경쟁 최고가방식 총액

처분방식 / 자산구분	매각 / 압류재산(캠코)
용도	아파트
면적	대 29.7059㎡, 건물 50.9064㎡
감정평가금액	118,500,000원
입찰방식	일반경쟁(최고가방식) / 총액
입찰기간 (회차/차수)	2020-01-28 10:00 ~ 2020-01-29 17:00 (003/001)
유찰횟수	3 회
배분요구종기	2019-12-16
최초공고일자	2019-10-30
공매대행의뢰기관	북대전세무서
집행기관	한국자산관리공사
담당자정보	대전충남지역본부 / 조세정리팀 / 1588-5321

📷 사진 🖼 지도 🔢 지적도 📍 위치도

감정평가서

[입찰유형]
☐ 전자보증서가능   ☑ 공동입찰가능
☑ 2회 이상 입찰가능   ☑ 대리입찰가능
☐ 2인 미만 유찰여부   ☑ 차순위 매수신청가능

※ 공매재산명세서는 입찰시작 7일 전부터 입찰마감
전까지 입찰정보 탭에서 확인할 수 있습니다.

최저입찰가(예정금액)   **82,950,000원**

았다. 2020년 6월 17일부터 법인의 입찰이 규제된 이후로는 주거용 지분 물건의 경쟁률이 확실히 낮아졌다(규제 내용은 ① 취득세 중과, ② 법인이 보유한 주택에 대해 종부세 6억 공제 폐지, ③ 법인 주택 양도 시 추가 세율 20% 인상 등이다).

2분의 1 지분 낙찰

해당 아파트는 2011년에 지어졌고 총 589세대다. 주변 환경은 그리 좋지 못하지만 인근 지역에서 500세대가 넘는 유일한 아파트여서 거래는 활발하게 이뤄지고 있었다.

온비드 공매 투자를 할 때는 '입찰 전 알아야 할 주요사항'을 반드시 확인해야 한다. '물건상세' 페이지에서 '물건정보' 하단에 있는 '압류재산 정보'를 클릭해 들어가면 된다(그림 4-6). 낙찰 후 인수되는 권리가 있는지 없는지를 확인할 수 있고, 그 외 '유의사항'도 이곳에 모두 기록된다. 경매로 치면 매각물건명세서와 같은 역할이다.

이 물건의 경우 '입찰 전 알아야 할 주요사항'에도 별다른 특이사항은 없었다. 등기사항전부증명서를 살펴보니 부부 공동소유로 보였고, 남편이 세금을 체납한 상황이었다(그림 4-7). 이 물건의 2분의 1 지분을 829만 5,000원의 보증금을 납입하고 낙찰받았다. 공유자 우선매수가 들어올 확률이 높다고 생각돼 상황을 보고 있었는데 별다른 일 없이 매각허가결정이 났다.

주요 등기사항 요약 (참고용)

[주 의 사 항]

본 주요 등기사항 요약은 증명서상에 말소되지 않은 사항을 간략히 요약한 것으로 증명서로서의 기능을 제공하지 않습니다.
실제 권리사항 파악을 위해서는 발급된 증명서를 필히 확인하시기 바랍니다.

[집합건물] 대전광시 대덕구 ▓▓▓ ▓▓▓ ▓▓▓▓▓▓▓▓▓▓ ▓▓▓▓ ▓▓▓ ▓▓ ▓▓▓   고유번호 ▓▓▓ ▓▓▓ ▓▓▓▓▓

1. 소유지분현황 (갑구)

등기명의인	(주민)등록번호	최종지분	주 소	순위번호
▓▓▓▓ (공유자)	▓▓▓▓▓-*******	2분의 1	대전광역시 대덕구 ▓▓▓ ▓▓▓ ▓▓▓▓▓▓ ▓▓▓▓ ▓▓▓ ▓▓	3
▓▓▓ (공유자)	▓▓▓▓▓-*******	2분의 1	대전광역시 대덕구 ▓▓▓ ▓▓▓ ▓▓▓▓▓▓ ▓▓▓ ▓▓	3

2. 소유지분을 제외한 소유권에 관한 사항 (갑구)

순위번호	등기목적	접수정보	주요등기사항	대상소유자
5	가압류	2015년9월16일 제23181호	청구금액 금6,747,876 원 채권자 재단법인신용보증재단중앙회업무수탁기관제 이티친애저축은행주식회사	▓▓▓
7	가압류	2016년7월21일 제14820호	청구금액 금5,610,000 원 채권자 서울보증보험주식회사	▓▓▓
10	압류	2017년6월19일 제10297호	권리자 대전광역시대덕구	▓▓▓
11	압류	2018년11월14일 제18819호	권리자 대전광역시대덕구	▓▓▓
12	압류	2019년1월10일 제353호	권리자 국	▓▓▓
12-1	공매공고	2019년10월31일 제15764호		▓▓▓
13	압류	2019년11월4일 제16090호	권리자 국민건강보험공단	▓▓▓

3. (근)저당권 및 전세권 등 (을구)

순위번호	등기목적	접수정보	주요등기사항	대상소유자
1	근저당권설정	2011년11월1일 제27442호	채권최고액 금208,080,000원 근저당권자 농업협동조합중앙회	▓▓▓ 등

출처: 대법원 인터넷등기소

공유자와의 합의

매각허가결정이 떨어졌으니 이제 공유자와 연락을 취해야 하는 시간이다. 대전까지 내려가야 했지만 거리가 있다 보니 난감했다. 때마침 대전에 거주하는 수강생이 있다는 사실을 알게 됐다. 매주 여자 친구와 함께 대전에서 서울로 수업을 듣기 위해 올라온다고 했다. 나중에 들은 바로는 이 수강생도 본 건에 입찰했는데 4등으로 패찰했다고 한다.

그분은 내 요청을 흔쾌히 들어주었고 이틀 뒤에 곧바로 현장을 다녀오셨다. 내 연락처가 들어간 포스트잇 두 장을 붙였는데 효과가 바로 나타났다. 포스트잇을 붙였다는 연락을 받은 지 20분도 채 안 지나서 채무자의 아내라는 분에게 연락이 왔으니 말이다. 몹시 놀란 목소리였다.

"낙찰자라니요. 이게 무슨 말이에요?"

상황을 차분히 설명해드렸지만 여전히 어안이 벙벙한 듯했다.

"저는 남편이 전부 해결했다고 해서 그런 줄 알고 있었는데…. 그러면 앞으로 어떻게 진행되는 건가요? 저는 아무것도 아는 게 없어서요."

아내분과 대화를 나눠보니 채무자인 남편은 건축업을 하는 사람이었다. 사업이 어려워져 자금이 돌지 않아 세금을 납부하지 못했는데 그 결과 남편의 지분이 공매로 나온 것 같다고 했다.

몇 시간 뒤 공유자와 통화를 했다. 얼마 뒤인 3월 20일에 2억짜리 적금 만기가 돌아오는데 그때 목돈이 생기니 잔금 납부를 포기해달라는 것이었다. 잔금 납부는 얼마든지 포기할 수 있지만, 잔금 납부를 포기하는 순간 내 소중한 입찰보증금 829만 5,000원은 바로 몰수된다. 되돌려받을 수 없는 돈인 것이다.

272

보증금을 포함한 수익까지 생각해서 가격 협상을 진행했다. 몇 번의 가격 조정을 통해 최종적으로 2,000만 원을 받고 잔금 납부를 포기하는 조건에 합의했다. 시세를 기준으로 치면 3,000만 원 이상 받아도 상관없었지만, 역지사지하는 마음으로 서로 기분 좋게 끝내는 것이 합리적이라고 생각했다.

합의한 내용을 확약서에 담아 우편으로 보냈다. 가격 협상이 두세 번의 전화 통화로 끝났듯이, 확약서 또한 대면 없이 우편으로 주고받으며 마무리됐다. 이제 입금되는 날만 기다리면 된다.

합의금을 입금받다

약속한 입금 날이 됐는데 아무 소식이 없었다. 전화를 몇 번 했지만 받지 않았다. 아내분에게 연락을 취했더니 남편에게 연락해본다고 했다.

몇 시간 뒤 채무자인 남편에게서 문자가 왔다. 공사를 해서 받을 대금이 있는데 아직 못 받았으니 조금만 더 기다려달라는 것이다. 지금까지 경험상 이런 상황에서는 돈을 마련하지 못하는 경우가 대부분이라 나는 잔금 납부를 준비하고 있었다. 그래도 잔금 최고 납부기한까지는 기다려보기로 했다.

최고 납부기한을 하루 앞두고 연락이 왔는데, 1,950만 원을 먼저 주고 50만 원은 다음 날 주겠다고 한다. 어렵게 돈을 마련했을 테니 당연히 알겠다고 했다.

2020년 3월 16일, 드디어 최고 납부기한 마지막 날이 됐다. 공유자는 몇 시간에 걸쳐 1,950만 원을 입금해주었다. ATM을 이용해서 입금한 것인데, 한 번 이체 한도가 600만 원이고 보이스피싱 사기 방지 때문에 한 번 입금

후 30분 동안은 거래가 안 됐다. 전체 금액이 입금되기까지 무려 4시간이나 걸렸다.

나머지 50만 원은 다음 날 받기로 했는데 입금이 됐을까? 안타깝게도 입금이 안 됐다! 최고 납부기한이 지나 낙찰이 취소되고 나니 전화도 받지 않고 문자에도 답장이 없었다. 마지막 약속은 지켜지지 않은 것이다.

그래도 괜찮다. 서로 원하는 결과를 만들어냈으니 말이다. 3월에 만기가 되는 적금을 통해 밀린 세금을 납부할 것이고, 세금 납부가 완료되면 더는 집이 경매나 공매로 진행되는 일은 없을 것이다. 지금까지 이 물건이 다시 나오지 않은 것을 보면 실제로 문제가 없는 것 같다. 공유자에게 '사장님! 앞으로 사업 번창하시길 바랍니다'라는 문자를 마지막으로 이 물건을 완전히 떠나보냈다.

주거용 지분일 때는 이런 식으로 해결되는 경우가 의외로 많다. 또한 토지보다 주거용 물건이 수익을 내기에 훨씬 유리하다. 땅은 없어도 상관없지만 집은 반드시 필요하니 협의가 잘될 수밖에 없다.

수익을 부르는 확약서 작성법

주거용이나 토지 지분 물건을 낙찰받으면 잔금 납부 전에 협의가 되는 경우가 많다. 이럴 때는 서로 협의한 내용에 대해 확약서를 작성하는데, 확약서에 담아야 하는 내용은 다음과 같다(그림 4-8). 서로 요청하는 사항에 대해 협의를 하고 그 내용을 확약서에 명시한 다음 서명을 하면 끝이다.

참고로 확약서는 상호 간의 약속이라 할 수 있지만 확약서 작성 후 입금이 안 되는 경우도 간혹 있을 수 있다. 입금이 안 되었다고 해서 당황해할 필요는 없다. 처음부터 생각했던 절차대로 잔금 납부 후 공유물분할청구소송 또는 부당이득청구소송을 통해 내 권리를 주장하면 되는 것이다.

확약서

각서인 1(공동 입찰자)
1) 주소 : 서울시 강서구 ▓▓▓▓ ▓ ▓▓▓▓▓▓▓▓▓▓
2) 성명 : (주) 준민컴퍼니 사내이사 유근용
3) 법인번호 :

각서인 2(공동 입찰자)
1) 주소 : 서울시 동대문구
2) 성명 :
3) 주민번호 :

상기 각서인 1,2는 아래와 같이 이행할 것을 확약한다.

- 아 래 -

- 부동산의 표시 : 대전광역시 대덕구 ▓▓▓▓▓▓▓▓▓▓▓▓▓▓▓▓▓▓
- 공유자(2분의 1 소유자) : ▓▓

1. 각서인 1,2는 2,000만원 입금이 확인되면, 공매로 낙찰 받은 물건관리번호 : ▓▓▓▓
   의 낙찰자 지위를 포기하고 낙찰물건의 잔금을 미납한다.

2. 공동 소유자는 각서인 1,2가 낙찰자 지위를 포기하는 대신 입찰보증금 8,295,000원 포함하는
   2000만 원을 신한은행 계좌 ▓▓▓ ▓ ▓▓▓▓(예금주 : ▓▓▓)으로 입금한다.

3. 상기 2,000만원의 납입기한은 2020년 2월 25일로 하며, 이를 지키지 못하는 경우
   위 확약의 내용은 무효로 한다.

- 2020년 2월 18일 -

각서인 1 : (주) 준민컴퍼니 사내이사 유근용　(인)　　　공유자 : ▓▓▓　(인)

각서인 2 : 　(인)

276

아파트 3

소송 끝 형식적 경매로
초과 수익 달성하다

낙찰자	정민우, 유근용
낙찰가	6,700만 원
투자 경과	1억 1,000만 원 배당

2020년 1월, 정부의 12·16 대책 이후 아파트 시장 분위기가 잠시 관망세로 접어들었다. 이때 투자자들은 가성비 좋은(평당가가 낮은) 대형 아파트의 매수 기회라고 여겼다. 하지만 수도권 대형 아파트는 대개 비싸고 대출도 잘 나오지 않는다. 그렇다고 해서 가만히 있으면 아무 일도 일어나지 않는다. 소액으로 투자할 수 있는 대형 아파트의 지분 경매 사건을 검색했고, 경기도 김포시의 아파트가 눈에 띄었다. 이 건은 우리 두 저자가 함께 입찰했다.

주변 환경 좋고 교통 호재까지 있는 대형 아파트

당시는 부동산 시장의 분위기가 썩 좋지 않았고, 대형 평형 아파트 거래 또한 활발하지 않았다. 하지만 평당가로 치면 싸게 느껴졌기에 충분히 수익낼 수 있다는 판단을 했다. 입찰 전 파악한 시세는 4억 2,000만 원에서 4억 3,000만 원 정도였고 저층은 3억 후반대에도 거래가 됐다. 이 물건은 19층 로열층으로, 당장 매도해도 4억 초·중반은 받을 수 있다고 생각했다. 낙찰후 공유자와 협의가 잘되어 빠른 기간 안에 매도를 해도 좋고, 시세가 오르고 있기에 협의가 여의치 않아 소송으로 간다고 해도 나쁠 게 없었다. 우리는 지분 입찰가를 6,700만 원으로 정했다.

감정가 8,000만 원, 1회 유찰된 상태에서 우리 말고 입찰자가 한 명 더 있었는데 우리가 6,700만 원에 낙찰받았다. 그렇게 우리는 약 7,000만 원 (각 3,500만 원)을 투입해 김포 60평대 아파트 약 20%의 지분권자가 됐다.

2020년 당시에는 김포 아파트 시장이 서서히 달아오르고 있었다. 강력한 정부 대책은 한두 달 반짝 효과를 발휘하는 경우가 많다. 투자자들은 그런 기회를 놓치지 않는다. 결과를 보니 2등과의 차이가 870만 원 정도였다. 우리는 2등과의 차이에 연연하지 않는다. 금융위기 수준의 외부 위기가 없는 한 낙찰과 동시에 양도차익을 기대할 수 있기 때문이다. 어설픈 입찰가를 쓰고 운에 기대기보다 확실한 금액을 써서 낙찰받는다는 우리의 생각이 낙찰가에 그대로 녹아 있다.

○○동 ○○마을은 800여 세대로 대단지는 아니지만 1~3단지를 합치면 2,500세대 가까이 된다. 3단지 바로 옆에 당시 고급화로 승부한 ○○아파트 465세대가 있다. 단지 앞에는 하천이 흐르고 산책이나 운동을 하기에도 좋은 환경이다. 입찰 당시 김포 골드라인 장기역이 공사 중이었고 몇 개월 후 개통 예정이었다. 개통된다면 이 아파트의 가치는 더욱 상승할 것이라는 생각이 들었다. 60평대 대형 아파트의 11분의 2 지분이지만 공유자와 협의만 된다면 빠른 시기에 매도할 수 있으리라고 생각했다.

하지만 세상일이 모두 내 생각대로 흘러가진 않는다는 걸 실감했다. 예상보다 많은 시간이 소요됐는데 이 사건은 낙찰일로부터 매도까지 약 1년 4개월이 걸렸다.

경매 기간에 바뀐 공유자 상황

물건지에 방문했지만 사람이 없었다. 연락을 달라는 쪽지를 두 장 남기고 왔다. 하지만 그 후에도 연락은 없었다. 이럴 경우 공유자들과 연락하는 가장 빠르고 정확한 방법은 공유물분할청구의 소를 진행하는 것이다.

등기사항전부증명서를 살펴보면 11분의 9를 가진 어머니와 11분의 2를 가진 아들이 함께 소유 중인데, 아들의 지분만 경매로 진행된 것이다(그림 4-10). 등기상 11분의 9 소유자의 나이는 1938년생으로 사망 가능성을 짐작할 수 있다. 잔금을 납부하고 소유권을 이전하는 동안 우리가 예상했던 대로 상속 절차가 이루어졌음을 확인할 수 있었다. 어머니가 돌아가시고 네 자녀에게 상속되어 공유자가 한 명이 아닌 네 명으로 늘어난 상황이었다.

소유권이전 완료 후 물건지로 다시 한번 찾아갔지만 집에는 아무도 없었

〈그림 4-10〉 해당 물건의 등기사항전부증명서

| 3 | 소유권이전 | 2007년2월8일 제8733호 | 2006년12월28일 협의분할에 의한 상속 | 소유자 ▨▨▨ ▨▨▨-▨▨▨▨▨▨ 경기도 김포시 ▨▨▨ ▨▨▨ ▨▨▨▨▨ ▨▨-▨▨▨ |
| 3-1 | 3번소유권경정 | 2011년12월1일 제69878호 | 2011년4월1일 확정판결 | 공유자 지분 11분의 9 ▨▨▨ 380702-******* 경기도 김포시 ▨▨▨ ▨▨▨ ▨▨▨▨ 지분 11분의 2 ▨▨▨ 640715-******* 경기도 고양시 일산서구 ▨▨▨200▨▨ ▨▨▨-▨▨▨ ▨▨▨▨▨ 대위자 ▨▨▨ 대구광역시 수성구 ▨▨▨ ▨▨ ▨▨▨ ▨▨▨ ▨ ▨▨▨▨▨ ▨▨▨ ▨ ▨▨▨▨ 대위원인 인천지방법원부천지원 2007가단▨▨▨ 수표금사건에 대한 2008.7.2 확정판결된 채권금의 보전 |

출처: 대법원 인터넷등기소

고, 이후에도 아무런 연락을 받지 못했다. 잔금 납부 후 2020년 3월 14일 공유물분할청구소송을 바로 진행했다. 한 명 한 명에게 소장이 도달됐고, 공유자들의 답변서 역시 법원으로 제출됐다. 법무사를 통해 답변서를 제출한 것이다. 이들의 주장을 정리하면 대략 다음과 같다.

- 이 아파트의 시세는 3억 8,000만 원 선으로 매도하기 어렵다.
- 앞으로 시세 상승은 기대하기 어렵고 현재 이 집에는 아무도 살고 있지 않다.
- 방수도 잘 안 되고 노후화되어 있어 임차를 놓는 것도 어렵다.
- 우리가 수리를 할 테니 당신들도 수리비를 대라.

그리고 얼마 뒤 법원에 '소송절차수계신청서'가 접수됐다. 소송절차수계신청이란 소송 중 원고 또는 피고가 바뀌는 경우 변경된 소유자들을 소송에 참가시키는 것을 말한다. 소송 중에는 언제든지 피고가 바뀔 수 있는데 당시에는 너무 안일하게 대처한 것이다. 예를 들어 부동산처분금지가처분이라도 해놓았다면 이런 일이 없었을 것이다.

수계신청서를 확인하고 등기부를 열람해보니 네 명의 지분을 태○○란 사람이 2억 2,600만 원에 차례차례 모두 매입했다는 사실을 확인할 수 있었다. 우리에겐 앞서와 같은 내용증명을 보내고, 본인은 시세보다 약 1억 원 저렴하게 매입한 것이다. 뒤통수를 맞은 듯한 기분이었다. 좀 더 적극적으로 움직여 공유자들과 연락을 취한 후 그들의 지분을 매입했다면 가장 좋았겠지만, 공유자들의 지분이 이렇게 빨리 한 사람에게 매도될 줄은 예상치 못했다.

소송절차수계신청서가 접수되고 바로 새로운 피고의 답변서가 법원에 제출됐다. 답변서 내용은 원고들 지분의 가격이 객관적이고 타당한 근거를 가진다면, 이에 응하여 원고들 지분을 매입해 이 사건 소송을 종결하고 싶다는 내용이었다. 하지만 지나친 욕심이다.

답변서를 받고 나머지 지분권자가 위임한 법무사와 통화를 했지만, 자기에게 지분을 팔라는 말만 되풀이했다. 그쪽에서 제시한 금액은 어이가 없을 정도였는데 6,700만 원에 낙찰받은 것을 5,500만 원이면 매수하겠다는 것이었다. 나는 언제나 법보다 협의를 우선순위에 둔다. 하지만 상대의 뜻이 정 그렇다면 시간이 걸리더라도 소송을 진행하는 수밖에 없다.

협의 무산, 결국 소송으로

2020년 6월 25일 인천지방법원 부천지원에서 1차 변론기일이 있었다. 피고 측은 답변서를 제출했고 우리가 협의에 응할 수밖에 없다는 생각에 변론기일에는 참여하지 않았다. 피고 측의 답변서를 보더니 판사가 물었다.

"피고 측은 매입할 의사를 보이네요? 조정기일을 잡아줄 테니 조정기일 때 가격 협의를 해서 원만하게 해결하시죠."

"판사님! 저는 이 집을 실제로 거주할 목적으로 낙찰받은 것입니다. 언제 입주할지는 아직 모르겠지만 상대방에게 제 지분을 매도할 생각은 없습니다. 아파트 전체가 빠르게 경매로 진행될 수 있도록 판결을 내려주시면 좋겠습니다."

판사는 원고가 협의 의사가 없음을 밝혔으니 변론을 종결하고 한 달 뒤에 판결을 내리겠다고 했다. 이후에도 피고 측에 끌려다니고 싶지 않아 곰곰이 생각해봤다.

'현재 상황에서 피고가 가장 원치 않는 상황은 무엇일까?'

내가 생각한 답은 세금이었다. 협의가 되지 않아 공유물분할청구소송에 대한 판결문을 받아 형식적 경매가 진행되어 누군가에게 낙찰이 된다면 1년 이내에 강제 매도가 되는 상황에 놓일 수 있다. 단기 매도는 세율이 매우 높다. 상대측은 우리 지분까지 인수한 후 2년만 보유한다면 비과세를 받는 상황을 상상했을 텐데 강제 매도되어 60%의 세금을 내야 하는 상황에 놓인다면 어떻겠는가? 형식적 경매를 진행한다면 우리에게 협의 연락이 올 수밖에 없다는 생각이 들었지만, 결국 협의가 아닌 형식적 경매에 의한 배당으로 수익을 확정하게 되었다.

형식적 경매를 통해 배당액을 확정받다

판결문을 받고 형식적 경매를 진행했다. 몇 번의 보정을 거쳐 2020년 8월 24일 경매개시결정이 났다. 경매가 진행되는 동안 김포와 파주 아파트 가격이 급등했다. 정부에서 비규제 지역으로 김포와 파주만 남겨놓은 상황이라 투자자들이 이 지역으로 몰렸기 때문이다. 해당 물건의 감정가는 2020년 9월 1일 감정평가에서 4억 2,100만 원으로 나왔지만, 2021년에는 6억 3,000만 원에서 6억 8,000만 원까지 나왔다.

2021년 5월 4일 드디어 매각기일이 잡혔다. 형식적 경매 신청 후 9개월 만이다. 시세가 급격하게 상승한 상황이라 유찰은 기대하기 어려웠고 신건임에도 낙찰이 되리라는 예상을 충분히 할 수 있었다. 드디어 수익이 확정되는 날이 다가왔다. 법원 입찰 현장에 굳이 갈 필요는 없었고 인터넷을 통해 결과를 빠르게 확인했다. 입찰자는 총 다섯 명에 낙찰가는 6억 2,100만 원, 2등과 무려 1억 1,000만 원이나 차이가 났다.

예상한 대로 낙찰받은 사람은 피고 태○○이었다. 이대로 누군가에게 낙찰이 된다면 1년 이후 2년 이내 매도 시 세금을 60%나 내야 하는 상황(일반 세율 적용 시 최소 보유 기간 2년 이상으로 세법 개정됨)이라 세금이 크게 다가왔을 것이다. 그래서 무리를 해서라도 입찰을 했을 것이고, 결국 큰 차이로 낙찰을 받은 것이다.

피고가 높은 가격에 낙찰받은 덕분에 우리는 1억 1,000만 원을 배당받을 수 있는 상황이 됐다. 애초에 우리는 6,700만 원에 낙찰받고 당시 감정가였던 8,000만 원 선에 매도할 생각이었지만 상대방은 더 싸게 매입할 요량으로 우리의 제안을 거절했었다. 협의를 통해 우리 지분을 인수했다면 피고는 훨씬 큰 이익을 얻을 수 있었을 것이다. 지나친 욕심이 오히려 수익을 크게 줄이는 결과를 가져온 것이다.

나중에 안 사실이지만 피고 태○○은 법무사의 아내였다. 기존 공유자들의 지분을 법무사 부부가 매입한 것이다. 상대측 법무사와 소송을 통해 맞붙으면서 우리가 원하는 결과를 만들어 내 기억에 남는 사건이다.

단기간 소박한 수익을 기대하고 낙찰받았던 경매 사건이 소송이 진행되며 수익이 훨씬 커졌다. 만약 큰돈이 투입됐다면 조바심이 났겠지만, 비교적 소액이 투입됐기에 편안한 마음으로 즐길 수 있었다. 투자는 언제나 변수가 있을 수 있고 예상대로 진행되지 않을수록 상대방 입장에서 생각해야 한다는 교훈도 평생 잊지 않을 것이다.

소송을 두려워할 필요 없다

내가 원하는 조건으로 협의를 이끌어 내고자 할 때 가장 강력한 무기는 그 상황에 맞게 대응할 수 있는 법적 대처 능력과 상대의 심리를 읽는 것이다. 낙찰받은 자산 가치에 대한 확신이 있고 소액 투자로 싸게 샀다면 편안한 상태에서 공유자와 협상 과정에서 자신감을 가지고 우위를 점할 수 있을 것이다.

특수물건의 복잡한 문제를 해결하는 방법에는 이미 정형화된 매뉴얼이 있다. 한 번만 경험해보면 다음 소송도 크게 걱정할 필요 없다. 주소와 공유자 수를 제외하고는 바뀌는 것이 없으니, '복사+붙여 넣기'로 소장을 접수하는 데 5분도 채 걸리지 않을 것이다. 소송과 관련하여 가장 자주 들어온 질문을 몇 가지 소개하겠다.

- **소송하면 무조건 변호사 또는 법무사에게 맡겨야 하나요?**

  아니다. 혼자 할 수 있다. 요즘에는 셀프 소송이 보편화되어 있다. 셀프 소송에 관련된 책도 많이 나와 있고 인터넷을 찾아보면 혼자서 얼마든지 소송을 진행할 수 있다.

- **소송 접수를 하려면 법원으로 직접 가야 하나요?**

  아니다. 대법원 전자소송 사이트를 통해 내가 원할 때 언제든지 소장을 접수할 수 있다.

- **셀프 소송을 할 때 비용이 많이 드나요?**

  아니다. 소송을 진행할 때는 인지대와 송달료를 납부해야 하는데, 부담스러운 수준은 아니다. 인지대는 내가 낙찰받은 물건의 가치에 따라 결정되고(최소 몇천 원), 송달료는 공유자 1명당 7~8만 원(지역에 따라 조금 차이가 있음) 정도다. 공유자가 10명이면 70~80만 원을 송달료로 납부해야 한다. 단! 소송 도중에 협의가 되어 소송을 취하할 경우 남은 송달료는 다시 돌려받는다(몇 주에서 2~3개월 걸릴 수 있음).

- **공동입찰로 낙찰받았을 때 낙찰자 전원이 법원에 참석해야 하나요?**

  아니다. 공동으로 낙찰받았을 경우 1명을 대표로 선정할 수 있다. 대표로 소송 접수 및 법원에 참석하는 사람을 '선정당사자'라고 한다. 그 외에 다른 낙찰자는 '선정자'가 된다. 선정당사자가 나머지 공유자들에게 위임을 받아 모든 소송을 혼자 진행할 수 있다.

• 내가 낙찰받은 지분이 1평밖에 안 되는데 이렇게 적은 지분으로는 공유물분할청구소송을 진행할 수 없는 것 아닌가요?

아니다. 1평이 아니라 0.00001평만 가지고 있다고 하더라도 공유물분할청구소송을 진행할 수 있다. 지분이 적고 가격이 낮을수록 협의는 더 잘된다고 볼 수 있다. 몇천만 원 이상 되는 물건은 기존 공유자들이 사고 싶어도 부담되는 금액이라 협의가 어려울 수도 있는데 몇십만 원에서 1,000만 원 내외 물건들은 협의가 정말 잘된다. 신용대출을 통해서라도 융통할 수 있는 금액이기 때문이다. 단, 여기서 중요한 건 상대방에게 반드시 필요한 물건을 골라 낙찰을 받아야 한다는 것이다.

• 법인으로 낙찰받은 지분 물건이 있는데 법인으로도 소송이 가능한가요?

가능하다. 대신 법인으로 따로 전자소송 사이트에 가입해야 한다. 대표가 직접 법원에 참석해도 되고 직원에게 위임하여 직원이 참여하게 할 수도 있다.

산업단지 인근 아파트
저렴하게 낙찰받아 수익 내다

낙찰자	(주)준민컴퍼니 유근용 외 4명
낙찰가	9,599만 원
투자 경과	1억 1,000만 원에 매도

2020년 6월 18일, 부산 사상구 학장동에 있는 2분의 1 지분 아파트를 온비드 공매를 통해 낙찰받았다. 감정가는 1억 1,750만 원이었고 2회 유찰되어 최저입찰가가 9,400만 원까지 내려온 상태였다. 원하던 가격까지 유찰되어 바로 입찰했다. 경매 마스터 실전반 분들과 공동투자 했던 물건으로, 개인 1명과 4개의 법인이 함께 입찰 후 낙찰 받았다. 온비드는 전자입찰이기 때문에 공동입찰을 할 경우도 경매와는 비교할 수 없을 정도로 편하다.

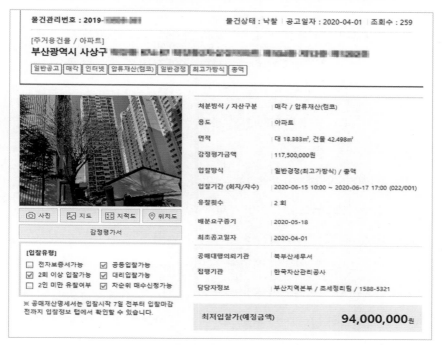

〈그림 4-11〉해당 물건의 공매 정보

물건관리번호 : 2019-■■■ ■■■   물건상태 : 낙찰 | 공고일자 : 2020-04-01 | 조회수 : 259

[주거용건물 / 아파트]
부산광역시 사상구 ■■■■ ■■■■ ■■■■■■■■■■■ ■■■■■, ■■■■■ ■■■■■

일반공고 매각 인터넷 압류재산(캠코) 일반경쟁 최고가방식 종액

처분방식 / 자산구분	매각 / 압류재산(캠코)
용도	아파트
면적	대 18.383㎡, 건물 42.498㎡
감정평가금액	117,500,000원
입찰방식	일반경쟁(최고가방식) / 종액
입찰기간 (회차/차수)	2020-06-15 10:00 ~ 2020-06-17 17:00 (022/001)
유찰횟수	2 회
배분요구종기	2020-05-18
최초공고일자	2020-04-01
공매대행의회기관	북부산세무서
집행기관	한국자산관리공사
담당자정보	부산지역본부 / 조세정리팀 / 1588-5321

📷 사진   🗺 지도   지적도   📍 위치도

감정평가서

[입찰유형]
☐ 전자보증서가능   ☑ 공동입찰가능
☑ 2회 이상 입찰가능   ☑ 대리입찰가능
☐ 2인 미만 유찰여부   ☑ 차순위 매수신청가능

※ 공매재산명세서는 입찰시작 7일 전부터 입찰마감 전까지 입찰정보 탭에서 확인할 수 있습니다.

최저입찰가(예정금액)   94,000,000원

출처: 온비드

두 가지 단점과 두 가지 장점

이 물건에는 두 가지 큰 단점이 있었다.

첫째, 오르막길에 있는 아파트라는 점이다. 부산은 평지가 아닌 곳이 많은데, 이 아파트 역시 그런 지역에 있었다. 게다가 구축이어서 가격이 오르기는 쉽지 않아 보였다.

둘째, 초등학교가 멀리 떨어져 있다는 점이다. 오르막길인 데다 초등학교까지 멀어서 학부모들에게 인기가 없는 아파트다. 차는 많이 다니고 길은

좁고 오르막길까지, 세 아이를 키우는 아빠인 나로서도 절대 살고 싶지 않은 곳이다.

단점만 본다면 입찰하고자 하는 마음이 생기지 않을 것이다. 하지만 시야를 조금 넓혀보자. 이 집을 보면 단점부터 눈에 들어올 테니 대부분 사람이 '이런 물건에 입찰하면 안 돼'라고 생각하지 않겠는가. 그만큼 경쟁자가 적다는 얘기다. 이 세상에 단점만 있는 물건은 없다. 장점도 한번 생각해봤는데 크게 두 가지로 정리됐다.

첫째, 거래가 활발한 아파트라는 점이다. 아파트라고 무조건 잘 팔리는 건 아니다. 싸다고 낙찰받았다가 거래가 되지 않아 오랫동안 돈이 묶이는 경우도 있고, 그러다 보니 심지어 손해를 보고 빠져나와야 하는 상황도 생길 수 있다. 그러므로 기존의 실거래가를 살펴보며 매매뿐만 아니라 전·월세 거래도 활발히 이뤄지는지 살펴봐야 한다. 입지가 가장 중요하긴 하지만 주변에 지하철역이 없더라도 단점을 어느 정도 상쇄할 수 있는 도심 지역의 거래가 활발한 아파트가 좋다.

이 물건의 실거래가를 살펴보니, 오르막길이고 초등학교가 멀고 주변 환경은 좋지 못했지만 거래는 활발하게 이뤄지고 있었다. 그 이유는 아파트 근거리에 산업단지가 조성되어 있기 때문이다. 산업단지 덕에 일자리가 풍부해서 매매뿐만 아니라 전·월세도 수월히 나갔다.

둘째, 공매를 통해 시세보다 저렴하게 살 수 있다는 점이다. 이것만큼 큰 장점이 있을까? 앞에서 언급한 입지상의 두 가지 단점에 지분 물건이라는 점까지 작용해 2회나 유찰이 됐다. 시세는 오르지 않더라도 거래가 활발한 곳이기 때문에 저렴하게 사서 시세보다 낮게 내놓는다면 당연히 매도가 되리라고 판단할 수 있다.

이처럼 입찰 전에 장단점을 확실하게 파악하고 경·공매를 통해 저렴하게 낙찰받는다면, 낙찰받는 순간 수익은 거의 확정된다고 볼 수 있다. 한마디로 이기고 들어가는 게임이다.

사전 조사와 입찰가 산정

입찰 전에 등기사항전부증명서를 살펴보는 것은 필수다. 요약본을 보니 김○○과 조○○의 주소가 같다(그림 4-12). 이런 경우 가족일 확률이 높다. 아내분으로 보이는 김○○이 세금을 체납해서 2분의 1 지분만 공매로 나온 것이었다. 2건의 압류가 있고 우리은행이 근저당권까지 설정해놓은 상황이라 공유자가 우선매수를 신청하기는 어려울 것으로 판단했다.

앞서도 강조했듯이 온비드 사이트에서 '입찰 전 알아야 할 주요사항'을 잘 살펴봐야 한다. 만약 공매를 통해 소멸하지 않고 낙찰자에게 인수되는 권리가 있다면 무조건 '입찰 전 알아야 할 주요사항'에 기록되어 있어야 한다. 확인했더니, 인수되는 권리는 없었다(그림 4-13). '유의사항'도 잘 살펴봐야 하는데, 이 건에서는 공유자가 있기 때문에 공유자 우선매수 신청이 들어오면 매각결정이 취소될 수 있다는 당연한 내용만 적혀 있었다. 이 집에 누가 살고 있는지는 낙찰자 본인이 확인한 후 입찰하라는 얘기다.

그다음은 시세 파악이다. 네이버 부동산에 나와 있는 매물들을 자세히 살펴본 뒤 중개사무소에 전화해서 매도할 때의 시세와 매수할 때의 시세를 확인했다. 이 자료들을 바탕으로 시세가 2억 3,000만 원에서 2억 3,500만 원 정도라고 판단했다. 해당 물건은 로열층이지만 저층 가격인 2억 2,000만 원

주요 등기사항 요약 (참고용)

［ 주 의 사 항 ］

본 주요 등기사항 요약은 증명서상에 말소되지 않은 사항을 간략히 요약한 것으로 증명서로서의 기능을 제공하지 않습니다.
실제 권리사항 파악을 위해서는 발급된 증명서를 필히 확인하시기 바랍니다.

고유번호 ▨▨▨ ▨▨▨-▨▨▨▨▨

[집합건물] 부산광역시 사상구 ▨▨▨▨ ▨▨ ▨ ▨▨▨▨▨▨▨▨▨▨▨, ▨▨▨▨ ▨▨▨▨ ▨▨▨▨▨

1. 소유지분현황 (갑구)

등기명의인	(주민)등록번호	최종지분	주　　　　　소	순위번호
김▨▨ (공유자)	▨▨▨▨▨-*******	2분의 1	부산광역시 사상구 ▨▨▨▨▨▨▨ ▨ ▨▨ ▨▨▨	4
조▨▨ (공유자)	▨▨▨▨▨-*******	2분의 1	부산광역시 사상구 ▨▨▨▨▨▨▨▨ ▨ ▨▨ ▨▨▨ ▨▨▨▨▨ ▨▨▨▨ ▨▨▨	4

2. 소유지분을 제외한 소유권에 관한 사항 (갑구)

순위번호	등기목적	접수정보	주요등기사항	대상소유자
11	압류	2018년7월18일 제33082호	권리자 국	김▨▨
11-1	공매공고	2020년4월6일 제20911호		김▨▨
12	압류	2018년12월10일 제52634호	권리자 국	김▨▨

3. (근)저당권 및 전세권 등 (을구)

순위번호	등기목적	접수정보	주요등기사항	대상소유자
8	근저당권설정	2016년8월19일 제55012호	채권최고액 금178,200,000원 근저당권자 주식회사우리은행	김▨▨ 등

[참 고 사 항]
　가. 등기기록에서 유효한 지분을 가진 소유자 혹은 공유자 현황을 가나다 순으로 표시합니다.
　나. 최종지분은 등기명의인이 가진 최종지분이며, 2개 이상의 순위번호에 지분을 가진 경우 그 지분을 합산하였습니다.
　다. 지분이 통분되어 공시된 경우는 전체의 지분을 통분하여 공시한 것입니다.
　라. 대상소유자가 명확하지 않은 경우 '확인불가'로 표시될 수 있습니다. 정확한 권리사항은 등기사항증명서를 확인하시기 바랍니다.

⚠ 입찰 전 알아야 할 주요사항

* 공매재산에 대하여 등기된 권리 또는 가처분으로서 매각으로 효력을 잃지 아니하는 것

* 공매재산의 매수인으로서 일정한 자격을 필요로 하는 경우 그 사실

* 유의사항
　본건은 공유자 우선매수 대상이고, 점유자의 주민등록 등재사실에 의한 임차인이 있을 수 있고 임차인에 관하여 신고된 사항이 없으므로 사전조사 후 입찰바람.

에 매도한다고 할 때 얼마 정도 수익이 생길 것인지를 계산한 후 입찰가를 9,599만 원으로 정했다.

낙찰 후 공유자의 사연을 듣다

입찰 후 시간이 흘러 2020년 6월 17일, 드디어 결과가 나왔다. 두 명이 입찰해 내가 낙찰받았는데, 2등과의 차이는 97만 8,200원이었다. 나는 단독 입찰을 즐기지만 내 뒤에 경쟁자가 한 명이라도 있다면 기분은 당연히 좋을 수밖에 없다. 내가 낙찰받은 가격 9,599만 원은 감정가 대비 81.67%이니 충분히 만족스러운 수준이다.

낙찰이 됐다고 끝이 아니다. 매각허가결정이 날 때까지 기다려야 한다. 공매에서는 목요일에 낙찰 결과가 나오고 그다음 주 월요일 10시에 매각결정이 떨어진다. 다행히 공유자 우선매수 신청은 들어오지 않았다. 이제 움직일 때가 된 것이다.

앞에서 소개한 대전 평촌동 물건 때와 마찬가지로 이번에도 부산에 거주하는 수강생에게 도움을 요청했다. 공유자와 연락을 취하기 위해 부산까지 내려가기에는 상황이 여의치 않았기 때문이다. 감사하게도 부탁드린 다음 날 낙찰받은 물건지를 방문해주셨다(부탁할 때는 당연히 수고비를 드린다). 카톡으로 보내드린 문구 그대로 포스트잇에 잘 적어 두 군데에 붙여주셨다.

포스트잇은 항상 두 장을 붙여야 한다. 한 장만 붙이면 떨어질 염려가 있기 때문이다. 쪽지를 붙이고 3시간 정도 지나서 공유자의 전화를 받았다. 낙찰자라고 소개한 뒤 이야기를 이어나갔는데, 사정을 들어보니 공유자 입장에서는 속이 터질 일이었다.

두 사람은 몇 년 전에 재혼을 했다고 한다. 새로 맞이한 아내의 기분을 좋게 해주기 위해 2분의 1 지분을 넘겨줬는데 이게 화근이 됐다. 전남편과 살 때 얽히고설킨 돈 문제 때문에 집에 압류가 들어와 2분의 1 지분이 공중분해되어버린 것이다. 지분을 넘겨주자마자 공매로 넘어갔으니 현 남편 입장에서는 얼마나 황당하고 어이가 없었을까.

협상과 소송을 동시 진행하다

채무자 및 공유자와 연락이 됐다고 해서 가만히 있으면 안 된다. 언제나 협상과 소송을 동시에 진행해야 한다. 2020년 9월 7일 소유권이전을 완료하고 곧바로 공유물분할청구소송 및 부당이득청구소송을 진행했다. 공유자와 말이 잘 통한다고 해서 그저 시간을 흘려보내면 안 된다. 구두로 한 약속은 언제든 깨질 수 있고, 하루에도 수십 번씩 바뀌는 게 인간의 마음이니 말이다.

소장 접수는 전자소송 사이트를 통해 10분이면 끝낼 수 있다. 번거롭게 법원에 갈 필요도 없다. 소장도 한 번만 작성해놓으면 무한 '복사+붙여넣기'가 가능하다. 다른 주거용 지분 물건 소송을 진행할 때 썼던 양식에서 공유자의 이름과 주소, 공유자 수 그리고 내가 한 달에 얼마 정도의 돈을 받아야 하는지에 대한 금액만 바꿔주면 된다.

내가 접수한 소장을 받기 전까지 공유자와 두 번 정도 통화를 했는데, 그는 같은 말만 반복할 뿐이었다.

"대출받아서 매입한 아파트인데 2분의 1 지분은 넘어가고 내가 받은 아파트 대출금은 그대로 남아 있는 상황입니다. 이런 말도 안 되는 일이 어디 있습니까."

"내가 가진 2분의 1 지분을 가져가고 남은 대출금을 갚아주면 그냥 나가겠습니다."

"낙찰자분께서 손해 본다 생각하시고 낙찰받은 가격 그대로 저에게 넘겨주세요."

공유자는 울분을 토하다가 사정하다가, 도저히 방법이 없다는 말만 반복해서 할 뿐이었다. 내가 직접 겪은 일은 아니었지만 얼마나 화가 나고 분할지는 충분히 이해가 갔다. 15분 정도 이야기를 들어드리고 서로에게 가장 좋은 방법을 찾기 위해 고민했다.

공유자에게 매도

공유자는 화물트럭 기사였는데, 화물트럭을 담보로 대출을 받으면 8,000~9,000만 원까지는 마련할 수 있지만 그 이상은 어렵다고 했다.

공유자에게 질문했다.

"선생님, 지금 은행 대출이 얼마나 있으시죠?"

"1억 7,000만 원 정도 대출을 받았고 원리금균등 상환을 통해 매달 갚고 있어서 1억 3,000만 원 정도 남았습니다."

"신용은 좋으신가요?"

"네, 1등급입니다."

이 두 가지 질문을 한 이유는 공유자가 현재 대출이 있더라도 내가 낙찰받은 지분을 인수해서 소유권을 하나로 만들 경우 새롭게 최대 70%까지 대출을 받을 수 있을지 알고 싶어서였다. 아는 대출상담사에게 이런 상황을 이야기했더니 1억 7,500만 원까지 대출을 받을 수 있다고 답변해주었다.

이런 사실을 공유자에게 전달하자, "그런 방법이 있었나요? 저는 전혀 모르고 있었네요."라며 놀라워했다. 9,000만 원까지는 자금을 만들 수 있는 상황이고 70%까지 대출을 받을 수 있으니 이제 내 지분을 인수할 수 있게 됐다.

"10월 8일에 1억 1,000만 원에 매입할 테니 3시까지 우리 집 앞에 있는 부동산 중개사무소로 와주세요."

공유자가 매도 계약 이틀 전에 통보를 해줘서 급하게 서류를 준비하고 부산으로 내려갔다. 매도 계약은 10분도 채 걸리지 않았고 서류 전달과 함께 1억 1,000만 원을 입금받았다.

나로선 한 가지 황당한 일이 있었는데, 그렇게 돈 없다며 세상 다 끝난 것처럼 이야기하던 공유자가 대출을 한 푼도 받지 않았다는 것이다. 여윳돈이 충분히 있었는데도 빈털터리인 것처럼 연기를 했던 것이다. 후회나 아쉬움은 없다. 나는 수익을 얻어서 좋고 상대방은 시세보다 저렴하게 지분을 인수해서 좋고, 서로에게 좋은 쪽으로 마무리되지 않았는가. 아마도 그분은 더는 골치 아플 일 없이 재혼한 아내와 함께 행복하고 편안하게 살아가지 않을까.

물건 매도 시
준비사항 및 주의사항

매도를 처음 하는 사람들이 자주 하는 질문이 있다. 자신이 낙찰받은 물건을 매도할 때 어디서, 어떻게 해야 하느냐는 것이다. 두 가지 방법이 있다.

❶ 매수자가 정한 법무사 사무소에서 만나 매도 계약을 체결한다.

가장 깔끔하면서도 정석적인 방법이다. 필요한 서류만 준비하면 내가 할 건 아무것도 없다. 법무사 쪽에서 매매계약서까지 작성해주니 도장만 잘 찍고 입금받고 나오면 된다.

❷ 법무사 사무소가 멀다면 매도 시 필요한 서류, 도장을 찍은 계약서와 위임장을 등기로 법무사 사무소로 보낸다.

법무사 사무소가 가까울 때는 상관이 없지만 서울에 살고 있는데 강원도나 경상도에 있는 법무사 사무소까지 내려가야 한다면 시간과 에너지가 많이 들어간다. 이럴 때는 필요 서류들을 작성해서 등기로 발송하는 방법이 있다. 서류를 받은 법무사 측에서 이상이 없음을 확인한 후 매수자에게 돈을 입금하라고 한다. 입금이 되면 모든 절차는 끝난다.

※ 단 우편으로 처리를 안 해주는 곳도 있으니 사전에 꼭 확인해야 한다.

※ 법무비용은 매수인이 납부한다.

• **매도 시 필요 서류**

 – 매도용 인감증명서(매수인 인적사항)

 – 등기필증

 – 주민등록초본(주민등록번호 모두 나오게 할 것, 주소 변동사항이 모두 나오게 할 것)

 – 신분증 사본

 – 인감도장(위임장에 인감도장 날인할 것)

 ※ 그 밖에 추가 서류가 발생할 수 있다.

 ※ 제출하는 서류는 발행일로부터 3개월 내의 것이어야 하고, 주민등록번호가 드러나도록 발급받아야 한다.

아파트 5

입지 좋은 아파트 지분
공유자와 매도해 수익 내다

낙찰자	㈜준민자산관리 유근용 외 1명
낙찰가	1억 9,612만 원
투자 경과	3억 원에 매도

2020년 6월 온비드 공매를 통해 부산에 있는 2분의 1 지분 아파트를 수강
생과 함께 낙찰받았다. 감정가는 2억 1,000만 원이었고 1회 유찰되어 1억
8,090만 원까지 떨어진 상태였다.

입지가 좋은 아파트라 높은 경쟁률을 예상하여 입찰가도 조금 높여 썼는
데 아쉽게도 단독 입찰이었다. 이럴 때가 가장 허무하지만 이 물건을 통해
얻을 수 있는 수익이 확실하다면 개의치 말아야 한다.

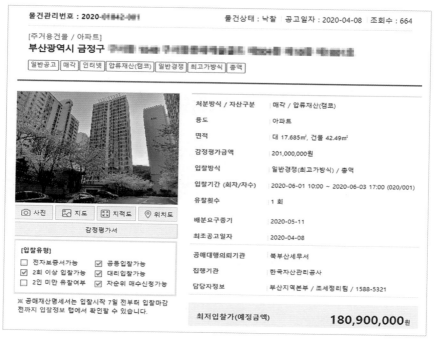

역세권, 브랜드 아파트, 대단지라는 장점

주거용 물건은 임차인이 있는지 없는지 확인하는 것이 가장 중요하다. 정확하게 알아보는 것은 언제나 입찰자 몫이다. 유료 경매 사이트에 나와 있는 점유 관계를 보니 소유자 이름이 적혀 있다. 소유자가 바로 채무자다. 주거용 지분 물건일 경우 채무자가 거주하거나 공유자 중 1인이 거주할 경우에는 이들에게 대항력이 없다. 즉, 권리상 아무런 문제가 없으니 입찰가를 잘 산정해 낙찰만 받으면 된다.

등기사항전부증명서를 보니 2분의 1씩 지분이 나뉘어 있었는데 부부 관계로 보였다(그림 4-15). 남편의 지분이 공매로 나온 것이다.

입지를 살펴보니 구서역 역세권이다. 2단지는 1단지보다 역에서 조금 멀지만 아파트 가격에는 차이가 거의 없다. 아파트 삼면이 초등학교로 둘러싸

〈그림 4-15〉 해당 물건의 주요 등기사항 요약본

주요 등기사항 요약 (참고용)

[주 의 사 항]

본 주요 등기사항 요약은 증명서상에 말소되지 않은 사항을 간략히 요약한 것으로 증명서로서의 기능을 제공하지 않습니다.
실제 권리사항 파악을 위해서는 발급된 증명서를 필히 확인하시기 바랍니다.

고유번호 ▨ ▨▨▨-▨▨▨▨

[집합건물] 부산광역시 금정구 ▨▨▨▨ ▨▨▨▨▨▨▨ ▨▨ ▨▨ ▨

1. 소유지분현황 (갑구)

등기명의인	(주민)등록번호	최종지분	주　　　소	순위번호
김▨▨ (공유자)	▨▨▨-*******	2분의 1	부산 금정구 ▨▨▨ ▨▨▨ ▨▨▨▨▨▨	2
하▨▨ (공유자)	▨▨▨-*******	2분의 1	부산 금정구 ▨▨▨ ▨ ▨▨ ▨▨▨▨▨	2

2. 소유지분을 제외한 소유권에 관한 사항 (갑구)

순위번호	등기목적	접수정보	주요등기사항	대상소유자
32	압류	2015년12월16일 제44557호	권리자　국	김▨▨
32-1	공매공고	2016년5월4일 제11932호		김▨▨
32-2	공매공고	2020년4월14일 제12050호		김▨▨
33	압류	2016년2월24일 제4866호	권리자　국	김▨▨
33-1	공매공고	2016년9월19일 제25893호		김▨▨
34	압류	2016년4월28일 제11177호	권리자　부산광역시금정구	김▨▨
35	압류	2017년3월23일 제8494호	권리자　국민건강보험공단	김▨▨
36	압류	2017년7월11일 제19727호	권리자　부산광역시사상구	김▨▨

3. (근)저당권 및 전세권 등 (을구)

순위번호	등기목적	접수정보	주요등기사항	대상소유자
4	근저당권설정	2015년12월7일 제43436호	채권최고액　금292,600,000원 근저당권자　주식회사부산은행	김▨▨ 등

출처: 대법원 인터넷등기소

여 있고 역 바로 앞에는 이마트가 있다. 초등학생 이하 자녀를 둔 부모들이 선호할 만한 아파트라 인기가 좋다.

그다음은 시세다. 2020년 11월부터 시세가 급등했다(그림 4-16). 감정평가상으론 4억 원 정도였는데 실거래가는 6억 8,500만 원까지 기록됐다. 2020년 11월 19일 부산 해운대, 수영, 동래, 이른바 '해·수·동'이 조정대상지역으로 지정된 여파다. 그와 함께 풍선 효과가 발생하면서 인근 지역으로 투자자들이 몰린 것이다. 해·수·동 인접 지역의 대장 아파트들부터 집값이 요동치더니 단 1~2개월 만에 2억 5,000만 원 이상 올랐다. 하지만 어떤 자산도 가격이 영원히 오르진 않는다. 당국에선 풍선 효과를 차단하기 위해 2020년 12월 17일 부산 전 지역을 조정대상지역으로 묶어버렸다. 규제 여

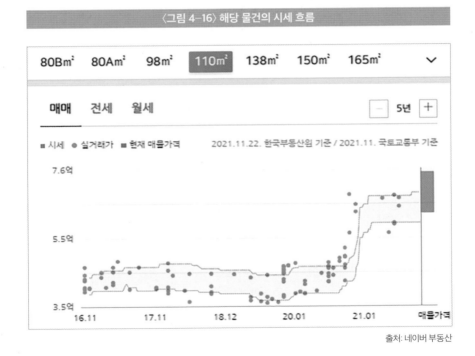

〈그림 4-16〉 해당 물건의 시세 흐름

출처: 네이버 부동산

파로 부산의 주택 매매 거래량이 급감했다. 하지만 일시적인 현상이었다. 2021년 하반기부터 전국 부동산 가격이 다시 요동치기 시작했으니 말이다.

이 물건은 역세권, 브랜드 아파트, 3,000세대가 넘는 대단지라는 큰 장점이 있어서 경쟁이 치열할 것으로 생각했다. 고민에 고민을 거듭한 끝에 미래가치까지 생각해서 입찰가를 조금 높여야겠다고 마음먹었다. 최종적으로 1억 9,612만 원에 입찰했다.

낙찰 후 소장 전달까지

온비드에서 '낙찰'이라는 카톡을 받고 재빨리 입찰자 수를 확인했다. 예상했던 바와 달리 입찰자 수는 한 명, 나의 단독입찰이었다. 이럴 때면 가장 먼저 떠오르는 생각이 이것이다.

'아, 최저가 쓸 걸⋯.'

그렇다고 아쉬움을 마냥 품고 있진 않는다. 낙찰을 받았다는 사실이 중요하기 때문이다. 입찰자 수가 많든 단독입찰이든 상관 없다. 시세 파악을 제대로 한 뒤, 이 물건을 통해 얼마의 수익을 얻을 수 있을지에 집중하는 것이 중요하다.

낙찰 후 매각결정기일까지 공유자 우선매수 신청이 들어올 수 있어 마음을 비우고 있었는데 우선매수는 들어오지 않았다. 소유권이전을 완료하고 바로 부동산처분금지가처분을 진행했다. 협의 도중 소유자가 바뀔 수도 있기 때문이다. 가처분 신청은 빠르면 4일 만에 완료되고, 보통은 7~10일 정도가 걸린다. 가처분 신청을 하고 나서는 공유물분할청구소송 및 부당이득

청구소송을 함께 진행했다. 소장 접수 5일 만에 공유자에게 송달이 됐다. 공유자가 한 명이니 소장을 도달하는 데 별 어려움이 없었다.

채무자와 합의점 찾아가기

이 물건을 통해 내가 원하는 건 세 가지 중 하나였다.

> ① 내가 낙찰받은 2분의 1 지분을 상대방이 매입하는 것
> ② 상대방의 2분의 1 지분을 내가 매입하는 것
> ③ 함께 중개사무소에 매도하는 것

채무자와 연락이 되어 협의점을 찾기 위해 노력했지만 채무자가 연락을 계속 피했다. 공유자인 아내분과 통화하고 싶다고 말씀드렸지만, 본인이 컨트롤하고 있으니 아내와는 통화할 필요 없다는 말만 되풀이할 뿐이었다.

이럴 때 협의와 소송을 동시에 진행하는 이유는 상대방이 연락을 피하거나 협조를 거부할 경우 낙찰자가 할 수 있는 게 없기 때문이다. 소장이라도 접수해야 상대방을 대화의 장으로 끌어낼 수 있다. 함께 협의하여 매도를 하든 공유자·채무자가 낙찰 지분을 인수하든 어떤 조치를 취해야 하는데, 낙찰자가 소장을 접수하지 않으면 상당히 소극적으로 나온다. 심지어는 연락을 피하기도 한다. 이런 지경이면 낙찰자는 발만 동동 구르게 된다.

소장을 받은 공유자가 법무사를 통해 답변서를 제출했다. 내용을 요약하자면 세 가지다.

① 소송은 피고 관할지인 부산에서 해야 한다.

② 부당이득금(월세)은 80만 원이 아니라 22만 원가량이다.

③ 원고와 협의할 생각이 있다.

피고의 답변서를 받은 판사가 곧바로 조정 회부 결정을 내려주었다. 주거용 지분 물건이 경매까지 진행되는 경우는 극히 드물다. 대부분 조정으로 끝난다.

강제조정에 불복해 임료감정을 신청하다

2020년 12월 1일이 조정기일이었는데 나는 출석하지 않았다. 일부러 그런 것은 아니다. 2~3일 전 채무자(공유자의 남편)에게 연락을 취했는데 '조정기일에 갈 생각이 없다'라는 이야기를 들었기 때문이다. 가봤자 시간만 낭비하는 꼴이라 출석하지 않은 것인데 공유자와 공유자 남편은 출석을 한 것이다. 그런 이유로 내가 없는 상태에서 강제조정이 내려졌고, 매달 내가 받아야 하는 부당이득금이 40만 원으로 조정됐다.

나로서는 받아들이기 어려운 결정이었다. 바로 강제조정에 대한 이의신청을 하고 임료감정을 신청했다(그림 4-17). 임료감정 신청비용은 110~130만 원 정도. 비싸긴 하지만 이를 통해 내가 얻을 수 있는 이익이 더 크다면 무조건 신청해야 한다.

2월 15일 임료감정 신청 후 감정료까지 납부했다. 임료감정이 마무리되기까지는 3~4주 정도가 걸린다. 조금이라도 일찍 감정서를 받고 싶다면 감

감 정 신 청 서

사	건	2020가단░░░░공유물분할	[담당재판부:민사6단독]
원	고	주식회사 준민자산관리	
피	고	░░░░	

위 사건에 관하여 원고(선정당사자)는 주장사실을 입증하기 위하여 아래와 같이 임료감정을 신청합니다.

감정의 목적

피고의 부다 사용한 임료를 확정하기 위함

감정의 목적물

별지목록 기재와 같습니다.

감정사항

이 감정목적물의 점유사용에 대한 2020.6.30 부터 2021.4.1 기준으로 보증금 없는 m2당 월 임료가 얼마인지 여부

첨 부 서 류

1. 별지목록 1,2

출처: 대법원 전자소송 사이트

정평가사에게 독촉 전화를 몇 번 하면 된다. 임료감정서가 법원에 도착했다. 60만 원 이상으로 예상했는데 아쉽게도 그에 못 미치는 56만 원으로 나왔다. 그래도 강제조정 시의 40만 원보다는 16만 원이 올랐다. 1년으로 치면 192만 원 차이이니 임료감정 신청을 한 것은 잘한 일이었다.

공유자와 함께 매도하다

임료감정을 끝내고 법원에서 한 번 더 공유자들과 만났다. 이제야 이야기가 통하는 듯했다. 공유자는 지분을 인수할 수 있는 형편이 못 된다며 이사할 집을 알아보고 있다고 했다. 그러면서 서로 적극 협조해서 좋은 가격에 함께 매도하자고 했다. 현재 상황에서 서로에게 가장 좋은 방법이라고 생각돼 나도 동의했다.

소송과 조정을 진행하는 동안 부산 부동산 시세는 올라가는 추세였다. 얼마 지나지 않아 매수자가 나타났고 2021년 10월 29일에 매도했다. 내 지분에 해당하는 금액이 3억 원이었다.

지분 물건이 경매나 공매로 나오면, 누군가는 반드시 해결을 해줘야 한다. 지분을 낙찰받은 후 공유자나 채무자에게 말도 안 되는 가격을 요구하거나 경매로 넘기겠다고 협박하는 사람들도 종종 있다. 메일로 받은 한 사연에서는 2,200만 원에 할머니의 지분을 낙찰받은 사람이 1억 원을 요구한다는 내용도 있었다. 돈에 눈이 멀어 상대방의 아픔이나 불편함, 고통을 외면하는 사람이 되지는 말자. 역지사지의 마음으로 서로에게 이익이 되는 방법을 찾고자 노력하고 진심을 다해 상대방의 이야기를 들어준다면, 항상 고맙다는 이야기를 들으며 낙찰 물건을 해결해나갈 수 있을 것이다.

내 관할 법원 찾는 법

지금은 디지털 시대다. 예전에는 소송 접수를 하려면 해당 법원에 직접 가서 서류를 제출해야 했지만 지금은 전자소송 사이트를 통해 간단하게 마칠 수 있다. 그런데 소송 접수를 할 때 관할 법원을 제대로 알지 못해 애를 먹는 경우를 종종 본다. 우리나라에는 수십 개의 법원이 있는데 과연 어느 법원에 소장을 제출해야 할까?

소장 제출하는 곳

피고의 주소지 또는 부동산 소재지 관할 법원에 소를 제기하면 된다.

만약 피고가 여러 명이고 각각 다른 지역에 거주하고 있다면, 부동산 소재지의 관할 법원에 소를 제기하면 된다.

관할 법원을 잘못 선택한 경우

관할 법원을 잘못 선택해서 소장을 접수했을 경우 해당 법원이 소장을 관할 법원으로 이송한다. 이 경우 내가 접수한 소장이 관할 법원에 도달하기까지 최소 한 달에서 많게는 석 달까지 걸릴 수 있다. 이때는 소를 취하하고 관할 법원에 다시 소를 제기하는 것이 빠르다.

금전 지급을 구하는 경우

받아야 할 돈이 있는 소송[지료(토지 사용료), 임료(월세 상당) 등]일 경우 내가 사는 지역 관할 법원에 소를 제기할 수 있다. 내가 낙찰받은 토지 위에 건물이 있을 경우 건물주에게 지료를 청구할 수 있고, 아파트 2분의 1 지분을 낙찰받았는데 공유자가 그곳에 거주하고 있을 경우 월세 상당의 임료를 청구할 수도 있다. 이때는 원고의 주소지 관할 법원에 소장을 제출하면 되는데 피고가 멀리 살수록 협의가 잘된다. 피고가 부산에 있다면 변론기일 또는 조정기일에 서울까지 와야 하기 때문이다.

빌라 1

1평도 안 되는
지분 물건으로 수익 내다

낙찰자	㈜준민자산관리 유근용 외 1명
낙찰가	489만 3,000원
투자 경과	900만 원에 매도

지분 투자를 할 때는 소액으로 시작하는 것이 좋다. 나 또한 억대의 물건에
입찰하기 전에 1,000만 원 이하 물건들을 통해 경험과 실력을 쌓아나갔다.
이 물건 또한 소액이면서 경험치를 쌓는 데 최적이었다.

2019년 5월 온비드 공매를 통해 부천시 원종동에 있는 다세대주택을 낙
찰받았다. 소유자가 여러 명인 지분 물건이다. 사진으로만 봐도 외관이 심
하게 낙후되어 있었고 주변 환경도 그리 좋지 못했다. 하지만 이런 단점들

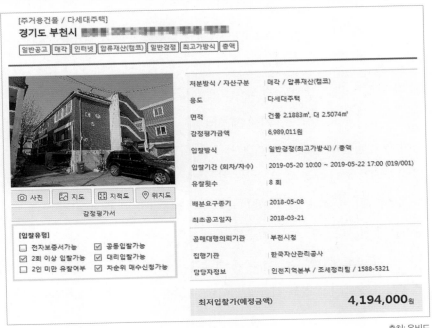

[주거용건물 / 다세대주택]
경기도 부천시 ███ ███ ███ ███ ███ ███

일반공고 | 매각 | 인터넷 | 압류재산(캠코) | 일반경쟁 | 최고가방식 | 총액

처분방식 / 자산구분	매각 / 압류재산(캠코)
용도	다세대주택
면적	건물 2.1883㎡, 대 2.5074㎡
감정평가금액	6,989,011원
입찰방식	일반경쟁(최고가방식) / 총액
입찰기간 (회차/차수)	2019-05-20 10:00 ~ 2019-05-22 17:00 (019/001)
유찰횟수	8 회
배분요구종기	2018-05-08
최초공고일자	2018-03-21
공매대행의뢰기관	부천시청
집행기관	한국자산관리공사
담당자정보	인천지역본부 / 조세정리팀 / 1588-5321

📷 사진 🗺 지도 🗺 지적도 📍 위치도
감정평가서

[입찰유형]
☐ 전자보증서가능 ☑ 공동입찰가능
☑ 2회 이상 입찰가능 ☑ 대리입찰가능
☐ 2인 미만 유찰여부 ☑ 차순위 매수신청가능

최저입찰가(예정금액)   **4,194,000**원

출처: 온비드

때문에 시세보다 싸게 낙찰을 받을 수 있는 것이다. 우리는 오직 이 물건을 통해 수익을 낼 수 있느냐 없느냐만 생각하면 된다.

1평도 안 되는 지분 물건

지분 물건이고 2분의 1이 아닌 33.19㎡ 중 2.1883㎡가 나왔다. 건물과 토지의 면적이 1평도 채 되지 않는다. 나는 이렇게 작은 면적으로 소유할 수 있는 물건들을 특히 좋아한다. 금액과 평수가 작을수록 협상이 잘될 확률이 높기 때문이다.

공매 정보에 실린 사진에서 볼 수 있듯이, 30년 가까이 된 빨간 벽돌집이다. 직접 임장을 해보니 공매 사이트에서 본 사진보다 상태가 더 안 좋았다. 동 간 거리도 짧고 햇빛도 잘 들어오지 않았다. '겨울에는 얼마나 추울까…' 하는 생각이 절로 들었다. 20대 때 이곳보다 더 열악한 환경에서 살아본 경험이 있어서 잠시 감정이입이 됐다. 직접 확인해보진 못했지만 외관만 봐도 내부 상태가 어떨지 감이 잡혔다.

원종동에는 높은 건물이 없다. 대부분 5층짜리이고, 15층 이상 아파트는 찾아보기 힘들다. 왜 그럴까? 근처에 김포공항이 있기 때문이다. 공항 인근이다 보니 고도제한에 묶여서 고층 개발이 어렵다. 하지만 주변에 대곡소사선 공사가 진행되고 있고 서울과 가깝다는 장점으로 개발 기대가 높은 지역이기도 하다.

등기사항전부증명서를 보니 여덟 명의 지분으로 되어 있다(그림 4-19). 공매로 나온 부분 빼고 나머지 일곱 명 중에서 내 지분을 사줄 수 있는 사람 한 명만 찾으면 된다. 소송을 진행하게 될 경우에는 공유자가 세 명에서 일곱 명 정도가 좋다. 이 정도면 소장 송달도 잘되는 편이기 때문이다.

일곱 명의 공유자

이 물건 역시 단독으로 입찰해 낙찰받았다. 나는 단독입찰을 즐기는 편으로 지금까지 낙찰받은 물건 중 20~30%가 단독입찰이었다.

주요 등기사항 요약 (참고용)

[주 의 사 항]
본 주요 등기사항 요약은 증명서상에 말소되지 않은 사항을 간략히 요약한 것으로 증명서로서의 기능을 제공하지 않습니다.
실제 권리사항 파악을 위해서는 발급된 증명서를 필히 확인하시기 바랍니다.

[집합건물] 경기도 부천시 ▓▓▓ ▓▓▓ ▓▓▓ ▓▓▓▓▓   고유번호 ▓▓▓▓-▓▓▓▓-▓▓▓▓▓

1. 소유지분현황 (갑구)

등기명의인	(주민)등록번호	최종지분	주　　　　　소	순위번호
▓▓▓ (공유자)	▓▓▓▓▓-*******	91분의 14	강원도 양구군 ▓▓▓▓ ▓▓▓▓ ▓▓▓	3
▓▓▓ (공유자)	▓▓▓▓▓-*******	91분의 4	경기도 부천시 ▓▓▓▓ ▓▓▓▓ ▓▓▓▓▓ ▓▓ ▓▓	3
▓▓▓ (공유자)	▓▓▓▓▓-*******	91분의 14	경기도 안양시 ▓▓▓▓ ▓▓▓ ▓▓▓▓▓ ▓▓ ▓	3
▓▓▓ (공유자)	▓▓▓-*******	91분의 21	경기도 부천시 ▓▓▓▓ ▓▓▓▓▓ ▓▓▓▓ ▓ ▓▓	3
▓▓▓ (공유자)	▓▓▓▓▓-*******	91분의 14	강원도 양구군 ▓▓▓▓ ▓▓▓ ▓▓▓	3
▓▓▓ (공유자)	▓▓▓▓▓-*******	91분의 6	경기도 부천시 ▓▓▓▓ ▓▓▓▓▓ ▓▓ ▓▓ ▓	3
▓▓▓ (공유자)	▓▓▓-*******	91분의 4	경기도 부천시 ▓▓▓▓ ▓▓▓▓▓▓ ▓▓▓▓	3
▓▓▓ (공유자)	▓▓▓▓-*******	91분의 14	경기도 부천시 ▓▓▓▓ ▓▓ ▓▓▓▓▓▓ ▓▓-▓, ▓▓▓▓▓▓	3

2. 소유지분을 제외한 소유권에 관한 사항 (갑구)

순위번호	등기목적	접수정보	주요등기사항	대상소유자
4	압류	2015년9월22일 제128151호	권리자 부천시원미구	▓▓▓▓
5	압류	2015년12월11일 제168490호	권리자 국	▓▓▓▓

출처: 대법원 인터넷등기소

489만 3,000원에 낙찰을 받은 후 매매의뢰서를 모든 공유자에게 보냈지만 답장이 없었다. 소유권이전을 한 후 바로 공유물분할소장을 접수했다. 앞서도 강조했지만, 협상이 잘되든 아니든 소송은 진행해야 한다. 공유자들의 마음은 하루에도 수십 번 바뀌기 때문에 소장을 접수해놓고 협상에 임해야 시간과 에너지를 덜 쓰게 된다.

공유자가 일곱 명이라 소송비용이 50만 원 조금 넘게 나왔다. 평균적으로 공유자 1인당 7만 원에서 7만 5,000원 정도의 비용이 발생한다고 생각하면 된다. 참고로 협의가 빨리 이뤄져 중간에 소를 취하하게 되면 남은 소송비용은 한두 달 안에 돌려받는다.

소장이 각자에게 도달했을 때쯤 집으로 우편 한 통이 날아왔다.

안녕하세요. 소장(사건번호: 2019 가단 0000) 피고 대리인 김○○입니다.

청구취지 내용의 원만한 해결을 위해 아래 연락처로 연락 바랍니다.

010-○○○○-○○○○

(연락처가 없어서 부득이하게 주소로 연락드립니다.)

 공유자 중 한 명이었다. 내 전화번호를 몰라서 우편으로 연락한 것이다. 바로 전화를 걸어보니 내 지분을 매입하고 싶다고 했다.

공유자 중 한 명에게 매도하다

매입하길 원하는 공유자와 연락이 됐으니 이제 가격 협상만 남았다. 감정가는 698만 9,011원이었고 낙찰가는 489만 3,000원이었다. 가격 협의를 할 때 가장 중요한 것은 현재 시세를 바탕으로 해야 한다는 것이다. 지분을 기준으로 봤을 때 1,000만 원이 시세였기 때문에 협상을 1,000만 원에서 시작했다.

 또한 이곳은 개발 가능성이 큰 곳이다. 대규모 개발은 어렵지만 해당 빌라 두 동과 양쪽에 있는 건물을 합쳐 빌라를 새로 짓거나 단지가 크지 않은 나 홀로 아파트를 지을 수 있다. 입찰 전 임장했을 때 이런 정보를 얻을 수 있었다. 몇 년 전부터 추진하고자 했으나 어르신 두 분이 동의하자 않아 개발이 계속 미뤄지고 있다고 했다. 시간의 문제일 뿐 언젠가는 개발이 진행될 곳이다. 이런 기대감 때문에 물건을 내놓는 사람이 드물뿐더러 혹시라도 물건이 나오면 바로 매매가 된다고 한다. 우편을 보낸 공유자도 이런 사실을 알고 있었다.

이런 이유에서 시세대로 1,000만 원을 매도 금액으로 제시했고 몇 번의 협의 끝에 900만 원에 매도하기로 합의했다. 강원도에 사는데 계약 및 소유권이전을 하기 위해 부천까지 가야 하니 사정 좀 봐달라는 말에 바로 100만 원을 내려드렸다.

상대방은 시세보다 저렴하게 매입할 수 있어서 좋고 나는 공매를 통해 싸게 매입해서 수익을 얻을 수 있어서 좋다. 이게 바로 윈윈 투자법이다.

매매 계약을 할 때 반드시 매수자를 직접 만나야 하는 건 아니다. 법무사 한 곳을 정해서 필요한 서류를 보내면 시간을 절약할 수 있다. 이 물건 역시 우편으로 매도 서류를 보낸 뒤 입금을 받고 마무리했다.

e-그린우편을 통해
매매의뢰서 보내는 법

내용증명이든 매매의뢰서든, 인터넷우체국을 이용하면 집에서 편하게 발송할 수 있다. 내용증명과 매매의뢰서를 보내는 방식은 동일하니 잘 활용하길 바란다.

① 인터넷우체국(epost.go.kr)에 가입한다.

② 상단 메뉴 바 맨 앞에 있는 3개짜리 선(≡)을 누른다.

③ 전자우편에서 'e–그린우편'을 클릭한다.

④ '신청하기'를 누른다.

⑤ 우편물 선택에서 보내고 싶은 방식을 체크한다.

⑥ '받는 분'에 공유자의 이름과 주소를 적고, '받는 분 목록'에 추가를 누른다.

⑦ '본문작성' 클릭 후 '우편직접작성'을 체크하고 하고 싶은 말을 적는다.

출처: 인터넷우체국

⑧ 주소검증을 해주고 확인을 누른다.

⑨ 마지막으로 원하는 결제 방식을 선택한 후 입금한다.

※ 매매의뢰서나 내용증명을 보낸다고 해서 상대방에게 반드시 연락이 오는 것은 아니다. 80% 이상은 연락이 없다. 법적 효력이 없을뿐더러 공유자들이 등기부상에 나와 있는 주소지에 살고 있을 가능성도 적기 때문이다. 연락이 없다고 해서 실망할 필요는 없다. 공유물분할청구소송을 진행하면 공유자와 반드시 연락을 취할 수 있다.

내놓은 지 2시간 만에
매도하여 수익을 안기다

낙찰자	㈜준민컴퍼니 유근용
낙찰가	2,510만 원
투자 경과	2,900만 원에 매도

지분 물건을 낙찰받아 공유자들과 함께 일반매매로 매도한 사례다. 성남시 중원구 은행동에 있는 주거용 지분 물건을 법인으로 낙찰받았다. 5분의 1 지분에 단독입찰이었다. 낙찰 후 단독입찰이었다는 걸 알게 되면 아쉬운 마음이 들기 마련인데, 수익을 낼 수 있다는 확신만 있다면 과감하게 도전해야 한다.

열기 수원지방법원 성남지원	대법원바로가기	법원안내		가로보기	세로보기	세로보기(2)

2019 타경 █████ (강제)		매각기일 : 2020-01-06 10:00~ (월)		경매4계 031-737-1324	
소재지	(13164) 경기도 성남시 ██ ██ ██████ ██████ ████ ████ ██ ████ ████				
	[도로명] 경기도 성남시 ████ ████ ██████ ██████ ██████				
용도	다세대(빌라)	채권자	롯데카드	감정가	33,000,000원
대장용도	다세대주택	채무자	███	최저가	(70%) 23,100,000원
지분대지권	2,406㎡ (0.73평)	소유자	██████	보증금	(10%) 2,310,000원
지분전용	9,782㎡ (2.96평)	매각대상	토지/건물지분매각	청구금액	6,527,667원
사건접수	2019-04-18	배당종기일	2019-07-09	개시결정	2019-04-22

기일현황

회차	매각기일	최저매각금액	결과
신건	2019-12-02	33,000,000원	유찰
2차	2020-01-06	23,100,000원	매각
████/입찰1명/낙찰25,100,000원(76%)			
	2020-01-13	매각결정기일	허가

출처: 스피드옥션

상속 후 지분 변동이 발생한 빌라

우선 건물 외관만 봐도 오래된 빌라다(그림 4-22). 동네 역시 빨간 벽돌에 낙후된 빌라들이 밀집되어 있는 곳이다. 좁은 면적에 주변이 다세대주택들로 가득 차 있어 주거 환경이 그리 좋지 못하다. 그나마 물건지 양옆에 은행식물원, 은행공원, 지혜공원 등이 있어 답답함을 조금은 덜어

〈그림 4-22〉 해당 물건의 건물 외관

출처: 네이버지도(https://map.naver.com)

주는 느낌이다.

8호선 남한산성입구역과는 거리가 꽤 멀다. 직선거리로 약 900m인데 중부초등학교를 기점으로 경사가 심해지므로 도보로 지하철을 이용하기에는 쉽지 않다. 다행인 것은 마을버스가 자주 다닌다는 점이다.

등기사항전부증명서를 살펴보니, 2015년 다섯 명에게 5분의 1씩 상속된 상태였다. 이 물건에 꼭 입찰해야겠다고 마음먹은 이유는 상속 후 공유자들의 지분에 변동이 몇 번 있었기 때문이다. 김○○의 지분을 일반매매로 김□□이 2,000만 원에 매입했고(친인척 관계로 보임), 또 한 명의 지분권자인 김△△의 지분은 강제경매로 2018년 3월 20일에 텔○○○○라는 법인에 매각됐다. 매각 결과를 찾아보니 2,300만 원에 단독으로 낙찰을 받았었다. 내가 낙찰받은 금액보다 210만 원 저렴하게 말이다.

등기사항전부증명서 요약본을 보면 상속인 중 큰형님이 5분의 2를 소유하고 있고(위의 두 줄), 막냇동생과 텔○○○○ 그리고 채무자가 5분의 1씩 소유권을 나눠 갖고 있음이 드러난다(그림 4-23). 채무자가 카드값을 갚지 못해 지분이 경매로 넘어간 것이다.

형제 공유자들과 일반매매를 협의하다

형제 공유자가 둘이나 있기에 공유자 우선매수가 들어올 확률이 높다고 생각됐다. 그래서 입찰을 할지 말지 망설이다가, 못 먹는 감 찔러나 보자는 생각으로 도전했다. 2,510만 원에 입찰해 낙찰을 받았고, 다행히 우선매수 신청은 없었다.

주요 등기사항 요약 (참고용)

[주 의 사 항]

본 주요 등기사항 요약은 증명서상에 말소되지 않은 사항을 간략히 요약한 것으로 증명서로서의 기능을 제공하지 않습니다.
실제 권리사항 파악을 위해서는 발급된 증명서를 필히 확인하시기 바랍니다.

고유번호 ▨▨ ▨▨ ▨▨

[집합건물] 경기도 성남시 ▨▨▨ ▨▨▨ ▨▨ ▨▨▨ ▨▨ ▨▨

1. 소유지분현황 (갑구)

등기명의인	(주민)등록번호	최종지분	주　　　　　소	순위번호
김▨▨ (공유자)	▨▨▨-*******	5분의 1	경상북도 구미시 ▨▨▨ ▨▨ ▨▨ ▨▨▨▨▨▨	2
김▨▨ (공유자)	▨▨▨-*******	5분의 1	경상북도 구미시 ▨▨▨ ▨▨ ▨▨ ▨▨▨▨	6
김▨▨ (공유자)	▨▨▨-*******	5분의 1	서울특별시 송파구 ▨▨▨▨▨▨ ▨▨▨	2
김▨▨ (공유자)	▨▨▨-*******	5분의 1	경기도 성남시 ▨▨▨ ▨▨ ▨▨▨	2
델 ▨▨▨▨▨▨	▨▨▨-▨▨▨▨▨	5분의 1	경기도 고양시 ▨▨▨ ▨▨▨ ▨▨▨	8

2. 소유지분을 제외한 소유권에 관한 사항 (갑구)

순위번호	등기목적	접수정보	주요등기사항	대상소유자
10	강제경매개시결정	2019년4월22일 제19816호	채권자 롯데카드주식회사	▨▨

3. (근)저당권 및 전세권 등 (을구)
- 기록사항 없음

[참 고 사 항]
가. 등기기록에서 유효한 지분을 가진 소유자 혹은 공유자 현황을 가나다 순으로 표시합니다.
나. 최종지분은 등기명의인이 가진 최종지분이며, 2개 이상의 순위번호에 지분을 가진 경우 그 지분을 합산하였습니다.
다. 지분이 통분되어 공시된 경우는 전체의 지분을 통분하여 공시한 것입니다.
라. 대상소유자가 명확하지 않은 경우 '확인불가'로 표시될 수 있습니다. 정확한 권리사항은 등기사항증명서를 확인하시기
　　바랍니다.

출처: 대법원 인터넷등기소

　　낙찰 후 해당 물건지로 향했다. 벨을 눌렀지만 아무도 없었다. 연락을 달
라는 쪽지를 붙이고 집으로 돌아왔다. 몇 시간 뒤 거주 중인 채무자에게 연
락이 왔는데 휴대전화가 없어서 공중전화로 연락한다고 했다. 이야기를 들
어보니 사정이 매우 딱했다. 문제를 빠르게 해결하려면 다른 공유자들과 연
락이 닿아야 했는데 형제들을 볼 면목이 없는지 연락처를 알려주지 않았다.
나만의 힘으로 찾아내야 했다.

다른 공유자들과 연락을 취하는 가장 빠른 방법은 소장을 접수하는 것이다. 등기사항전부증명서상에 있는 주소로 찾아가거나 우편을 보내는 방법이 있기는 하지만, 요즘같이 이사를 많이 다니는 시대에는 서류에 적혀 있는 주소로 찾아가 봤자 다른 사람이 살고 있을 확률이 80% 이상이다.

2020년 3월 26일, 소장 접수 후 18일 정도 지난 시점에 모든 공유자에게 소장이 전달됐다. 얼마 지나지 않아 한 통의 전화를 받았다(소장을 받으면 80% 이상은 연락이 오게 되어 있다). 공유자 중 한 명인 큰형님이었다.

나는 그동안의 경험을 바탕으로 서로에게 가장 좋은 방법으로 해결될 수 있도록 몇 가지 협의안을 설명해드렸다. 상대방은 대체로 수긍하는 기색이었고 그 집에 대해 전반적인 상황을 들려주었다.

"둘째 동생이 문제가 많아 함께 상속받은 재산이 경매로 넘어갔네요. 현재 저와 막냇동생이 매입할 능력은 안 됩니다. 혹시 선생님이 낙찰받은 그 가격으로 우리 지분을 인수할 생각은 없으신가요? 현재 살고 있는 동생은 제가 막냇동생과 이야기해서 새로운 월셋집을 얻어주든가 하겠습니다."

정말 좋은 제안이다. 공유자들의 지분을 내가 낙찰받은 금액에 매입해서 매도한다면 수익이 지금보다 3배는 커질 수 있으니 말이다.

하지만 바로 결정할 수는 없었다. 4월에 계약한 또 다른 주택이 있었는데 6월에 잔금을 납부해야 하는 터라 여기서 되도록 서둘러 자금을 회수해야 했기 때문이다. 게다가 텔○○○○ 법인이 5분의 1 지분을 가지고 있다는 점도 문제가 될 수 있다. 그곳과 협의가 제대로 되지 않을 경우 전체를 경매로 진행시켜야 할 수도 있다.

우선 추가 수익은 얻지 못하더라도 모두가 윈윈할 방법을 생각했다. 다시 큰형님과 통화해서 함께 일반매매로 매도하자고 제안했다. 두 공유자로서는 거절할 이유가 없었기에 흔쾌히 동의했다. 이제 5분의 1을 소유하고 있는 텔ㅇㅇㅇㅇ만 남았다.

일반매매로 의견 통일

큰형님 얘기로는 2018년 동생의 지분이 경매로 매각된 후 텔ㅇㅇㅇㅇ에서 내용증명 한 통을 받았다고 한다. 내용증명에 텔ㅇㅇㅇㅇ 이사의 연락처가 적혀 있다는 것이다. 전화번호를 전달받아 바로 통화를 시도했다. 정중하게 내 소개를 한 뒤 이야기를 나눴는데, 이 물건에 대한 텔ㅇㅇㅇㅇ의 속마음을 알 수 있었다.

"낙찰을 처음 받아봤습니다. 낙찰 후 내용증명을 보냈는데 그 뒤로 어떻게 진행해야 할지 몰라 그냥 신경 안 쓰고 있었네요. 전화 주신 대표님이 이쪽 분야에 대해서 잘 아시는 것 같으니 대표님이 하시는 대로 따라가겠습니다."

일이 내 뜻대로 술술 풀려나가는 듯했다. 두 번의 전화 통화로 모든 지분 권자의 의견을 통일할 수 있었다. 지체 없이 물건지 인근 중개사무소 몇 곳에 매물을 내놓았다. 해당 물건은 수리 여부에 따라 1억 3,500만 원부터 1억 4,500만 원 선에서 거래되고 있었다. 거래가 활발한 곳은 아니었지만 성남 지역 재건축, 재개발이 워낙 핫하다 보니 이쪽 지역 개발에 대한 기대 감이 약간 있는 편이었다. 물건지 바로 옆에 있는 중개사무소 소장님이 물건지를 방문했고, 다행히 채무자가 집에 있어서 집 내부를 살펴보며 사진을 찍을 수 있었다.

집 상태는 정말 좋지 못했다. 25년 가까이 단 한 번도 수리를 한 적이 없는 주택이었다. 심지어 벽지와 장판도 집 지을 때 해둔 그대로가 아닐까 싶을 정도였다. 그래도 혼자 거주한 곳이라 나름대로 깔끔하게 쓴 흔적이 보였다. 수리가 무조건 필요한 집이었지만 수리 없이 매도하기로 했다. 중개사무소 소장님은 수리가 안 되어 있으면 1억 4,000만 원도 받기 힘들다고 했지만, 나는 1억 4,500만 원 이상 받아달라고 이야기했다. 사장님은 노력해보겠다고 했고, 놀랍게도 물건을 내놓은 지 2시간 만에 매수인이 나타났다. 그리고 바로 계약금 1,000만 원을 입금받았다. 이제 이 사실을 다른 공유자들에게 알리면 모든 일이 마무리되는 셈이다.

한 공유자의 욕심

그런데 문제가 발생했다. 공유자 텔○○○○의 태도가 돌변한 것이다. 위임할 테니 알아서 해달라고 할 때는 언제고, 매도 계약을 완료하니 이제 와서 그 가격에는 못 팔겠다고 한다. 첫 통화를 이사와 했는데 나중에 대표이사가 "우리가 그 가격에 팔려고 낙찰받은 건 아니지 않나?"라며 매도를 거부했다는 것이다.

1억 4,500만 원이면 괜찮은 가격이다. 전체 수리를 해야 1억 5,000만 원 정도 받을 수 있기 때문이다. 코로나19 여파로 매수 심리가 위축된 상황에서 가장 좋은 가격에 매도할 수 있는 절호의 찬스였다.

텔○○○○ 이사와 대표는 시세를 전혀 모르고 있는 듯했다. 만약 협의가 안 된다면 전체 지분을 '형식적 경매'로 넘길 수밖에 없다고 했더니, "경매 넘어가면 대표님도 손해를 볼 텐데 설마 그렇게 하시겠어요?"라고 반응했다. 내 손해를 감수하고 경매 절차까지 진행하겠냐는 것이다. 당연히 할 수 있다. 협의가 안 되면 끌려다닐 필요가 전혀 없다. 경매를 진행시킨 후 내가 다시 낙찰받아 온전히 하나로 만든 후 매도하면 수익이 더 커질 수 있기 때문이다. 다만 시간이 조금 더 걸릴 뿐이다. 이래서 협상과 소송은 무조건 동시 진행을 해야 한다. 중간에 어떤 변수가 생길지 모르기 때문이다.

아무튼, 이사와 그런 얘기를 주고받은 시점이 주말이라 평일에 실무자를 통해서 시세를 파악해보라고 이야기한 뒤 통화를 끝냈다. 이틀 뒤 오전 텔ㅇ ㅇㅇㅇ 측에서 연락이 왔다. 시세 파악 후 내부 회의를 거친 결과 매도하기로 결정이 났다고 한다. 이제 매도 서류 준비만 남았다.

필요한 정보를 공유자들에게 받은 뒤 중개사무소에 전달했다. 잔금 날짜는 현재 거주자가 이사를 나가는 날로 정했다. 한 달 안에 이사하는 것으로 확답을 받았고 매도까지 아무 탈 없이 빠르게 진행됐다.

여러 사람과 협의하느라 조금 바빴지만 이런 바쁨이라면 언제나 환영이다. 공유자들과의 협의는 스릴과 쾌감을 안겨준다. 전혀 해결될 것 같지 않은 상황에서도 언제나 해결책이 나오니 말이다. 해결책을 찾는 것은 낙찰자 몫이다. 노하우가 쌓일수록 협상력은 높아지고 이해관계인들을 컨트롤하는 능력 또한 향상된다. 공유물분할청구소송 하나만 알고 있어도 공유자들에게 절대 휘둘리지 않는다. 지분 투자에 대해서 공부해야 하는 이유다.

이익을 극대화하는
상황별 노하우

주거용 지분 물건이라고 해서 채무자 또는 공유자가 낙찰받은 물건지에 살고 있다는 보장은 없다. 다음과 같이 여러 가지로 생각해볼 수 있는데, 누가 살고 있느냐에 따라 대응 방법이 조금씩 다르다.

채무자와 공유자가 함께 살고 있는 경우

가장 협의하기 좋은 상황이고 대부분 빠르게 해결된다. 이곳에 채무자와 공유자가 함께 거주하고 있기 때문에 낙찰자의 2분의 1 지분에 대한 사용료를 받을 수 있다.

집이 비워져 있는 경우

집이 비워져 있을 때는 공유자를 빨리 찾는 것이 중요하다. 그런 다음 모든 공유자와 협의하여 매도하는 것이 최고의 해법이다.

채무자만 살고 있는 경우

채무자가 거주하고 있을 때도 집이 비워져 있는 경우와 마찬가지로 다른 공유자를 빨리 찾는 것이 중요하다. 채무자가 월세를 줄 수 있는 상황이 아닌 경우가 대부분이기 때문에 공유자와 협의해서 채무자를 이사시키고 함께 매도하는 것이 가장 좋은 방법이다. 공유자들이 어떤 반응도 보이지 않고 채무자가 어떻게 되든 신경을 안 쓰는 경우도 있는데, 이때는 어쩔 수 없이 장기전에 돌입해야 한다. 공유물분할청구소송을 진행한 후 누군가에게 매각될 때까지 기다려 배당을 받아야 한다.

세입자가 살고 있는 경우

주거용 지분 물건 중에서 세입자가 살고 있는 경우는 극히 드물다. 그렇지만 간혹 대항력이 있는 세입자가 거주 중인 경우가 있다. 이때는 입찰을 하지 않으면 될 것이고, 유찰이 많이 되어 세입자에게 보증금을 돌려주고도 수익을 낼 수 있는 가격까지 떨어진다면 입찰해볼 수도 있다. 이때는 낙찰자가 세입자에게 우선 보증금을 모두 돌려준 후 공유자에게 구상권을 청구할 수 있다. 다소 복잡하기 때문에 큰 수익이 날 것 같지 않다면 입찰하지 않는 게 좋다.

オ피스텔

어려움에 빠진 공유자를 돕고
수익도 낸 '윈윈' 투자

낙찰자 ▶	㈜준민컴퍼니 유근용 외 1명
낙찰가 ▶	6,475만 원
투자 경과 ▶	7,800만 원에 매도

2020년 1월 9일 인천에 있는 오피스텔 2분의 1 지분을 실전반 수강생 한 명과 함께 낙찰받았다. 주거용 지분 투자의 장점은 토지 투자보다 협의가 수월하다는 것이다. 토지는 없어도 살 수 있지만 집 없이는 살 수 없기 때문이다. 이 물건의 경우 입지가 워낙 좋고 GTX 호재까지 있어 시간이 지날수록 가치는 더 높아질 것이라 생각했다. 아파트를 대체할 수 있는 오피스텔이란 점도 매력적이었다.

〈그림 4-24〉 해당 물건의 공매 정보

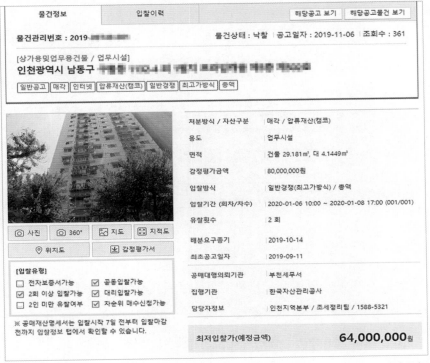

물건정보 | 입찰이력 | 해당공고 보기 | 해당공고물건 보기

물건관리번호 : 2019-[redacted] 물건상태 : 낙찰 | 공고일자 : 2019-11-06 | 조회수 : 361

[상가용및업무용건물 / 업무시설]

인천광역시 남동구 [redacted]

일반공고 | 매각 | 인터넷 | 압류재산(캠코) | 일반경쟁 | 최고가방식 | 총액

사진 | 360° | 지도 | 지적도

위치도 | 감정평가서

[입찰유형]

- ☐ 전자보증서가능
- ☑ 공동입찰가능
- ☑ 2회 이상 입찰가능
- ☑ 대리입찰가능
- ☐ 2인 미만 유찰여부
- ☑ 차순위 매수신청가능

※ 공매재산명세서는 입찰시작 7일 전부터 입찰마감 전까지 입찰정보 탭에서 확인할 수 있습니다.

처분방식 / 자산구분	매각 / 압류재산(캠코)
용도	업무시설
면적	건물 29.181㎡, 대 4.1449㎡
감정평가금액	80,000,000원
입찰방식	일반경쟁(최고가방식) / 총액
입찰기간 (회차/차수)	2020-01-06 10:00 ~ 2020-01-08 17:00 (001/001)
유찰횟수	2 회
배분요구종기	2019-10-14
최초공고일자	2019-09-11
공매대행의뢰기관	부천세무서
집행기관	한국자산관리공사
담당자정보	인천지역본부 / 조세정리팀 / 1588-5321
최저입찰가(예정금액)	64,000,000원

출처: 온비드

더블 역세권에 GTX 호재까지 갖춘 곳

온비드 공매 정보에서 '위치 및 이용현황'을 보니 기타사항에 공동소유자가 거주 중인 것으로 확인됐다는 문구가 있다(그림 4-25). 좋은 신호다. 채무자와 공유자가 함께 거주하고 있다면 공유자와 협의가 잘될 가능성이 크고 협의가 잘 안 될 경우에도 2분의 1 지분을 사용하는 대가로 월세(부당이득금) 청구를 할 수 있으니 말이다.

▌면적 정보

번호	종별(지목)	면적	지분	비고
1	건물 > 건물	29.181㎡	-	지분(총면적 58.362㎡)
2	토지 > 대	4.1449㎡	-	지분(총면적 560.7㎡)

▌위치 및 이용현황

소재지	지번	인천광역시 남동구 ▓▓▓▓▓▓▓▓▓▓▓▓▓▓▓▓▓▓▓
	도로명	인천광역시 남동구 ▓▓▓▓▓▓▓▓▓▓▓▓▓▓▓▓▓▓▓
위치 및 부근현황		본건은 인천광역시 남동구 구월동 소재 인천시청 남서측 인근에 위치하는 오피스텔로서, 인근은 공공기관, 업무시설, 상업시설 등이 소재하는 지역으로서 주위환
이용현황		본건은 오피스텔임.
기타사항		전입세대 열람내역상 '이**(2015.07.14)' 등재되어 있으며, 정확한 임대 및 점유관계 미상이나 현장조사시 공동소유자 ▓▓▓ 거주중인 것으로 탐문조사되었음.

출처: 온비드

'입찰 전 알아야 할 주요사항'을 살펴보니 '유의사항'에 '천장 누수가 있는 것으로 확인된다'라는 문구가 있다. 고장 나거나 부서진 곳이 있으면 수리하면 된다. 이런 경우에는 수리비까지 고려해서 입찰가를 산정한다.

입지를 보자. 위치가 정말 좋다. 인천시청역에서 직선거리로 390m다(그림 4-26). 더 가까운 곳에 예술회관역(268m)이 있으니 더블 역세권이다. 공원도 잘 조성되어 있고 상업지역이라 볼거리, 먹을거리가 가득하다. 가까이에 홈플러스와 CGV도 있어 문화생활을 즐기기에도 더없이 좋은 곳이다. GTX-B 노선 호재도 있어 미래가치도 뛰어나다. 언제 개통될지는 모르겠지만 인천시청역에 GTX가 생기면 트리플 역세권이 될 것이고, 서울까지의 이동 시간이 획기적으로 줄어들 것이다.

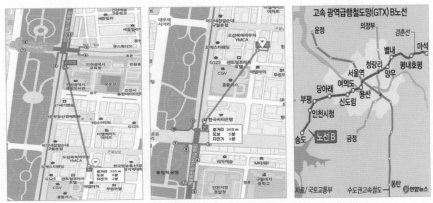

〈그림 4-26〉 해당 물건의 입지와 GTX-B 예상 노선도

출처: 네이버지도(https://map.naver.com), 〈연합뉴스〉

낙찰 후 물건지를 방문하다

6,475만 원에 입찰해 낙찰받았다. 입찰자는 두 명이었고 2등과는 56만 원 차이였다. 감정가는 8,000만 원으로 낙찰가율은 감정가 대비 80.94%였다.

낙찰받고 4일 후 월요일 오전 10시에 매각결정이 떨어졌다. 공유자로부터 공유자 우선매수가 들어오지 않았기에 바로 현장을 찾았다.

물건지에 도착해 주변 중개사무소를 돌며 시세를 알아봤는데 정부의 오피스텔 규제 탓에 매매가 잘 되지 않는다고 했다. 한 가지 재미난 점이 있었다. 2분의 1 지분의 감정가가 8,000만 원이니 온전히 하나로 합치면 이 오피스텔의 가치는 1억 6,000만 원이 된다. 2019년 8월에 1억 7,500만 원에 거래가 됐는데 현재는 매매가 안 되고 있다. 그런데 전세 가격은 1억 7,500만 원에서 1억 8,000만 원 정도로 형성되어 있다는 것이다. 매매는 안 되지만, 전세는 없어서 못 구하는 실정이라고 한다. 소유권이전을 한 뒤 공유자의 지분을 인수해 하나로 만든 다음 전세를 놓는다면 바로 수익을 얻을 수 있는 구조가 되는 것이다.

중개사무소에 이어서 물건지를 방문했다. 벨을 눌렀지만 인기척이 없었다. 항상 하던 대로 연락을 달라는 쪽지 2개를 현관문에 붙이고 돌아왔다. 2시간 정도 흘렀을까. 낯선 번호로 전화가 왔다. 순간 '이해관계인이겠구나'라는 생각이 들었는데 내 예상이 맞았다.

너무나도 안타까운 사연

공유자는 아니고 공유자의 약혼자였다. 그분은 바로 만나기를 원했다. 저녁 8시쯤 내가 사는 곳 근처 커피숍으로 약혼자가 찾아왔다. 1시간 동안 대화하면서 이 집의 역사를 알게 됐다. 전남편이 문제였다. 함께 사는 동안에 사고를 많이 쳤고 빚을 많이 진 상태에서 결국 이혼을 하게 됐다고 한다. 세금도 많이 밀렸는데 납부하지 않아 전남편의 2분의 1 지분이 공매로 넘어간 것이다. 문제는 여기서 그치지 않는다.

등기사항전부증명서 요약본을 살펴보자(그림 4-27). 3번 을구를 보면 신한은행과 윤○○의 이름으로 근저당권이 설정되어 있다. 1번 근저당권은 오피스텔을 매입했을 때 부부 공동명의로 대출을 받은 것이다. 문제는 2번 근저당권이다. 전남편이 사채를 썼다고 한다. 정확한 금액은 1,500만 원인데 이자가 계속 불어나고 있다. 사채를 쓴 건 전남편이기 때문에 보통 2분의 1 지분이 경·공매로 넘어간다면 2번 근저당에 대해서는 신경을 쓰지 않아도 된다. 하지만 현재 공유자가 큰 실수를 저질렀다. 전남편이 사채를 썼을 때

[집합건물] 인천광역시 남동구 ████ ████ ████ ████ ████ ████   고유번호 ████ ████ ████

1. 소유지분현황 (갑구)

등기명의인	(주민)등록번호	최종지분	주 소	순위번호
████ (공유자)	████-******	2분의 1	경기도 부천시 ████ ████ ████	3
████ (공유자)	████-******	2분의 1	인천광역시 남동구 ████ ████ ████	2

2. 소유지분을 제외한 소유권에 관한 사항 (갑구)

순위번호	등기목적	접수정보	주요등기사항	대상소유자
4	압류	2016년1월8일 제1063호	권리자 국	████
5	압류	2016년11월14일 제423024호	권리자 국	████
7	압류	2017년2월17일 제53171호	권리자 국민건강보험공단	████
9	압류	2019년2월14일 제51256호	권리자 남동구(인천광역시)	████

3. (근)저당권 및 전세권 등 (을구)

순위번호	등기목적	접수정보	주요등기사항	대상소유자
1	근저당권설정	2015년8월7일 제70086호	채권최고액 금144,000,000원 근저당권자 주식회사신한은행	████ 등
2	근저당권설정	2015년11월4일 제106130호	채권최고액 금22,500,000원 근저당권자 윤████	████ 등

출처: 대법원 인터넷등기소

제대로 알지도 못한 상태에서 연대보증을 서준 것이다. 이야기를 듣고 보니 정말 최악의 상황이었다.

어떤 상황에서도 해법은 있다

공매 절차가 진행된 후 배당을 한 푼도 받지 못한 사채업자는 돈을 끝까지 받아낼 요량으로 공유자의 지분까지 경매로 넘겼다. 하지만 경매 절차가 진행되어 누군가에게 낙찰이 되더라도 사채업자는 한 푼도 배당을 받지 못한다. 신한은행에서 먼저 배당을 받아 가면 남는 돈이 없기 때문이다. 그렇다고 돈을 빌려준 사채업자가 순순히 포기할까? 돈을 다 받아낼 때까지 평생 공유자를 쫓아다닐 것이다. 이야기를 들어보니 너무나 안타까운 상황이었다. 남자 하나 잘못 만나서 이게 무슨 고생인가. 이대로 가만히 있을 수는 없었다.

내가 아는 지식과 경험을 총동원해서 도움을 드리고 싶었다. 가장 좋은 방법을 찾기 위해 그분과 지속적으로 통화를 했고 아낌없이 조언도 드렸다. 다행히 그분이 내 말에 잘 따라와 줬고, 마침내 사태를 원만하게 해결할 방법을 찾아냈다.

우선 사채업자를 만나 이자는 제외하고 원금 중 일부만을 갚는 조건으로 해결했다. 그리고 내가 낙찰받은 지분을 공유자가 인수하는 조건으로, 신한은행을 통해 새로 70%까지 대출을 받아 집을 온전히 공유자의 소유로 만들었다.

사채업자에게 돈을 갚았기 때문에 진행 중이던 경매는 당연히 취하가 됐다. 새롭게 대출을 받기 위해서는 은행에 계약서를 제출해야 했기에 빠르게 약속을 잡았다. 내가 미리 작성해 간 매도 계약서를 보여드렸다. 매도 가격은 7,900만 원이었다. 계약서에 도장을 찍기 전 공유자와 약혼자가 조금만 더 깎아줄 수 없냐며 사정을 하기에 그 자리에서 쿨하게 100만 원을 더 깎아드렸다. 최종 매도 가격은 7,800만 원이다. 계약금 780만 원을 우선 입금받고 일주일 뒤 법무사 사무소에서 잔금을 받고 필요 서류들을 건네는 것으로 이 물건은 내 손을 떠났다.

계약 당일에 공유자의 아들도 함께 있었다. 나이는 스무 살이었다. 나는 주제넘지만 부동산 공부를 꼭 시작해보라고 권했다. 소중한 가족의 재산을 지키기 위해서 부동산 공부는 필수라는 말과 함께 말이다. 아마 그 청년도 이번 일을 통해 느끼는 게 많았을 것이다. 알아야 당하지 않는다는 걸 뼈저리게 느끼지 않았을까.

　이번 물건을 매도하면서 정말 뿌듯함을 느꼈다. 수익을 내서이기도 하지만 어려움에 처한 공유자를 끝까지 도우면서 서로 윈윈할 수 있었기 때문이다. 그분들은 내가 도움을 주지 않았다면 모든 것을 포기하려 했다고 한다. 이제 더는 이런 상황에 처해질 일은 없을 터이니 아들과 함께 그 집에서 오래오래 행복하게 살 것으로 믿는다. 참고로 매도 후 1년이 지난 시점에 해당 물건의 시세를 살펴봤는데 5,000만 원 이상 올라 있었다. 기분 좋은 일이다.

돈이 부족할 때는
공동투자로

지분 물건은 대출을 받기가 어렵다. 1금융권에서는 아예 받을 수 없고 공격적으로 영업하는 2금융권에서는 20~30% 정도 받을 수 있다. 물론 금리는 높고 부수 거래로 상조나 화재보험까지 가입해야 겨우 해준다. 돈이 부족하고 대출이 안 나온다고 해서 투자를 멈춰야 할까? 안 된다. 이가 없으면 잇몸으로라도 물고 뜯고 씹고 맛보려는 노력을 계속해나가야 한다.

돈이 부족할 때는 공동투자만큼 좋은 게 없다. 나 또한 투자 초창기부터 지금까지 공동투자를 계속해오고 있다. 지인이든 스터디 동료든, 돈이 부족한 사람들끼리 경험치를 쌓기 위해 적극적으로 공동투자를 해보자. 단, 소액으로 하는 것이 좋다. 공동투자 경험이 없는 사람들끼리 너무 큰돈을 투자하면 여러 가지 변수에 흔들리기 쉽기 때문이다.

공동으로 투자할 때는 다음의 세 가지 원칙만 잘 지키면 된다.

① 공동투자가 진행 중일 때 중도해지는 없는 것을 원칙으로 한다.

② 부득이한 경우 중도해지를 요구할 수 있지만, 나머지 투자자 중에서 1인 또는 수인이 중도해지 청구인의 지분을 인수할 수 있다.

③ ②의 경우 지분의 프리미엄(투자 원금 외에 추가로 지출된 비용, 수리비용, 기대비용 및 기타 일체)은 인정하지 않고 오직 중도해지 청구인이 최초에 투자한 원금만 돌려받을 수 있다.

이상의 세 가지 원칙에 합의하고 모두가 확약서를 주고받는다면 별다른 문제 없이 공동투자를 할 수 있을 것이다.

제5장

따라 하면 무조건 돈 버는
토지 지분의
실전 부동산 경매

대지·임야·농지·도로

2평 남짓 토지로
약 1년 만에 3배 수익 내다

낙찰자	유근용 외 5명
낙찰가	581만 1,000원
투자 경과	1,700만 원에 매도

2017년 8월 3일 인천시 미추홀구 숭의동에 있는 6.6㎡ 대지를 지인 몇 명과 함께 낙찰받았다. 평수로 계산하면 1.9965평이다. 2평도 안 되는 토지를 통해 13개월 만에 3배 가까운 수익을 냈다. 공동투자였기 때문에 1인당 투입된 금액은 120만 원 정도였다. 돈이 없다면 공동투자를 활용해보자. 소액 공동투자라 마음 편히 기다릴 수 있고, 중간에 혹시라도 빠지는 사람이 생긴다면 본인이 다른 사람의 지분을 매입할 수 있다.

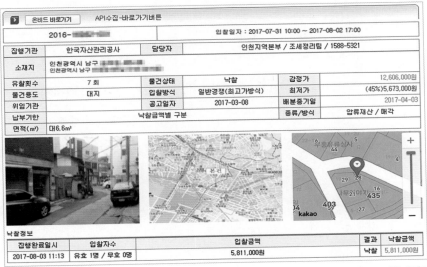

출처: 온비드

시간을 이기기 위한 소액 공동투자

이 토지에 입찰한 이유는 하나다. 워낙 낙후된 곳이라 시간이 지나면 반드시 개발이 될 지역인데, 이 토지가 개발 시 빼놓을 수 없는 위치에 있다는 것이다. 언젠가는 좋은 소식이 오리라 예상했다. 낙찰 후 내 예상과는 다르게 너무 일찍 연락이 와서 살짝 당황했지만 말이다.

공동투자를 한 이유도 시간 때문이었다. 매수자가 붙을 때까지 몇 년이고 기다려야 하는 토지라고 판단됐기 때문에 투자금을 줄일 필요가 있었다. 수익은 확실히 발생한다고 생각했지만 투자금을 회수하기까지 몇 년이 걸릴지는 알 수 없었다. 이 건처럼 투자금 회수에 최소 3년 이상이 걸릴 것 같은 토지에 지인들과 공동으로 투자하고 있다. 확률 높은 곳에 많은 씨를 뿌려 놓기 위해서다.

'입찰 전 알아야 할 주요사항'을 보면 이 토지는 인수되는 권리도 전혀 없고 대지였기 때문에 농지취득자격증명서(농취증)도 필요 없었다.

토지의 감정가는 1,260만 6,000원이고, 7회가 유찰돼 최저입찰가가 567만 3,000원으로 떨어진 상태였다. 토지공매 수업 때 수강생들에게 경매나 공매의 감정가는 절대 믿지 말라고 입이 닳도록 이야기한다. 감정가는 참고만 할 뿐 손품과 발품을 통해 현재 시점의 정확한 시세를 파악해야 한다.

시세를 알아보니 이곳 땅값은 평당 900만 원이었다. 2평이 채 안 되는 토지인데 2평으로 계산하면 1,800만 원의 가치가 있는 셈이다. 최저입찰가가 567만 3,000원이니 현재 시세 대비 많이 떨어졌다는 생각에 입찰했고 단독으로 낙찰을 받았다. 단독소유 물건이었기 때문에 공유자 우선매수 신청이 들어올 염려도 없었다.

개발이 된다면 수혜를 볼 수밖에 없는 토지

이번엔 입지를 살펴보자. 인천이기도 하고 주변이 굉장히 낙후되어 있는데 땅값이 평당 900만 원이다. 그 이유는 무엇일까? 지도를 보면 해당 토지가 수인분당선 숭의역과 가까운 곳에 있다(그림 5-2). 서울만큼 역세권의 위력이 강하진 않지만 지하철이 주변에 있는 것이 없는 것보다 열 배는 낫다. 역에서 해당 토지까지 직선거리로 400m도 채 되지 않는다. 하지만 인천 2호선과 가깝다는 이유만으로 평당 900만 원이라니, 조금 과하다는 느낌이 들

출처: 네이버지도(https://map.naver.com)

었다.

　당연히 또 다른 이유가 있다. 이 토지는 일반상업지역에 속한다. 일반상업지역이라는 걸 어떻게 확인할 수 있을까? 네이버지도에서 지적편집도를 클릭해서 확인할 수 있고(〈그림 5-2〉처럼 상업지역은 모두 분홍색으로 보인다), 토지이용계획확인원에서 주소를 입력해 확인할 수도 있다. 일반상업지역은 토지 중에서 가치가 가장 높다. 똑같은 평수의 토지에 건물을 올릴 때 상업지역이 준주거지역, 준공업지역, 1종·2종·3종인 토지보다 건물을 더 넓게 더 높이 지을 수 있기 때문이다. 주변은 굉장히 낙후되어 있지만 일반상업지역이고 역세권이기 때문에 평당 가격이 900만 원이었던 것이다.

출처: 직접 촬영, 네이버 로드뷰

현장을 확인해보자(그림 5-3). 네이버 로드뷰를 캡처한 오른쪽 사진에 원으로 표시한 부분을 보면, 1층짜리 건물이 내 토지를 침범해서 무단으로 사용하고 있었다. 해당 건물은 위법건축물로, 1970년대에 지어진 아주 낡은 창고다. 건물만 본다면 누구도 거들떠보지 않겠지만, 코너 자리에 있기 때문에 향후 건물을 신축할 때 미래가치는 뛰어난 땅이라고 생각했다. 누군가가 건물을 새로 짓기 위해 이 건물을 매수할 때 내가 낙찰받은 땅도 함께 매수할 수밖에 없다는 얘기다.

주변을 살펴보면 굉장히 낙후되어 있다. 건물 노후도가 심하고 주차장 하나 제대로 갖춰진 건물이 없다. 바닥도 울퉁불퉁하고 곳곳에 금이 가 있음을 사진으로만 봐도 확인할 수 있다. 남들은 이런 지역 토지를 거들떠보지도 않겠지만 나는 너무너무 사랑한다.

이쪽 지역에는 공구점이 밀집되어 있다. 워낙 낙후된 건물이 많아 대규모 개발이 예정되어 있었으나 취소됐다. 개발보상금을 받으면 공구점들이 다른 지역으로 이사를 해야 하는데 이사할 엄두가 나지 않을 정도로 보상금이 턱없이 부족했기 때문이다. 그래서 상가 주인들이 개발에 반대했고 대규모

344

개발은 무산되어 버렸다.

　나는 이렇게 대규모 개발이 무산된 곳을 좋아한다. 이런 곳들은 난개발이 되는데 내가 가진 토지를 일반 건축업자에게 협의를 통해 매도할 경우 감정평가를 받아 보상받는 것보다 수익이 훨씬 크기 때문이다.

　공구상가 주변 곳곳에 분양을 하는 건물들이 눈에 띄었다. 재개발이 무산된 후 난개발이 시작돼 주거용 건물들이 우후죽순으로 들어서고 있었다. 앞서 언급한 것처럼 상업지역이다 보니 용적률과 건폐율이 높아 건물을 높이 지을 수 있다. 주변 환경을 생각한다면 절대 살고 싶지 않은 곳이지만 역세권이고 주변에 일자리가 많아 수요가 많았다.

드디어 매수인이 나타났다

낙찰 후 소유권이전을 완료하고 한동안 잊고 지냈다. 필요한 사람이 나타날 때까지 묻어두고 기다리는 토지였기 때문이다.

　1년이 되어가는 2018년 7월, 우편물이 하나 왔다. 뜯어보니 숭의동에 있는 중개사무소에서 보낸 것이었다. 역시 땅을 가지고 있으면 이렇게 찾아주는 사람이 생긴다. 바로 전화를 걸었다. 얼마 전 위법건축물이 세워져 있던 토지를 공구 관련 사업을 하는 분이 매수를 해서 건물을 올렸는데 옆에 붙어 있는 나의 토지까지 매입하고 싶어 한다고 했다. 이렇게 기쁠 수가!

　우선 다시 연락을 드리겠다고 말한 뒤 전화를 끊었다. 내가 생각했던 것보다 훨씬 빨리 연락이 왔다. 연락이 일찍 오는 게 꼭 좋은 것만은 아니다. 시간이 흐를수록 수도권 토지 가격은 오를 수밖에 없는 데다, 보유 후 3년이

지나면 장기보유특별공제가 적용되기 때문에 매도 시 양도세도 줄기 때문이다. 땅값은 오르는데 양도세는 줄어드니 이것만큼 좋은 투자가 어디 있을까?

건물이 어떤 식으로 지어졌는지 직접 두 눈으로 확인하고 싶었다. 차를 몰고 현장에 가보니 위법건축물은 사라지고 그 토지 위에 맞춤식 건물이 들어서 있었다. 중개사무소 소장님이 이렇게 이야기했다.

"처음부터 사장님이 가지고 있는 토지를 매입한 후에 건축허가를 냈어야 했는데 매수인께서 워낙 바쁘고 정신없다 보니 건축허가 후에 지금 매수를 급하게 하시려고 합니다. 주차장을 만들어서 사용하고 싶다고 하시네요."

소장님 이야기를 듣고 매수인과 가격 협상에 들어갔다. 토지 매도 시 협상의 기본 원칙은 '처음에는 가격을 살짝 높게 부른다'이다. 현재 시세는 1,800만 원이지만 2,400만 원을 불렀다. 매수인 쪽은 역시 깎아달라고 한다. 두세 번의 핑퐁 끝에 결국 1,700만 원에 최종 합의를 했다. 매수인은 시세보다 100만 원 저렴하게 살 수 있고 나는 투자금 대비 3배의 수익을 남길 수 있으니 이게 바로 일석이조 아니겠는가.

〈그림 5-4〉 경계 확인을 위한 측량

매도 합의 후 매수자가 측량을 하고 싶다고 했다. 내가 낙찰받은 토지 왼쪽에 또 다른 건물이 있는데 그 건물과의 경계를 명확히 해야 했기 때문이다. 측량비용은 본인이 내겠다고 한다. 내가 대신 측량 신청을 해드렸고 매수자가 입금을 해주었다. 측량

비용도 만만치 않다. 2평짜리인데 68만 4,000원이다. 측량하는 데 몇 분 걸리지도 않는데 말이다.

측량은 한국국토정보공사 사이트(lx.or.kr)에 들어가서 신청하면 되고, 신청이 접수되면 메시지가 온다. 참고로 측량을 할 때는 토지 소유자 또는 이해관계인이 반드시 입회해야 한다.

측량은 정말 순식간에 끝났다. 측량을 끝내고 며칠 뒤에 메일로 지적측량 결과부를 받았다(우편으로 받을 수도 있다). 측량까지 마치고 이제 매도를 위해 날짜를 잡았다. 매수자가 계속 지방에 있어서 측량은 10월에 했는데 매도 날짜는 11월 말로 잡았다.

1년 만에 3배 수익을 내고 매도하다

2018년 11월 28일 드디어 토지를 매도하는 날이다. 숭의동에 있는 법무사 사무소에서 만나기로 했고, 당일 매수인 부부가 사무실에 먼저 와 계셨다. 전화 통화를 할 때도 느꼈지만 정말 친절하고 매너가 좋았으며, 인상도 선하셨다. 매도 대금을 당연히 계좌이체로 받을 줄 알았는데 수표로 주셨다. 1,000만 원짜리 1장과 100만 원짜리 7장으로 말이다. 수표를 건네받는 순간 살짝 당황했는데 더 실감 나고 좋았다. 서로 돈과 덕담, 계약서를 주고받으며 기분 좋게 헤어졌다.

이로써 숭의동의 토지는 13개월 만에 매도해서 투자금 대비 3배 가까운 수익을 남겼다. 공동투자했던 지인들과는 회수한 투자금에 여유 자금을 보태 수익이 훨씬 높이 기대되는 토지에 투자해뒀다. 수익을 냈다고 해서 돈을 허투루 쓰는 일은 절대 없다. 내가 원하는 목표치에 도달할 때까지 투자는 계속되어야 하기 때문이다.

투자에서 581만 1,000원은 소액이라고 할 수 있다. 몇천만 원 또는 1~2억 원을 소액이라고 하는 사람들도 더러 있지만, 나는 1,000만 원 미만이 진정한(?) 소액이라고 생각한다. 1,000만 원 미만으로도 투자금 대비 수익을 낼 수 있는 토지들이 얼마든지 있다. 그런 토지가 눈에 보이지 않는다면 보일 때까지 공부하고 경험을 쌓아야만 한다. 관련 책을 꾸준히 읽고 고수들의 블로그와 유튜브를 보며 안목을 키워야 한다. 나 역시 그동안 공부하고 투자하면서 쌓인 감과 노력으로 자신감이 많이 붙었지만, 이런 자신감을 더 높은 차원으로 끌어올리기 위해 지금도 고수들을 찾아다니며 배우고 관련 책을 읽으며 끊임없이 공부하고 있다. 이 세상에 쉽게 얻어지는 것은 없다. 공짜는 더더욱 없다. 소액 토지 투자 또는 부동산 경매·공매로 자신의 연봉을 높이고 싶다면 배우고 또 배우자. 배움만이 살길이다.

곧 개발될 만한
토지 고르는 법

나는 토지에 입찰할 때 다음과 같은 원칙을 따른다.

유찰 횟수를 본다(최소 50% 이하로 떨어진 물건들)

앞의 사례와 같은 토지는 운이 좋으면 짧은 기간에도 수익을 낼 수 있지만 대부분 몇 년 이상 묵혀둔다 생각하고 입찰해야 한다. 빠르게 수익 내는 것이 꼭 좋은 것만은 아니다. 토지 매입 후 1년 이내 매도 시 양도세가 55%, 1년 이후 2년 이내 매도 시 44%이기 때문이다(2022년 기준). 수익이 크다고 해도 대부분 세금으로 빠져나가기 때문에 5년 이후를 바라보고 투자하는 것이 좋다. 시간이 걸리는 투자이기 때문에 무조건 싸게 낙찰받아야 한다. 최소 50% 정도는 저렴하게 말이다. 싸게 사면 절대 손해 보지 않는다.

조회 수를 확인한다

물건마다 조회 수를 확인하여 조회 수가 높으면 입찰가를 좀 더 높여 쓴다. 아무래도 많은 사람의 관심을 받고 있는 물건이라 낙찰가가 높아질 수 있기 때문이다. 가끔은 조회 수가 높아 원래 생각했던 것보다 좀 더 높은 가격을 써냈는데 단독으로 낙찰되는 경우가 있다. 이럴 때도 실망할 필요는 없다. 조금 줄어드는 것이지 어차피 수익은 나기 때문이다.

역세권인지 살펴본다

묻어놓는 투자를 할 때 가장 중요한 기준이다. 역과의 거리가 500m 이내인 물건으로 찾아보자. 역이 있는 곳과 없는 곳 중 어디가 개발이 더 잘될까? 당연히 역세권이다. 1차로 500m 이내의 물건을 찾고, 2차로 700m 이내까지 살펴보자. 특별한 경우를 제외하고는 역에서 1km가 넘어가는 토지에는 입찰을 하지 않는 게 좋다.

주변이 낙후되어 있는지 확인한다

나는 난개발되는 지역을 좋아한다. 난개발되는 곳 주변은 대부분 낙후돼 있다. 이런 곳은 대개 빌라는 최소 25년 이상에 단독주택은 30년 이상이며, 40년 이상 된 건물들로 가득 채워져 있다. 낡았다는 건 무엇을 의미할까? 앞으로 새로워질 일밖에 없다는 것이다. 대규모 개발은 못 하더라도 낡은 건물 2~3개를 합쳐서 개발을 하는 식으로 소규모 재개발·재건축이 진행될 수밖에 없다. 개발될 때 내가 낙찰받은 토지가 반드시 포함될 수밖에 없는 곳을 골라 선점해놓는 것이 핵심이다.

주변에 초등학교가 가까이 있는지 살펴본다

신축 빌라들이 들어서는 곳에 초등학교가 있다면 금상첨화다. 모든 사람이 아파트에 거주할 수 있는 건 아니다. 아파트를 대체할 수 있는 방 3개에 화장실 2개짜리 신축 빌라들도 분양이든 세든 잘 나간다. 이런 사실을 빌라 짓는 업자들이 가장 잘 알고 있다. 초등학교 인근 지역에서 오래된 건물들 사이에 있는 도로나 앞마당으로 사용되고 있는 대지 등이 나오면 투자해두자. 빌라를 지을 때 내 땅을 사겠다고 반드시 연락이 올 것이다.

권리관계가 복잡했지만
매력적인 가격에 입찰해 수익 내다

낙찰자	유근용 외 10명
낙찰가	8,999만 9,900원
투자 경과	1억 4,500만 원에 매도

2019년 4월 15일, 북부지방법원에서 서울시 미아동에 있는 토지를 낙찰받았다. 토지 위에 건물이 있는데, 건물은 해당하지 않고 오직 토지만 지분으로 나왔다. 입찰자 수는 열두 명이었고 2등과 700여만 원 차이로 8,999만 9,900원에 낙찰을 받았다. 특수권리에 '지분매각 및 법정지상권, 대항력 있는 임차인'이란 문구까지 적혀 있었지만 워낙 매력적인 물건이라 입찰자 수가 많았다.

2018 타경 ████ (강제)		매각기일 : 2019-04-15 10:00~ (월)		경매8계 02-910-3678	
소재지	(01164) 서울특별시 강북구 ████ ███ ██ [도로명] 서울특별시 강북구 ████ ███ ██				
용도	대지	채권자	████ ███████	감정가	106,930,100원
지분토지	31.73㎡ (9.6평)	채무자	███ ██	최저가	(64%) 68,435,000원
건물면적		소유자	███ ██	보증금	(10%)6,843,500원
제시외	제외 : 130.32㎡ (39.42평)	매각대상	토지지분매각	청구금액	40,866,654원
입찰방법	기일입찰	배당종기일	2018-10-17	개시결정	2018-08-03

기일현황	⊙ 입찰당일		
회차	매각기일	최저매각금액	결과
신건	2019-01-28	106,930,100원	유찰
2차	2019-03-11	85,544,000원	유찰
3차	2019-04-15	68,435,000원	매각
████10인/입찰12명/낙찰89,999,000원 (84%) 2등 입찰가 : 82,600,000원			
	2019-04-22	매각결정기일	

출처: 스피드옥션

낙후된 동네의 오래된 주택

이 물건에 입찰한 가장 큰 이유는 현재 시세보다 감정가가 굉장히 저렴했기 때문이다. 당시 이 지역은 평당 최소 1,700만 원 이상 가는 곳이었는데 감정가는 평당 1,000만 원이 조금 넘었고, 게다가 2회 유찰이 되어 평당 가격이 700만 원대였다.

형제가 상속받아 소유하고 있던 물건으로, 형의 토지 지분 17분의 6이 경매로 나왔다. 상속 과정부터 문제가 많았던 토지다.

먼저 입지를 살펴보자. 4호선 미아사거리역과 약 650m 거리다. 초역세권은 아니지만 역까지 가는 길이 그리 멀게 느껴지지는 않는다. 역 바로 옆에는 백화점과 멀티플렉스가 있어서 유동인구가 많다.

낙찰받은 뒤 물건지로 향했다. 오래된 주택이다. 빨간 벽돌이면 최소 27년

출처: 네이버지도(https://map.naver.com)

이상 됐다고 보면 된다. 지하층과 1층, 2층이 있고 옥상에 옥탑방도 만들어져 있다.

　주변도 많이 낙후됐다. 신축 빌라가 하나 없다. 온 동네가 함께 늙어가고 있는 형국이다. 낙찰받은 곳은 미아 9-2 재건축 지역이다. 낙찰받던 당시에는 재건축이 한 번 미끄러져서 재추진되고 있었다. 중개사무소 몇 군데를 돌아봤지만 투자자들의 발길은 뜸했다. 재건축이 언제 될지 가늠하기가 쉽지 않아서일 것이다.

1차 변론기일에 공유자를 처음 만나다

소유권이전을 완료한 후 곧바로 공유물분할청구소송을 진행했다. 공유자를 만나고 싶었지만 만날 수가 없었기 때문이다. 매매의뢰서도 보냈지만 수취

354

인불명이라고 되돌아온 터라 연락할 방법이 딱히 없었다. 건물에 살고 있는 세입자에게 주인 연락처를 물어보는 방법은 있었지만 언제 마주칠지 알 수가 없으니 괜히 시간 낭비하고 싶지 않았다.

공유자에게 소장이 도달되니 바로 반응이 왔다. 법원에 답변서가 도착한 것이다(그림 5-7). 간혹가다 상대방이 보내온 답변서를 읽으며 속상해하는 사람들을 본다. 하지만 기분 나빠할 필요 전혀 없다. 답변서의 내용이 격할수록 공유자가 이 토지를 지키고자 하는 마음이 크다고 생각하면 된다. 관심이 없다면 답변서를 보낼 이유도 없고, 법원에도 나타나지 않는다.

답변서 마지막 부분에 이 사건의 소가 기각되어야 한다고 적혀 있는데 공유물분할청구소송은 기각이 없다. 이 소송을 끝내는 방법은 딱 세 가지다. 첫째 현물분할, 둘째 가액배상, 셋째 형식적 경매다.

피고의 답변서를 받은 뒤 1차 변론기일이 잡혔다. 피고 측은 부부가 함께 참여했다. 서로의 의견을 판사에게 간단하게 피력한 뒤 해결 방법을 모색해나갔다. 내 예상대로 상대방은 이 토지를 지키고자 하는 마음이 큰 것 같았다. 내가 이렇게 요청했다.

"판사님, 이곳에서 공유자를 처음 만났습니다. 아직 제대로 된 이야기를 나눠본 적이 없으니 조정을 잡아주시면 감사하겠습니다."

내 의견이 받아들여져 1차 변론기일을 마무리하고 법원 밖에서 공유자와 잠깐 이야기를 나눴다. 이 토지에 대한 역사를 들을 수 있었다.

한마디로, '큰형이 계속 사고를 쳐왔다'는 것이었다.

변론기일이 끝나고 한 달 정도 후에 1차 조정기일이 잡혔다. 피고는 평당 1,200만 원을, 나는 1,800만 원을 주장했다. 시세는 1,800만 원 이상이었다. 하지만 피고 측은 "시세가 1,800만 원 정도인 건 맞지만 원고는 건물 없

답 변 서

사건번호 : 2019 가단 ███ 공유물분할

원 고 선정당사자 : 유 근 용

피 고 : ███ ███

위 사건에 대하여 피고는 다음과 같이 답변서를 제출합니다.

다 음

청구취지에 대한 답변

1. 원고들의 청구를 기각한다.
2. 소송비용은 원고들의 부담으로 한다.
라는 판결을 구합니다.

33887

청구원인에 대한 답변

1. 이사건 원고 주장에 부당성에 대하여

가. 원고들은, 이 사건 토지를 서울북부지방법원 2018타경 ███ 부동산강제경매사건에서 낙찰을 받아 2019. 5. 31. 소유권 이전등기를 경료하였습니다.

원고들이 취득한 이 사건 토지는, 전체 면적이 89.9㎡의 토지인데 그 중 피고와 공동명의로 된 소외 ███ 지분인 17분의 6지분에 대하여 원고선정당사자와 선정자등 총 11명이 공동낙찰을 받은 것으로, 원고들이 낙찰 받은 토지의 면적은 31.7㎡로 원고들 1인당 면적은 2.88㎡로 채 1평도 안 되는 면적들입니다.

나. 더욱이, 이 사건 토지위에는 피고의 2층 다가구 단독주택이 건축되어 있는 대지부분으로 위 건물은 피고 단독소유의 명의로 되어 있는 대지의 일부분입니다.

피고는 법의 부지와 경매사건의 절차를 모르고 있었고, 이에 원고들이 낙찰을 받고 공동 소유주가 되었던 것으로, 피고는 원고들의 얼굴도 모르며 한 번도 본적도 만난적도 전혀 없습니다.

다. 공유물 분할은 공유관계의 발생원인과 공유지분의 지분 비율 및 분할된 경우의 경제적 가치, 분할방법에 관한 공유자의 희망 등의 사정을 종합적으로 고려하여 당해 공유물의 공유관계나 그 객체인 물건의 제반 상황에 따라 공유자의 지분 비율에 따른 합리적인 분할을 하면 된다.(대법원판례 2004다 30583호)고 하고 있습니다.

356

원고들의 이 사건 공유지분 전체와 피고의 고유지분은 현격한 차이가 있는 공유 지분 비율로, 원고들이 제기한 경매에 의한 낙찰금액으로 공유분할을 한다면, 피고는 현실적으로 엄청난 경제적 손해를 입게 됨은 경험칙이나 일반적 사회 통념으로 보아 당연하다 할 것이며, 또한 위 대지위에 건축된 피고의 주택은 불완전한 소유권의 형태로 남아 있는 등 오히려 많은 문제점이 있다 할 것 입니다.

라. 이 사건 토지는 그 토지위에 건축된 건물의 대지로 이용 중인 토지로, 원고들은 서울을 위시하여 전국 각 지역에 거주하는 사람들이며, 이 사건 낙찰 받은 토지위에 그 소유한 각 면적이나 토지의 사용 목적을 보면 원고들은 이 사건 토지 자체만을 사용할 목적으로 낙찰 받았을 리는 없다고 봄이 일반적 사회 통념이나 경험칙으로 보아 당연하다 할 것입니다.

또한, 피고는 피고 소유의 건물의 대지 중 전체 지분의 17분의 6 지분에 대하여 원고들이 낙찰을 받은 후, 이와 같이 경매를 통하여 분할하는 것은 피고에게 너무 많은 피해를 줄 것으로 충분하게 예상이 되는 바, 이에 피고는 이 사건 토지를 그냥 등기가 되어 있는 대로 각자 공유로 소유권을 유지하는 것이 가장 타당하다 합리적일 것이라 할 것입니다.

2. 결   어

그러므로 위와 같은 제반 사정으로, 원고들의 이 사건의 소는 기각이 되어야 할 것입니다.

입 증 자 료

1. 을제1호증 - 건물등기부등본   1부

2019.   9.   .

피고. ■ ■ ■

서울북부지방법원민사4단독   귀중

이 토지만 가지고 있기 때문에 가치가 현저히 떨어집니다."라고 되풀이해서 주장했다.

조정위원장이 2차 조정기일 때까지 인근 중개사무소 두 곳 이상에서 시세확인서를 받아 오라는 미션을 주었다. 1차 조정기일은 이렇게 간단히 끝났다. 2차 조정기일은 코로나19 여파로 두 번이나 미뤄졌다. 석 달 만에 조정기일이 잡혀 다시 만날 수 있었다.

좁혀지지 않는 차이

조정실 모습을 보자면 가운데에 조정위원이 앉고 양옆에 원고와 피고가 마주 보며 앉는다. 조정위원의 스타일에 따라 다르지만 원고와 피고를 각각 불러서 협의를 하는 위원이 있고 처음부터 끝까지 함께 협의를 진행하는 위원이 있다.

피고 측이 중개사무소 세 곳에서 시세확인서를 받아 조정위원에게 제출했다. 시세확인서에는 토지만 있는 경우 가치가 하락하여 평당 1,200만 원 정도밖에 안 된다는 내용이 담겨 있었다. 확인서 내용만 봤을 때는 내가 불리할 수밖에 없다. 하지만 여기서 중요한 한 가지가 있다. 공인중개사에게 시세확인서를 받는 행위는 불법이라는 것이다. 예전에 보도된 한 기사를 보자(그림 5-8).

피고 측의 시세확인서를 무력화할 수 있는 귀중한 자료다. 토지, 건물 등에 대한 가치판단은 오직 감정평가사의 고유 업무로 되어 있다. 감정평가사 협회에 신고하면 시세확인서를 써준 공인중개사는 곤란한 일을 겪게 될 수

"공인중개사 시세확인서 발급은 위법...감정평가사 고유 업무"

(서울=뉴스1) 김종윤 기자 | 2018-04-12 17:50 송고

© News1

공인중개사가 수행한 시세확인서 발급 행위는 위법하다는 법원의 첫 판결이 나왔다.

12일 한국감정평가사협회에 따르면 지난달 서울중앙지방법원 형사21단독 윤지상 판사는 대가를 받고 시세확인서를 발급한 혐의로 공인중개사 A씨에게 벌금 150만원을 선고했다.

법원은 이번 사안이 감정평가업자가 아닌 자가 감정평가업을 영위한 것으로 '부동산 가격공시 및 감정평가에 관한 법률'(이하 부감법) 위반에 해당한다고 판단했다.

공인중개사의 토지 등에 대한 경제적 가치판단을 허용하는 규정은 공인중개사법뿐 아니라 기타 법령에도 근거규정이 존재하지 않는다. 토지 등에 대한 경제적 가치판단은 '감정평가 및 감정평가사에 관한 법률'에 따른 감정평가사 고유 업무라는 게 협회 설명이다.

감정평가업자가 아닌 자가 감정평가업무를 하면 왜곡된 가격정보제공으로 부동산 거래 질서를 저해하는 등 사회 전체적으로 피해가 발생한다는 지적도 제기된다.

김순구 협회장은 "이번 선고를 계기로 불법적인 감정평가행위가 근절되길 바란다"며 "전문성이 필요한 감정평가업무를 수행하지 못하도록 적극 대처하겠다"고 말했다.

출처: 뉴스1

밖에 없다. 나는 대법원 판례까지 준비했다. 철저한 준비만이 살아남을 수 있기 때문이다. 억지 주장은 아무 의미가 없다. 내 주장을 뒷받침할 수 있는 확실한 근거가 있어야만 한다.

신문 기사와 대법원 판례뿐만 아니라 낙찰받은 토지 인근의 최근 3개월치 실거래가 자료도 준비했다. 모두 평당 1,800만 원 이상에 거래가 된 것을 확인할 수 있다. 특히 도로 옆에 붙어 있는 토지는 평당 2,000만 원 이상

에 거래됐다.

현재 미아동 9-2구역 안에 있는 네이버 매물도 출력해 갔다. 2개의 매물이 나와 있었는데 모두 평당 1,800만 원 이상 되는 가격으로 나와 있다. 나는 오직 최근 실거래가 기준으로 판단해야 한다고 주장했다.

조정위원장은 피고에게 "협의가 어려울 것 같은데요? 조정 절차는 여기서 끝내고 다시 소송 절차 진행해서 판사님의 판단을 받아보는 게 더 좋을 것 같습니다."라고 이야기했다. 서로 주장하는 평당 가격의 차이가 크다 보니 더 이상의 조정은 무의미하다고 판단한 것 같다. 나는 3차 조정기일을 잡아달라고 요청했고 피고도 동의했다. 2차 조정기일을 마치고 밖으로 나와 피고 측과 다시 대화를 이어나갔다. 피고는 계속 1억 3,000만 원에 매입을 원했고 나는 최종적으로 1억 5,000만 원은 되어야 한다고 주장했다.

드디어 매매계약서를 작성하다

2차 조정기일을 마치고 미아 9-2구역 주택재건축정비사업 조합 사무실로 찾아갔다. 일고여덟 명이 이야기를 나누고 있었다. 미처 몰랐던 사실이었는데 4월 6일 조합설립 인가가 났다고 한다. 조합 사무실에 들어가 보니 조합설립인가서가 걸려 있었다. 앞으로 재건축이 성공적으로 완료되기까지 넘어야 할 산이 많겠지만 한 번의 아픔을 딛고 이번에는 제대로 추진될 것 같은 느낌이었다. 훗날 더 높은 감정가를 받으려면 공유자에게는 이 토지가 꼭 필요할 것이다.

며칠 후 공유자에게 연락이 왔다. 가격을 더 내려달라는 얘기였다. 2차 조정 때 1억 5,000만 원에 매도 의사를 밝혔고 당일 저녁에 통화하면서 500만 원을 깎아 1억 4,500만 원에 최종 매도하기로 합의했었다. 하지만 계약서 작성 4일 전 밤에 다시 전화가 와 1억 3,500만 원에 매입하겠다고 했다. 더는 가격을 조정할 수 없다고 확실하게 말씀드렸다. 그다음 날 문자로 1억 3,900만 원에 계약을 하자는 문자를 받았지만 정중하게 거절했다. 몇 시간 뒤 드디어 내가 원하는 1억 4,500만 원에 매수하겠다는 확답을 받았다.

미아역 6번 출구 근처에 있는 법무사 및 공인중개사무소에서 공유자를 만났다. 드디어 매매계약서를 작성했다. 매도 금액은 1억 4,500만 원으로, 약 9,000만 원에 낙찰받아 1년 만에 5,500만 원 가까운 수익을 얻은 것이다. 적지 않은 수익이다. 계약서 작성 후 공유자가 매매 대금 전액을 수표로 전달해주었다.

해당 지역은 재건축이 진행되고 있으니 시간이 흐를수록 가치는 더 높아질 것이다. 공유자와 함께 끝까지 가져갈까도 생각했지만 투자금을 빠르게 회수한 후 다른 물건에 투자하기 위해 매도를 선택했다.

꼭 기억해야 할
매도 가격 협상 노하우

· 매도 협의를 할 때 처음에는 시세의 최대치를 불러야 한다

매수자는 무조건 깎으려 들기 때문이다.

· 5% 룰을 지키며 협의한다

최대치를 부른 상태에서 5%씩 내려준다. 여러 번 깎아준다는 인상을 주면 상대

방도 협의를 통해 가격을 낮췄다며 만족해한다.

· 매도 가격을 미리 생각해두자

매도 전에 내가 받고 싶은 가격을 꼭 생각해두어야 한다. 즉흥적으로 협의를 한다

면 내가 생각했던 것만큼 가격을 못 받아 매도를 하고도 기분이 찜찜해질 수 있다.

임야 1

기획부동산이 작업한 토지 낙찰받아 수익 내다

낙찰자	유근용 외 5명
낙찰가	1,520만 원
투자 경과	2,600만 원에 매도

2018년 7월 19일 경기도 용인시 처인구의 토지를 1,520만 원에 낙찰받았다. 다섯 명이 입찰했는데 2등과는 210만 원 차이였다. 지목은 '임야'이고 면적은 100.13평이었다. 토지를 낙찰받아 잔금을 납부한 후 매도하기까지 정확히 10개월이 걸렸다.

낙찰받은 토지는 계획관리지역의 임야였다. 관리지역에는 보전관리지역, 생산관리지역, 계획관리지역 등 세 가지가 있다. 이 중에서 계획관리지

역이 투자처로서 가치가 가장 높다. 물론 땅 모양이나 위치에 따라서 조금
씩 차이는 있다.

기획부동산이 농간을 부린 땅

해당 물건은 임야라고 되어 있지만 산이 높지 않다. 불도저로 한두 번만 밀
면 평지가 되는 곳이다. 산이 높았다면 입찰을 하지 않았을 것이다. 땅 모양
은 예쁘지 않은데, 도로와 붙어 있기 때문에 개발이 가능하다. 집 1~2채는
지을 수 있다. 입찰 들어가기 전에 등기사항전부증명서를 꼼꼼하게 살펴봤
다(그림 5-10).

[토지] 경기도 용인시 ▨▨▨▨ ▨▨▨ ▨▨

고유번호 ▨▨▨▨-▨▨▨▨-▨▨▨▨▨▨

순위번호	등 기 목 적	접 수	등 기 원 인	권 리 자 및 기 타 사 항
2	소유권이전	2005년6월21일 제121327호	2005년6월16일 매매	소유자 ▨▨▨▨ -******* 고양시 일산서구 ▨▨▨ ▨▨▨▨ ▨▨▨
3	소유권이전	2006년4월5일 제54627호	2005년12월6일 매매	소유자 주식회사 ▨▨▨▨▨▨▨▨ ▨▨▨▨▨▨ 서울 강남구 ▨▨▨ ▨▨▨ ▨▨▨
4	소유권일부이전	2006년4월7일 제56578호	2006년4월6일 매매	공유자 지분 1983분의 331 ▨▨▨ -******* 경기도 의정부시 ▨▨▨ ▨▨▨▨▨▨
5	3번주식회사▨▨▨▨▨▨ 분1983분의1652 중 일부(1983분의331)이전	2006년4월10일 제58224호	2006년4월9일 매매	공유자 지분 1983분의 331 ▨▨▨ -******* 서울 강서구 ▨▨▨ ▨▨▨ ▨▨▨
6	3번주식회사▨▨▨▨▨ 분1983분의1321 중 일부(1983분의331)이전	2006년4월12일 제60576호	2006년4월10일 매매	공유자 지분 1983분의 331 ▨▨▨ -******* 경기도 안산시 ▨▨▨ ▨▨▨ ▨▨▨
7	3번주식회사▨▨▨▨▨ 분661분의330 중 일부(1983분의396)이전	2006년4월20일 제68282호	2006년4월5일 매매	공유자 지분 1983분의 396 ▨▨▨ -******* 경기도 용인시 ▨▨▨ ▨▨▨ ▨▨
8	3번주식회사▨▨▨▨▨ 분661분의198 중 일부(1983분의331)이전	2006년4월26일 제73125호	2006년4월24일 매매	공유자 지분 1983분의 331 ▨▨▨ -******* 인천 계양구 ▨▨▨ ▨▨▨ ▨▨
9	3번주식회사▨▨▨▨▨ 분전부이전	2006년5월2일 제78657호	2006년5월1일 매매	공유자 지분 1983분의 263 ▨▨▨ -******* 서울 양천구 ▨▨▨ ▨▨▨ ▨▨▨
9-1	9번등기명의인표시변경	2009년7월20일 제110562호	2007년10월25일 전거	▨▨▨의 주소 서울특별시 양천구 ▨▨▨▨
10	7번▨▨▨지분1983분의396 중 일부(1983분의231)이전	2007년11월30일 제247548호	2007년10월23일 매매	공유자 지분 1983분의 231 ▨▨▨ -******* 서울특별시 관악구 ▨▨▨ ▨▨ 거래가액 금66,500,000원
11	7번▨▨▨지분1983분의165 중 일부(1983분의83)이전	2007년11월30일 제247549호	2007년10월23일 매매	공유자 지분 1983분의 83 ▨▨▨ -******* 경기도 광명시 ▨▨▨ ▨▨▨ ▨▨▨ 거래가액 금23,750,000원
12	7번▨▨▨지분전부이전	2007년11월30일 제247550호	2007년10월23일 매매	공유자 지분 1983분의 82 ▨▨▨ -******* 서울특별시 관악구 ▨▨▨ ▨▨ 거래가액 금23,750,000원
13	5번▨▨▨지분가압류	2008년4월25일 제58507호	2008년4월25일 서울남부지방법원의 가압류 결정(▨▨▨▨▨▨▨)	청구금액 금50,000,000 원 채권자 기술신용보증기금 부산광역시 중구 중앙동3가 1 (구로기술평가센터)

출처: 대법원 인터넷등기소

2006년 4월 5일에 기획부동산 냄새가 솔솔 풍기는 회사에서 땅을 매입했다. 그리고 짧은 기간에 불특정 다수에게 시세보다 몇 배는 비싼 가격으로 매도했다. 매입한 공유자들은 성도 다르고 사는 곳도 다 다르다.

등기사항전부증명서를 보면서 안타까운 마음도 들었지만 어쩔 수 없는 일이다. 모르면 당하는 세상이다. 믿을 건 자신의 실력밖에 없다는 것을 다시 한번 깨닫는다. 사기당하지 않고 휘둘리지 않으려면 실력을 갈고닦는 수밖에 없다. 내가 실력을 갖추고 있어야 나뿐만 아니라 내 주변 사람들에게 난처한 상황이 생겼을 때 도와줄 수 있다.

기획부동산의 농간이 있었다는 걸 알면서도 나는 이 땅을 왜 낙찰받았을까? 이유는 세 가지다. 첫째 임야지만 개발이 가능한 땅이었고, 둘째 제대로 감정이 된 상태에서 34%까지 떨어졌다는 것이다. 그리고 셋째는 공유물분할청구소송 후 형식적 경매까지 진행될 경우 기존 공유자들의 손해가 커지기에 매수하려는 사람이 반드시 있을 것으로 판단했다.

낙찰 후 화해권고결정문을 받기까지

낙찰 후 기존 공유자들에게 정중하게 매매의뢰서를 보냈다. 나는 내용증명을 보내지 않고 일반우편으로 매매의뢰서를 보낸다. 내용증명은 한 사람에게 보내는 비용이 5,000원 정도지만 일반우편은 몇백 원이면 보낼 수 있기 때문이다. 일반우편을 보내나 내용증명을 보내나 연락할 사람은 하고 안 할 사람은 안 한다. 또 다른 이유는 내용증명을 보내면 받는 사람의 기분이 좋을 리 없기 때문이다. 법적 효력이 전혀 없는 내용증명서를 보내 처음부터 상대방의 기분을 상하게 할 필요는 없지 않겠는가. 본인의 선택이지만 나는 내용증명을 보내지 않는다.

매매의뢰서를 보냈는데도 일곱 명의 공유자 중 누구에게서도 연락이 없었다. 어쩔 수 없이 전자소송을 통해 수원지방법원에 공유물분할청구 소장을 접수했다. 소장을 접수하는 데는 15분도 채 걸리지 않는다. 참 편한 세상이다.

다섯 명이 소장을 받지 않아 주소보정명령이 떨어졌다. 보정명령서를 가지고 주민센터에서 주소를 보정해 법원에 제출했다. 주소를 찾지 못해 사실조회신청까지 해야만 하는 상황은 오지 않았다. 주민센터에서 한 번에 해결됐다. 마지막 한 명에게 소장이 전달되자마자 그다음 날 바로 화해권고결정이 떨어졌다. 변론기일 또는 조정기일이 있을 것으로 예상했는데 다소 의외였다. 판사가 봐도 현물분할 또는 공유자들 간의 합의는 어렵다고 판단한 것 같다.

화해권고결정문을 송달받은 날부터 2주일 이내에 이의를 신청하지 않으면 판결문과 동일한 효력을 갖게 된다. 나는 피고 측에서 이의를 제기해도 좋고 이의를 제기하지 않아도 상관없었다. 처음 입찰할 때부터 형식적 경매까지 생각해둔 참이었다. 그리고 매매의뢰서에는 반응이 없었지만 화해권고결정에는 반드시 반응하는 사람이 나올 거라 확신했다. 비싸게 매입한 땅이 경매로 넘어가서 누군가에게 헐값에 낙찰된다면 손해가 클 것이기 때문이다.

최종적으로 공유자 중 한 명에게 매도하다

얼마 후 피고 측 한 명의 남편한테서 연락이 왔다. 그동안 있었던 이 땅의 역사를 자세히 전해 들었다. 내가 등기사항전부증명서를 보면서 예상했던 그대로였다. 결론은 기획부동산에 속아 현장에 가보지도 않고 시세보다 4배 이상 비싸게 매입했다는 것이다. 내가 감정가 정도에 매도하고 싶다고 이야기했더니, 다른 지인과 함께 받은 토지라 다시 연락을 주겠다고 했다.

그리고 얼마 뒤에 피고 측 세 명이 화해권고결정에 대한 답변서를 법원에 제출했다. 똑같은 답변서가 이틀에 걸쳐서 법원에 접수됐다. 세 사람은 서로 아는 사이였다. 답변서를 받은 법원은 피고들의 말에 귀를 기울여줘야 한다.

답변서를 받은 법원은 한 달 반 뒤에 조정기일을 잡아줬다. 1월 11일에 수원지방법원에서 공유자들과 만났다. 공유자 일곱 명 중 세 명은 참석하지 않았다. 단 한 명이라도 참석하지 않으면 조정불성립이다. 참석한 네 명의 의견이 일치하더라도 말이다.

40분 정도 조정위원과 번갈아 가며 이야기를 나눴다. 참석한 네 명 중 두 명은 팔지 말고 갖고 있자는 의견이었고, 한 명은 경매로라도 넘겨서 조금이라도 돈을 받자는 의견이었으며, 나머지 한 명은 어찌해야 할지 모르겠다고 했다.

조정불성립 후 집으로 가는 길에 내가 다시 공유자들을 불러 모았다. 앞으로 진행될 여러 가지 상황에 대해서 설명한 다음, 최대한 손해를 안 볼 방법을 찾아보겠다고 이야기했다.

집으로 돌아오자마자 용인시 처인구에 있는 모든 중개사무소에 연락을 취했다. 이 땅의 가치를 알고 좋은 가격에 매도해줄 수 있는 중개사들을 만난다면 굳이 형식적 경매 절차를 진행할 필요는 없을 테니 말이다. 하지만 별 성과가 없었다.

결국 조정이 불성립되고 바로 변론기일이 잡혔다. 형식적이라고 생각했다. 변론기일에 원고와 피고가 모인다고 해도 매끄럽게 협의가 될 수는 없을 것으로 판단했기 때문이다. 변론기일을 일주일 정도 앞두고 전화 한 통을 받았다. 전에 통화했던 공유자 남편인데 만나자고 했다.

서울 강남에서 만나 매도 협상을 진행했다. 그분은 나중에 이 토지를 개발할 생각까지 가지고 있다고 했다. 몇 번의 줄다리기 끝에 최종적으로 2,600만 원에 합의를 했다. 감정가가 3,150만 원 정도였으니 감정가보다 싸게 매도하기로 한 것이다. 계약금을 받고 6주 정도 후에 강남에 있는 법무사 사무실에서 매도 계약을 진행했다. 서류를 빠짐없이 준비해 법무사 직원에게 모두 제출했다.

2018년 7월 19일 낙찰, 9월 4일 잔금 납부, 2019년 5월 14일 매도. 하나의 물건을 낙찰받고 끝까지 해나가는 이 과정에서 얻을 수 있는 값진 노하우와 경험치는 돈 주고도 살 수 없다. 최대한 빨리 낙찰을 받고 책에서 나온 모든 과정을 경험해보자. 배우고 때때로 익히고 수익 내면 이 또한 즐겁지 아니한가!

기획부동산의
사기를 피하는 법

경·공매 지분 물건에 입찰하기 전 등기사항전부증명서는 반드시 확인해야 한다. 등기사항전부증명서만 살펴봐도 기획부동산에서 작업한 물건인지 아닌지를 어느 정도 파악할 수 있다. 기획부동산에서 작업 들어간 토지에는 다음과 같은 세 가지 특징이 있다. 이런 흔적이 보이면 그 물건은 피하는 것이 좋다.

- 공유자가 많다. 적게는 일곱 명에서 최대 100명이 넘는 공유자가 포함되어 있다.
- 공유자들의 성과 나이, 사는 곳이 대부분 다르다. 기획부동산 회사에서 무작위로 전화를 돌려 불특정 다수에게 매입 권유를 하기 때문에 공유자 간 연관성이 전혀 없다.
- 단시간에 불특정 다수에게 매도한 흔적이 보인다.

임야 2

분묘 있는 임야에
투자해 수익 내다

낙찰자	㈜준민컴퍼니 유근용 외 3명
낙찰가	710만 원
투자 경과	1,050만 원에 매도

2020년 6월 29일 충남 공주시에 있는 임야에 입찰했다. 감정가는 1,800만 원대였고 4회 유찰이 거듭된 후 입찰해 710만 원에 낙찰을 받았다. 입찰자 수는 네 명, 2등과는 20만 원 차이였다. 수강생들과 함께 입찰했는데 자칫 패찰할 뻔한 건이었다. 입찰 전 수강생들과 입찰가에 대한 이야기를 나눴는데, 수강생들은 650만 원을 생각하고 있었고 나는 700만 원은 넘겨야 낙찰을 받을 수 있을 것 같다고 이야기했다. 결과는 내 예상이 적중! 2등이

대전지방법원 공주지원	대법원바로가기		법원안내			가로보기	세로보기	세로보기(2)
2019 타경 ▦▦▦ (강제)		물번2 [배당종결] ▾		매각기일 : 2020-06-29 10:00~ (월)			경매1계 041-840-5742	
소재지	충청남도 공주시 ▦▦ ▦▦▦ ▦▦							
용도	임야		채권자	케000000		감정가		18,198,440원
지분토지	699.94㎡ (211.73평)		채무자	우00		최저가		(34%) 6,242,000원
건물면적			소유자	노0000		보증금		(10%)624,200원
제시외			매각대상	토지지분매각		청구금액		9,908,192원
입찰방법	기일입찰		배당종기일	2019-10-21		개시결정		2019-08-02

기일현황			▾간략보기
회차	매각기일	최저매각금액	결과
신건	2020-02-10	18,198,440원	유찰
	2020-03-16	12,739,000원	변경
2차	2020-04-20	12,739,000원	유찰
3차	2020-05-25	8,917,000원	유찰
4차	2020-06-29	6,242,000원	매각
	낙찰7,100,000원(39%)		
	2020-07-06	매각결정기일	허가
	2020-08-07	대금지급기한 납부 (2020.07.23)	납부
	2020-09-15	배당기일	완료
	배당종결된 사건입니다.		

출처: 스피드옥션

690만 원이었다. 20만 원 차이로 짜릿하게 낙찰받은 셈이다. 경매를 위해 대전지방법원 공주지원까지 내려갔는데 패찰했다면 충격이 꽤 오래갔을 것이다.

관리 잘되어 있는 분묘가 있는 토지

물건 현황을 살펴보자. 계획관리지역의 임야이고 지분 물건이며, 감정평가 시점은 2019년 9월 16일이다. 정확한 시세 파악은 감정평가사의 몫이 아니라 입찰자의 몫이다. 시세를 정확히 파악한 뒤 최대한 싸게 낙찰받아야 수

명세서 요약사항 ▶ 최선순위 설정일자 2019.08.02. 경매개시결정	
소멸되지 않는 등기부권리	해당사항 없음
설정된 것으로 보는 지상권	분묘으로 인한 분묘기지권 성립여부 불분명
주의사항 / 법원문건접수 요약	지분경매이며 공유자우선매수권행사는 1회로 한함 지상에 분묘 소재

출처: 스피드옥션

익을 얻을 확률이 높아진다. 싸게 낙찰받으면 답이 있지만 비싸게 낙찰받으면 답이 없다. 꼭 명심하자!

'명세서 요약사항'을 보자(그림 5-12). 경매 물건 입찰 전 매각물건명세서는 반드시 살펴봐야 한다. 인수되는 권리 및 주의사항이 있다면 반드시 매각물건명세서에 기록이 된다. 이 건에는 '분묘로 인한 분묘기지권 성립 여부 불분명'이라고 적혀 있었다.

분묘기지권의 성립 여부 또한 입찰자가 확인해야 한다. 입찰자 입장에서는 분묘기지권이 성립하든 안 하든 크게 상관없다. 관점을 달리해서 분묘 있는 토지가 공유자들에게 필요할지 아닐지만 생각하면 된다. 분묘의 상태를 비롯해 여러 정황을 고려해서 반드시 필요하다고 생각되면 입찰하는 것이다.

앞에 제시한 〈그림 5-11〉의 사이트 정보를 보면 사진이 실려 있다(정말 대충 찍었다는 게 확 느껴진다. 감정평가사가 위로 올라가기 귀찮았나 보다. 경매나 공매와 관련된 물건의 감정평가를 하는 평가사들은 사진을 정말 대충 찍는 경우가 많다. 전혀 다른 땅의 사진이 올라온 적도 많고 흐릿하게 찍혀 있는 경우도 많다. 하지만 이렇게라도 사진을 찍고 올려준 게 어딘가. 현장에 직접 가지 않고도 참고할 수 있는 사진이 있으니 입찰을 하는 데 도움이 되긴 한다). 사진으로 봤을 때는 경사가 심해 보이지만 직접 가보면 심하지 않다. 조금만 올라가면 평지나

출처: 네이버지도(https://map.naver.com), 직접 촬영

다름없이 되어 있다.

위성사진을 보면, 분묘가 있는 임야임을 확인할 수 있다(그림 5-13). 넓은 면적에 걸쳐 6기 정도의 분묘가 있는데, 한 곳에 분묘가 모여 있는 것보다 관리 잘된 분묘가 넓게 퍼져 있는 것이 낙찰자 입장에서는 협상하기가 훨씬 수월하다. 한쪽에만 몰려 있을 경우 공유자 측에서 "분묘 있는 부분은 우리가 사용할 테니 남은 땅 아무 데나 분할해 가시죠."라고 주장하면 난감해질 수 있기 때문이다.

현장은 분묘 관리가 잘되어 있고 곳곳에 과일나무들이 심어져 있었다. 누군가가 관리하는 토지라는 얘기다. 잡목으로 무성한 곳도 있지만, 조금 더 신경 쓰고 관리를 해나간다면 지금보다 활용도가 더 높은 땅으로 만들 수 있을 만한 토지다.

주요 등기사항 요약본을 보자(그림 5-14). 총 일곱 명의 공유자 중 한 명의 지분이 경매로 나왔고, 노씨 집안과 우씨 집안이 소유하고 있다. 상속으로 인한 소유권 변동이 있었기에 친인척 관계임을 유추할 수 있다.

주요 등기사항 요약 (참고용)

[주 의 사 항]

본 주요 등기사항 요약은 증명서상에 말소되지 않은 사항을 간략히 요약한 것으로 증명서로서의 기능을 제공하지 않습니다.
실제 권리사항 파악을 위해서는 발급된 증명서를 필히 확인하시기 바랍니다.

고유번호 ▒▒▒-▒▒▒▒-▒▒▒▒

[토지] 충청남도 공주시 ▒▒▒▒ ▒▒▒ ▒ ▒▒-▒ ▒▒▒▒

1. 소유지분현황 (갑구)

등기명의인	(주민)등록번호	최종지분	주　　　소	순위번호
노▒▒ (공유자)	▒▒▒▒-*******	35분의 7	충청남도 천안시 ▒▒▒ ▒▒▒▒ ▒▒▒▒▒▒ ▒▒	2
노▒▒ (공유자)	▒▒▒▒-*******	35분의 7	세종특별자치시 조치원읍 ▒▒▒ ▒▒, ▒▒▒ ▒▒▒	2
노▒▒ (공유자)	▒▒▒▒-*******	35분의 7	충청남도 공주시 ▒▒▒ ▒▒▒ ▒▒-▒	2
노▒▒ (공유자)	▒▒▒▒-*******	35분의 7	충청남도 공주시 ▒▒▒ ▒▒▒▒ ▒-▒	2
우▒▒ (공유자)	▒▒▒▒-*******	35분의 2	울산광역시 남구 ▒▒▒ ▒▒ ▒▒▒▒▒	2
우▒▒ (공유자)	▒▒▒▒-*******	35분의 2	울산광역시 중구 ▒▒▒ ▒ ▒▒▒▒	2
우▒▒ (공유자)	▒▒▒▒-*******	35분의 3	울산광역시 중구 ▒▒▒ ▒ ▒▒▒▒	2

출처: 대법원 인터넷등기소

낙찰 후 거듭된 실수

낙찰을 받은 후 공유자들에게 정중하게 우편을 보냈다. '낙찰자인데 이 토지가 필요하다면 시세보다 저렴하게 협의할 생각이 있으니 연락해달라'는 내용이었다. 우편을 보냈지만 누구에게도 연락을 받지 못했다. 공유자들과 연락을 취하려면 이제 공유물분할청구소송을 하는 수밖에 없다.

2021년 1월 4일, 공유물분할청구소송을 진행했다. 폐문부재 및 수취인 불명으로 대부분 송달이 안 됐다. 송달이 안 된다고 실망할 필요는 없다. 결국에는 법원에서 다 찾을 수 있게 해주기 때문이다. 공유자 중 한 명이 거주

불명자였고, 그 사람을 제외한 모든 인원이 소장을 받았다.

드디어 2021년 5월 27일 첫 변론기일이 잡혔다. 재판은 17시였는데 공유자들은 단 한 명도 나타나지 않았다.

1차 변론기일이 끝나고 판결을 기다리던 중 내가 한 가지 놓친 게 있다는 걸 알게 됐다. 2020년 12월에 또 다른 공유자의 지분이 경매로 진행되고 있었다. 그 사실을 미리 알고 있었고 공유자 우선매수를 하기 위해 모든 준비를 해놓았는데 날짜를 착각하고 말았다. 월요일 입찰인데 화요일로 알고 있었던 것이다. 결국 한 명의 입찰자가 759만 원에 낙찰을 받아 갔다. 나중에 알고 보니 우리가 낙찰받은 물건에도 입찰했다가 2등으로 패찰한 사람이었다.

실수는 여기서 끝나지 않았다. 공유물분할청구소송을 진행할 때 새로 바뀐 공유자를 피고로 지정했어야 했는데 채무자를 피고로 한 것이다. 이 사실을 1차 변론기일이 끝나고 알게 됐으니 얼마나 황당한 일인가. 물론 판결선고가 되기 전까지 얼마든지 새로운 피고를 추가해 판결을 받을 수 있다.

새로운 낙찰자에게 지분을 매도하다

새로운 낙찰자를 피고로 추가함과 동시에 낙찰자 주소로 빠른 등기우편을 보냈다. '작년 6월에 낙찰받은 공유자인데 협의할 사항이 있으니 연락을 달라'는 내용이었다. 우편을 보내고 3일 뒤에 새로운 낙찰자에게 연락이 왔다. 낙찰자는 공주 토박이였고 이 토지에 대해서 누구보다 잘 알고 있었다. 기존 공유자들과도 안면이 있는 사이라고 한다. 이 토지에 대한 스토리를 자세히 들려준 그분은 우리 지분을 매입하고 싶다는 의사를 밝혔다.

감정가는 1,800만 원대였지만 감정이 높게 된 상태여서 1,300만 원부터 협의를 시작했다. 새로운 낙찰자는 우리보다 더 비싸게 낙찰을 받았는데 본인이 낙찰받은 평당 가격으로 우리 지분을 사고 싶다고 했다. 계산을 해보니 1,050만 원이었다. 1,300만 원을 받고 싶었지만 너무 욕심을 부리면 협상이 깨질 수도 있다. 710만 원에 낙찰받았으니 1,050만 원에 매도한다고 해도 이익이라는 생각에 1,050만 원으로 서로 기분 좋게 마무리 지었다. 대금은 1,050만 원짜리 수표 한 장으로 받았다. 예상 수익에 살짝 못 미쳐 아쉽긴 하지만, 경험치가 계속 쌓여가니 수확이 적다고만은 할 수 없다.

요즘 분묘 있는 토지의 경쟁률이 예전보다 높아졌다. 지인들이 푸념 섞인 목소리로 "용쌤 때문에 그래요."라고 이야기하지만, 물건은 많다. 준비하고 기다리면 기회는 언제든지 찾아온다. 그 기회는 손품과 발품으로 쟁취하는 것이다. 꾸준히 계속해나가자. 포기하지만 하지 않는다면 원하는 결과를 반드시 만들어낼 수 있을 것이다.

분묘 토지 입찰 전
반드시 살펴봐야 할 세 가지

분묘 관리가 잘되어 있는가?

가장 중요하다. 분묘가 있다고 해서 무조건 입찰하면 안 된다. 무연고 묘 (방치되어 있는 묘)일 경우 묘 주인을 찾기란 거의 불가능하고, 땅 주인 마음 대로 이장할 수도 없다. 유연고 묘(관리가 잘되어 있는 묘) 중에서만 선택해야 한다. 유연고 묘는 후손들이 시간과 노력을 들여 정성스럽게 가꾸고 있을 가능성이 크다. 분묘를 설치하고 묘비를 세우는 데만 해도 돈이 많이 들어 간다. 조상님들을 모시면서 비용도 많이 투입된 토지이기 때문에 공유자들 은 이 토지에 대한 애착이 클 수밖에 없다.

공유자들이 가족 관계인가?

등기사항전부증명서를 출력해 성이 같은지를 확인하는 것이 중요하다.

친인척이 함께 소유하는 분묘 있는 토지라면 여러 명 중 한 명이 나서서 매입할 확률이 높다.

매매로 취득했는가?

분묘는 맹지에 설치되어 있는 경우가 많다. 맹지여서 개발할 수도 없는 땅을 왜 매입했을까? 선산으로 쓰기 위해 매입한 경우가 90% 이상이다. 경험상 상속 또는 증여로 소유권을 넘겨받은 토지보다 매매로 산 경우의 공유자들과 매도 협의가 쉽게 이뤄졌다.

농지 1

고압선 아래의 토지
낙찰받아 수익 내다

낙찰자	유근용 외 5명
낙찰가	1,330만 원
투자 경과	2,000만 원에 매도

2019년 7월에 경상북도 경주시에 있는 토지가 공매로 나왔는데 대번에 내 눈길을 사로잡았다. 감정가는 2,200만 원이었고 5회 유찰된 상태라 바로 입찰했다. 지목은 '답'이고 면적은 224.5㎡인 공유지분으로 되어 있는 토지다. 일곱 명이 소유하고 있었는데 그중 한 명이 세금을 체납해서 공매로 나온 것이다.

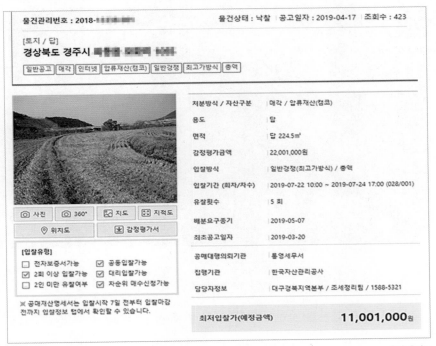

물건관리번호 : 2018-▓▓▓▓▓▓ 물건상태 : 낙찰 공고일자 : 2019-04-17 조회수 : 423

[토지 / 답]
경상북도 경주시 ▓▓▓ ▓▓▓ ▓▓▓

일반공고 매각 인터넷 압류재산(캠코) 일반경쟁 최고가방식 총액

처분방식 / 자산구분	매각 / 압류재산(캠코)
용도	답
면적	답 224.5㎡
감정평가금액	22,001,000원
입찰방식	일반경쟁(최고가방식) / 총액
입찰기간 (회차/차수)	2019-07-22 10:00 ~ 2019-07-24 17:00 (028/001)
유찰횟수	5 회
배분요구종기	2019-05-07
최초공고일자	2019-03-20
공매대행의뢰기관	통영세무서
집행기관	한국자산관리공사
담당자정보	대구경북지역본부 / 조세정리팀 / 1588-5321

📷 사진   📷 360°   🗺 지도   🔳 지적도
📍 위지도   ⬇ 감정평가서

[입찰유형]
☐ 전자보증서가능   ☑ 공동입찰가능
☑ 2회 이상 입찰가능   ☑ 대리입찰가능
☐ 2인 미만 유찰여부   ☑ 차순위 매수신청가능

※ 공매재산명세서는 입찰시작 7일 전부터 입찰마감 전까지 입찰정보 탭에서 확인할 수 있습니다.

최저입찰가(예정금액)	**11,001,000**원

출처: 온비드

고압선이 지나가는 토지

'입찰 전 알아야 할 주요사항'에는 답이기 때문에 농지취득자격증명서가 필요하다고 적혀 있고, '유의사항'에는 토지 일부가 '선하지'라고 적혀 있었다. 선하지는 토지 위에 고압선이 가설되어 있거나 고압선 아래에 있는 토지를 뜻한다. 선하지 토지라고 해서 농취증을 받는 데 어려움이 있는 건 아니다. 다만 철탑 근처에 있는 토지라 시세보다는 낮은 금액에 거래될 수 있으니 다른 물건들보다 더욱 싸게 낙찰받는 것이 중요하다.

경상북도 경주시

출처: 네이버지도(https://map.naver.com)

농사를 짓고 있는 토지인데 땅 모양이 반듯하지 않다. 위성사진을 보면 해당 토지 바로 근처에 철탑이 세워져 있고 고압선이 토지 위로 지나가고 있다(그림 5-16). 이런 이유로 '유의사항'에 '일부 선하지'라는 문구가 적혀 있었던 것이다.

낙찰을 받고 나서 상세 입찰 결과를 보니 총 다섯 명이 입찰한 거였다. 네 명의 경쟁자를 물리치고 낙찰받은 것이다. 농지 입찰 같은 경우에는 입찰가를 높게 쓸 수 없다. 팔 수 있는 가격이 어느 정도 정해져 있기 때문이다. 협의가 되지 않아 경매까지 진행됐을 때 몇 번 유찰이 되더라도 손해 보지 않을 가격에 낙찰받아야 한다. 이 점을 다들 고려했을 것이기에 1등에서 5등까지의 입찰가 차이가 그리 크지 않았다.

종중 땅이어서 애착이 있었던 공유자

낙찰 후 공유자들에게 매매의뢰서 형식의 우편을 보냈으나 깜깜무소식이었다. 공유자들과 연락을 취하기 위해서는 공유물분할청구소송을 진행할 수밖에 없다. 2019년 9월 11일에 소장을 접수했다. 소장 접수 후 두 달 뒤에 화해권고결정이 내려졌다. 화해권고결정이란 소송의 양 당사자가 서로 양보하여 타협에 이르는 화해가 이루어지지 않는 경우에, 법원이 나름대로 공평하다고 인정되는 절충점을 양 당사자에게 일방적으로 제시하는 일이다.

원고와 피고 모두 화해권고결정문을 받고 2주 이내에 어떤 이의도 제기하지 않으면 화해권고결정문이 확정판결 효력을 갖게 된다. 그리고 판결문을 받지 않더라도 화해권고결정문을 가지고 낙찰받은 토지 전체를 형식적 경매로 넘길 수 있다. 그런데 피고 여섯 명 중 두 명이 폐문부재라 결정문이 전달되지 못했다. 단 한 명이라도 통지서를 받지 못했을 때는 자동으로 변론기일이 잡힌다.

변론기일이 잡힌 상황에서 피고 중 한 명에게 드디어 연락이 왔다. 공유자 지분이 공매로 넘어갔다는 사실을 모르고 있었다고 한다. 통화를 하면서 이 토지가 종중 땅이라는 사실을 알게 됐고, 이 토지에 대한 애착이 있다는 것을 느낄 수 있었다. 조상님이 물려주신 토지가 공매로 처분된다면 어떤 후손이 가만히 있을까.

함께 소유하고 있는 분들과는 먼 친척뻘인데 설날에 다 함께 모이니 그때 의논한 뒤 다시 연락을 주겠다고 했다. 하지만 변론기일 전까지 어떤 연락도 오지 않았다.

선고기일 전에 공유자가 매수하다

첫 변론기일에 KTX를 타고 대구지방법원 경주지원으로 내려갔다. 재판이 시작됐지만 피고 측은 아무도 출석하지 않았다. 판사는 2020년 2월 5일에 판결 선고를 하겠고, 그날은 내가 참석하지 않아도 된다고 이야기해주었다. 법원에서 공유자를 만나지 못해 조금 아쉬웠지만 종중 땅이기 때문에 판결 선고기일 통지서를 받고는 반드시 연락이 올 거라는 확신이 있었다.

아니나 다를까, 판결 선고일 전날 공유자에게 다시 연락이 왔다. 친척들과 누가 매입할지 협의 중이었는데 의견을 계속 모으느라 연락이 늦어졌다며 양해를 구했다.

공유자 중 한 명이 매입할 생각이 있다면서 가격을 좀 조정해달라고 했다. 감정가 2,200만 원에 매도할 예정이었지만 바로 200만 원을 깎아드렸다. 2,000만 원에 합의가 돼서 우선 계약금 200만 원을 받았고, 매수자가 정한 법무사 사무실에서 매도 계약을 진행하기로 했다. 경주에 있는 법무사 사무실까지 갈 필요는 없었다. 계약서와 위임장을 메일로 받은 후 도장을 잘 찍은 뒤 서류들과 함께 법무사로 보내기만 하면 되니 말이다. 법무사에서 모든 서류에 이상이 없음을 확인하고 나머지 잔금을 입금해주었다.

이 토지에 투자하면서 내가 투자한 시간은 7시간도 채 되지 않는다.

- 입찰: 약 5분
- 낙찰 후 소유권이전: 약 30분
- 소장 접수: 약 15분
- 1차 변론기일 때 경주지원 왕복: 5시간

- 공유자와 세 번의 통화: 약 10분

- 매도 서류 준비: 약 15분

    변론기일에 경주지원에 다녀온 시간만 빼면 1시간 조금 넘게 투자해서 670만 원(세전)의 수익을 얻은 것이다. 직장에 다니면서 최소 6개월에 한 번씩 이런 물건을 낙찰받아 수익을 올린다면 연봉이 그만큼 상승하는 셈이 된다. 급여를 매달 100만 원씩 올린다는 건 정말 쉽지 않은 일이다. 하지만 부동산 경매·공매를 통해, 그리고 소액 지분 투자를 통해 월 100만 원 수익을 올리는 것은 그리 어려운 일이 아니다. 지금부터 직장 외에 돈을 벌 수 있는 또 다른 무기를 만들어보자.

주말체험영농 목적의 농업진흥지역 토지는 피해야 한다

〈표 5-1〉 '농지법 개정에 따른 농지취득 제한 안내' 문서

농지법 개정에 따른 농지취득 제한 안내

농지법 제6조 제2항 제3호(농지 소유 제한)에 따라 아래와 같이 농지취득 제한 변경사항을 알려드리오니 농지 입찰 시 참고하시기 바랍니다.

□ 변경사항
● 농지 소유 제한 변경(시행 2021. 8. 17)
  – 주말·체험영농을 목적으로 농지를 취득하는 경우 농업진흥지역 외 농지로 제한
  ※ 2021. 8. 17.자 이후 주말·체험영농 목적 농업진흥지역 농지 취득이 제한되오니 유의하시기 바랍니다.

□ 참고자료(신구법 비교)

농지법 [법률 제18021호, 2021. 4. 13. 일부개정]	농지법 [법률 제18401호, 2021. 8. 17. 일부개정]
제6조(농지 소유 제한) ① 농지는 자기의 농업경영에 이용하거나 이용할 자가 아니면 소유하지 못한다. ② 제1항에도 불구하고 다음 각호의 어느 하나에 해당하는 경우에는 농지를 소유할 수 있다. 다만, 소유 농지는 농업경영에 이용되도록 하여야 한다(제2호 및 제3호는 제외한다). 3. 주말·체험영농(농업인이 아닌 개인이 주말 등을 이용하여 취미생활이나 여가활동으로 농작물을 경작하거나 다년생식물을 재배하는 것을 말한다. 이하 같다)을 하려고 농지를 소유하는 경우	제6조(농지 소유 제한) ① 농지는 자기의 농업경영에 이용하거나 이용할 자가 아니면 소유하지 못한다. ② 제1항에도 불구하고 다음 각호의 어느 하나에 해당하는 경우에는 농지를 소유할 수 있다. 다만, 소유 농지는 농업경영에 이용되도록 하여야 한다(제2호 및 제3호는 제외한다). 3. 주말·체험영농을 하려고 제28조에 따른 농업진흥지역 외의 농지를 소유하는 경우

2021년 8월 17일부터 주말체험영농 목적으로 농지를 취득하는 경우 농업진흥지역(농업진흥구역, 농업보호구역 포함)에 속하는 토지는 농취증을 발급받을 수 없다. 즉, 농취증이 없으면 소유권이전을 하지 못하고, 그러면 매도를 할 수가 없다. 농지를 소유하지 못하도록 막아버린 것이다. 다만, 농지소유 제한은 농업진흥지역에만 해당하고 그 외의 지역은 취득하는 데 별문제 없다.

농업진흥지역을 확인하는 방법은 다음과 같다.

① '토지이음' 또는 '토지이용계획'으로 검색해 토지e음 사이트를 찾는다.

② 토지e음(eum.go.kr)에 접속한다.

③ 주소 입력 후 '열람'을 누른다.

④ 토지이용계획에 '농업진흥구역〈농지법〉', '농업보호구역〈농지법〉'이란 말이 있는지 확인한다. 이 두 가지가 적힌 토지에는 입찰하지 않는다.

〈그림 5-17〉 토지e음 사이트에서 토지이용계획 열람

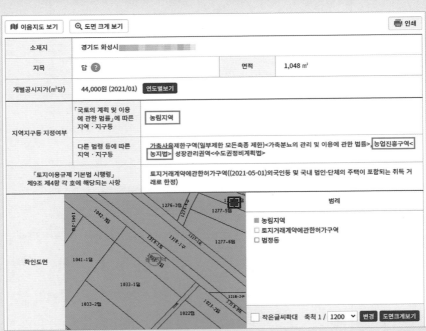

출처: 토지e음

12회 유찰된 맹지 지분 낙찰받아 수익내다

낙찰자	유근용 외 7명
낙찰가	1,630만 원
투자 경과	2,700만 원에 매도

강원도 인제에 있는 지분 토지를 낙찰받았다. 감정가는 5,500만 원 정도였고 12회 유찰되어 1,384만 9,000원까지 떨어졌다. 감정가가 높은 물건이었고 맹지였지만 충분히 매력 있는 가격이라 생각되어 입찰했다. 권리상 하자도 없는 물건이었고 용도는 '전'으로 되어 있는데 일부가 도로(농로)로 사용되고 있었다.

〈그림 5-18〉 해당 물건의 공매 정보

물건관리번호 : 2017-████ ████ 물건상태 : 낙찰 공고일자 : 2020-02-12 조회수 : 4413

[토지 / 전]
강원도 인제군 ████ ████ ███-█

[일반공고] [매각] [인터넷] [압류재산(캠코)] [일반경쟁] [최고가방식] [총액]

처분방식 / 자산구분	매각 / 압류재산(캠코)
용도	전
면적	전 1,288.26㎡
감정평가금액	55,395,180원
입찰방식	일반경쟁(최고가방식) / 총액
입찰기간 (회차/차수)	2020-03-23 10:00 ~ 2020-03-25 17:00 (011/001)
유찰횟수	12 회
배분요구종기	2019-06-17
최초공고일자	2019-05-22
공매대행의뢰기관	광주시청
집행기관	한국자산관리공사
담당자정보	강원지역본부 / 조세정리팀 / 1588-5321

[사진] [지도] [지적도] [위치도]

감정평가서

[입찰유형]
☐ 전자보증서가능 ☑ 공동입찰가능
☑ 2회 이상 입찰가능 ☑ 대리입찰가능
☐ 2인 미만 유찰여부 ☑ 차순위 매수신청가능

※ 공매재산명세서는 입찰시작 7일 전부터 입찰마감 전까지 입찰정보 탭에서 확인할 수 있습니다.

최저입찰가(예정금액) **13,849,000원**

출처: 온비드

부정형의 맹지이지만 농사에 활용되는 땅

〈그림 5-18〉를 보면 현장 사진이 올라와 있다. 사진만으로는 버려진 땅처럼 보이지 않고, 누군가 잘 이용하고 있음을 알 수 있다. 위성사진도 보자 (그림 5-19). 부정형의 토지에 맹지이지만 누군가는 이 토지를 활용하고 있음을 확인할 수 있다. 농사를 짓고 있는 사람이 누군지 입찰 전부터 알 수는 없지만 낙찰 후 최대한 서둘러 찾아낸다면 수익을 얻기까지 그리 오랜 시간

〈그림 5-19〉 위성사진으로 본 물건

강원도 인제군

출처: 네이버지도(https://map.naver.com)

이 걸리진 않을 것이다.

전·답·과수원을 통틀어 농지라고 하는데, 농지를 낙찰받기 위해서는 농지취득자격증명서(농취증)가 필요하다. 토지 위에 건물 및 묘지가 있는 것도 아니어서 농취증은 신청만 하면 곧바로 나온다.

등기사항전부증명서를 살펴보자(그림 5-20). 2003년 11월 10일 네 명이 매입했다. 나중에 안 사실이지만 서로 지인 사이였고 누군가의 꼬임에 넘어가 시세보다 비싸게 매입한 것이었다. 부동산은 싸게 사면 답이 나온다. 하지만 비싸게 사면 정말 답이 없다. 명심하자.

어쨌든 공유자 수도 적당하고, 최저입찰가가 시세보다 많이 떨어졌고, 토지 활용도 잘되고 있기 때문에 낙찰 후 협의하는 데 큰 어려움은 없으리라고 생각됐다.

【 갑 구 】 (소유권에 관한 사항)				
순위번호	등 기 목 적	접 수	등 기 원 인	권리자 및 기타사항
1 (전 8)	전1번 ▓▓▓ 지분151 45분의9430 중 일부(15145분의2984 .5), 전1번 ▓▓▓ 지분151 45분의5715 중 일부(15145분의1808 .9)이전	2003년11월28일 제10815호	2003년11월10일 매매	공유자 지분 15145분의 4793.4 ▓▓ ▓ ▓▓▓▓▓▓ 서울 성동구 ▓▓▓ ▓▓ ▓▓ ▓▓
2 (전 9)	전1번 ▓▓▓ 지분151 45분의6445.5 중 일부(15145분의2675 .8), 전1번 ▓▓▓ 지분151 45분의3906.1 중 일부(15145분의1621 .74)이전	2003년11월28일 제10815호	2003년11월10일 매매	공유자 지분 15145분의 4297.54 ▓▓ ▓▓▓▓▓▓▓ 서울 강동구 ▓▓▓ ▓▓ ▓▓ ▓▓ ▓▓▓ ▓▓
3 (전 10)	전1번 ▓▓▓ 지분151 45분의3769.7 중 일부(15145분의2727 .5), 전1번 ▓▓▓ 지분151 45분의2284.36 중 일부(15145분의1653)이전	2003년11월28일 제10815호	2003년11월10일 매매	공유자 지분 15145분의 4380.5 ▓ ▓▓ ▓▓▓▓ 성남시 분당구 ▓▓▓ ▓▓ ▓▓ ▓▓▓
4 (전 11)	전1번 ▓▓▓ 지분전 부, 전1번 ▓▓▓ 지분전 부이전	2003년11월28일 제10815호	2003년11월10일 매매	공유자 지분 15145분의 1673.56 ▓▓ ▓ ▓▓▓▓▓ 영동군 영동읍 ▓▓ ▓▓▓ ▓▓▓▓▓▓
				분할로 인하여 순위 제1 내지 4번을 강원도 ▓▓▓ ▓▓▓ ▓▓▓▓▓▓ 접수 2004년2월13일 제1214호
5	4번 ▓▓▓ 지분전부 이전	2013년7월26일 제6049호	2013년7월26일 대물변제	공유자 지분 15145분의 1673.56 ▓▓ ▓▓▓▓▓ 경기도 용인시 수지구 ▓▓ ▓▓, ▓▓▓ ▓▓▓▓▓▓▓▓ ▓▓

출처: 대법원 인터넷등기소

　　바로 입찰했는데 여섯 명 입찰에 2등과는 약 30만 원 정도 차이로 낙찰받았다. 낙찰가 1,630만 원은 감정가 대비 29.42%라 굉장히 싸게 받은 것처럼 보이지만, 감정평가서를 살펴보니 도로와 붙어 있는 토지 기준으로 감정이 되어 있었다. 경·공매에 나와 있는 감정평가 금액만 믿고 무턱대고 낙찰받았다가 곤란한 경우가 생길 수 있으니 입찰 전에 시세를 반드시 파악해야 한다. 이 점은 백번 강조해도 지나치지 않다.

소송전으로 피폐해진 공유자들

낙찰 후 공유자들에게 우편을 보냈지만 연락이 없었다. 소재 파악을 위해 바로 공유물분할청구소송에 들어갔다. 한 명에게는 바로 소장이 전달됐는데, 나머지 두 명은 이사를 간 모양이었다. 주소를 보정해 모든 공유자에게 소장을 전달했다.

소장 접수 후 두 달이 넘어서 첫 변론기일이 잡혔다. 춘천지방법원으로 내려갔는데 재미난 사실을 알게 됐다. 내가 낙찰받기 전 이미 기존 공유자들끼리 소송 중이었다는 것이다. 그런 상황에서 한 명의 지분이 공매로 넘어가게 됐는데, 판사가 새로운 사람들이 낙찰받고 소유권이전이 완료되기 전까지 소송을 멈춰놓았다고 한다. 공유자 한 명 때문에 공매가 진행되고, 그 때문에 소송이 2년 가까이 정지된 것이다.

첫 변론기일 때 참석해서 파악해보고 다음과 같은 사실을 알게 됐다.

- 지인의 추천으로 매입했는데 시세보다 2배 정도 비싸게 매입했다는 걸 알게 됐다(지인이 사기꾼이었음).
- 도로를 물고 있는 토지 주인이 위쪽 토지까지 도로를 낼 수 있게 협의한다는 조건으로 땅을 매입했고 약정서까지 주고받았다. 그런데 갑자기 한 사람당 땅 100평 이상을 떼어주지 않으면 도로를 내주지 않겠다고 태도를 바꿨다.

- 비싸게 매입한 토지라 도로를 만들어서 가치를 올려 매도하려고 했는데 도로를 물고 있는 토지 주인이 갑자기 말을 바꾼 상황이라 소송전에 돌입하게 됐다.
- 소송 도중 한 명이 세금을 체납해 공매로 넘어갔다.
- 공매에서 누군가가 낙찰받을 때까지 소송은 멈추게 된다.
- 내가 낙찰받고 소송에 참여하면서 2년간 멈춰 있던 소송이 진행된다.

태도를 바꾼 한 사람 때문에 서로 감정의 골이 깊어져 있었다. 이런 상황에서 내가 기존 공유자들에게 협조하지 않고 형식적 경매로 진행한다면 기존 공유자들은 큰 손해를 입게 될 터였다. 처음부터 시세보다 2배 정도 비싸게 매입했고 도로도 개설하지 못한 상태이다 보니 맹지로 팔아야 하는데, 경매로 넘어가면 시세보다 훨씬 저렴하게 팔 수밖에 없기 때문이다.

공유자에게 매도하다

기존 공유자들은 나에게 서로 협력해서 도로를 만들어 함께 매도하자고 했다. 하지만 도로를 물고 있는 토지 주인이 변호사를 선임해 계속 자기 이익만 추구하려 하고 있기에 협의가 쉽게 진행될 것 같지는 않았다. 언젠가는 해결이 되겠지만 시간이 오래 걸릴 것 같아 굳이 상대방 의견에 따를 필요는 없다고 생각됐다. 그래서 이렇게 제안했다.

"저는 이 토지를 오래 가져갈 생각은 없습니다. 선생님은 도로를 만들어 이 토지의 가치를 높인 뒤 파실 생각이시죠? 그렇다면 제 토지를 시세보다 저렴하게 매입해서 아래 토지 주인과 협의해 도로를 개설하는 게 어떤가요?

그렇게 해서 매도한다면 손해를 보지 않을 뿐만 아니라 생각한 것보다 더 큰 이익을 얻을 수 있을 것 같은데요?"

처음에는 내 토지를 매입할 마음이 없다고 했다. 그런데 서로 협의가 안 될 것 같으니 형식적 경매로 넘겨 배당을 받으라는 판결이 나오자 다시 연락이 왔다. 이제 가격만 맞으면 매도는 무난하게 되는 상황이었다. 매도는 경·공매의 꽃이다. 상대방의 기분을 상하게 하지 않으면서 내 이익을 극대화할 수 있는 협상 능력이 필요하다.

우선 감정 가격이 있기 때문에 그 이상 부르기는 쉽지 않다. 공유자들 또한 시세를 잘 알고 있었다. 감정가가 시세를 의미하는 것은 아니기 때문에 너무 시세만 고집한다면 협상은 깨지기 십상이다. 나는 현재 시세 및 도로가 생겼을 때 얻을 수 있는 상대방의 수익이 얼마인지 인지시키면서 가격 협상을 이어나갔다.

몇 번의 줄다리기 끝에 결국 2,700만 원에 매도하기로 합의했다. 시간이 흐를수록 내가 매도할 수 있는 가격은 좀 더 높아졌겠지만 처음부터 비싸게 매입해 오랫동안 소송전에 시달리고 있는 공유자들이 안쓰럽기도 했다. 어차피 나는 저렴하게 낙찰받았으니 가격을 조금 내려 협의한다고 해도 손해 볼 일이 없었다. 가격 협의를 끝내고 서울역 근처에 있는 커피숍에서 매도 계약을 체결했다. 매수인은 셀프 등기를 해보겠다며 매도인 서류들을 들고 인제군청으로 출발했다. 낙찰 전부터 진행되고 있던 소송이 언제 끝날지는 모르겠지만 하루라도 빨리 끝나 매수인이 원하는 방향으로 잘 흘러갔으면 좋겠다.

농지취득자격증명서 신청하는 법

농지(전·답·과수원)를 낙찰받기 위해서는 농지취득자격증명서가 필요하다. 농취증은 세 가지 방법으로 발급받을 수 있다.

인터넷으로 발급받기

① 포털 사이트에서 '농지취득 자격증명 신청'을 검색한다.

② '농지취득 자격증명 신청'이라는 사이트를 클릭한다. 그러면 '정부24' 사이트로 연결된다.

③ 정부24에 로그인한 후 '농지취득 자격증명 신청' 화면에서 '신청하기'를 누른다.

④ 신청인 적는 난에 성명, 주민등록번호, 주소, 휴대전화번호, 취득자의 구분(취득 면적이 1,000㎡ 이하일 경우 주말체험영농으로 체크하면 된다), 취득(원인), 취득(목적)을 적는다.

⑤ 취득농지의 표시에 낙찰받은 토지의 주소 및 지번, 지목, 신청면적(낙찰받은 면적), 농지구분을 체크한다.

⑥ 모두 입력한 후 수령 방법을 온라인발급(본인 출력)으로 설정한 뒤 신청하기를 누르면 늦어도 3~4일 안에 농취증을 발급받을 수 있다(수수료 1,000원).

우편으로 발급받기

낙찰받은 지역 지자체 산업계 담당자에게 우편으로 신청할 수도 있다.

① 농취증 신청서 1장, 경매로 낙찰받았을 경우 최고가 매수신고인 증명신청서 1장(공매일 경우 매각결정통지서 및 잔금 납부 영수증 첨부), 수수료 1,000원을 동봉하여 우편으로 보낸다.

② 우편 발송 후 산업계 담당자에게 '농취증 신청서를 우편으로 보냈으니 확인 후 발급 부탁드린다'라고 이야기하면 늦어도 3~4일 안에 발급받을 수 있다.

직접 방문해서 발급받기

① 경매인 경우 최고가 매수신고인 증명신청서를 가지고 관할 지자체 산업계로 찾아간다.

② 농취증 신청서를 제출하고 1,000원을 납부하면 농취증이 발급된다.

※ 농지 위에 분묘 또는 불법 건축물 등이 설치되어 있지 않다면 바로 발급해주기도 하지만, 현장을 확인 한 후 발급할 수 있으니 며칠 뒤에 찾으러 오라고 하는 담당자도 있다.

※ 농취증은 낙찰받기 전에 미리 신청해 발급받을 수도 있다.

농지 3

가족 납골당 있는 토지 낙찰받아 공유자에게 매도

낙찰자	유근용 외 5명
낙찰가	2,125만 원
투자 경과	2,750만 원에 매도

2020년 6월 10일 여주지원에서 지분으로 되어 있는 토지를 낙찰받았다. 감정가는 3,446만 1,060원이었고 낙찰가는 감정가 대비 62%인 2,125만 원이었다. 수익을 낼 수 있는 좋은 토지라 경쟁이 있을 줄 알았는데 결과는 단독입찰이었고 공유자 우선매수 신청도 없었다.

유료 경매 사이트에 제시 외 건물이 3개(비닐하우스, 창고, 농사용관수시설)나 있는 것으로 나와 있었다. 지목은 '전'이었고 제시 외 건물이 있는 탓에

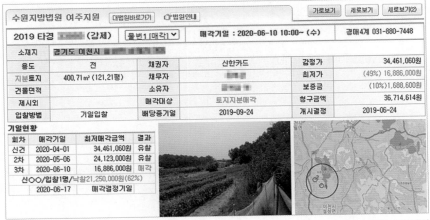

출처: 스피드옥션

농취증 발급이 어려울 수도 있었다. 지목이 농지(전, 답, 과수원)로 되어 있는 경우는 농사만 지어야 하지만 불법으로 개조하여 무허가 건물 등을 짓는 경우가 많다. 담당자마다 다르지만 농지 위에 무허가 불법건축물이 있을 경우 철거를 통해 원상복구를 하기 전까지 농취증을 안 내주는 경우도 있다. 초보자들이 입찰하기에는 당연히 꺼려지는 물건이다.

분묘에 가족 납골당까지 있는 토지

명세서 요약사항을 보자(그림 5-22). 인수되는 권리는 따로 없지만 주의사항을 잘 읽어보니 '서측 일부에 분묘 3기와 가족 납골당이 있다'라고 되어 있다.

명세서 요약사항 ▶ 최선순위 설정일자 2019.6.14. 가압류	
소멸되지 않는 등기부권리	해당사항없음
설정된 것으로 보는 지상권	지상 소재 분묘에 대한 분묘기지권 성립여부 불분명
주의사항 / 법원문건접수 요약	지상 소재 제시외 건물(소규모 철파이프 비닐하우스 차광막 창고, 농사용 관수시설)은 매각 제외. 토지 서측 일부 분묘3기 및 관련시설부지(가족납골당)로 이용 중이며 분묘기지권 성립여부는 불분명함. 농지취득자격증명 또는 농지가 아니라는 증명 제출 필요(매각허가결정시까지 미제출시 보증금 몰수). 공유자의 우선매수청구는 1회로 제한함(공유자가 우선매수권을 행사하여 매수신고를 한 후 매각기일 종결 고지 전까지 보증금을 납부하지 아니하면 그 공유자는 이후의 매각기일에서 우선매수권을 행사할 수 없음).

출처: 대법원 인터넷등기소

분묘 3기에 가족 납골당이라…. 내가 단독입찰이었던 이유가 여기에 있을 것이다. 지분 물건이고, 제시 외 건물도 3개나 있고, 분묘 3기와 납골당까지 있으니 말이다. 물건에 하자가 많을수록 경쟁은 낮아지고 낙찰 확률은 높아진다. 이 모든 것이 나에게는 좋은 기회라 생각했다.

분묘 관리 상태를 보자(그림 5-24). 한눈에 봐도 관리가 정말 잘되어 있다. 분묘를 설치할 때 비용도 꽤 많이 들었을 것이다. 최소 2,000만 원 이상은 들었을 것으로 보인다. 공유자들에게 이 땅이 반드시 필요할 수밖에 없다는 확신이 들었다.

등기사항전부증명서에 나와 있는 공유자들을 살펴보자(그림 5-23). 유씨 성을 가진 이들이 공동으로 소유하고 있다. 등기부상 적혀 있는 주소들로 추정하자면 다들 여유가 있어 보인다. 거주하는 지역이 서초구, 송파구, 강남구, 강동구이니 말이다. 서류상으로만 봐도 입찰을 안 할 이유가 없었다.

입찰 당일 지인에게 대리입찰을 부탁했는데 낙찰을 받은 후 면사무소에 가서 농취증을 신청하고 현장까지 살펴봐 주고 오셨다. 면사무소 농취증 담당자는 농지 위에 제시 외 건물들과 분묘가 있어서 농취증 발급이 안 된다고 했지만 원상복구계획서 한 장으로 깔끔하게 해결하고 발급받았다고 한

3	소유권이전	2003년12월22일 제55207호	1999년6월6일 유증	공유자 지분 7분의 1 유 ▨▨ ▨▨▨▨ 　　수원시 권선구 ▨▨▨▨ ▨▨ ▨▨▨▨ 지분 7분의 1 유 ▨▨ ▨▨▨▨ 　　서울 서초구 ▨▨▨ ▨▨ ▨▨▨▨ 　　▨▨▨
				지분 7분의 1 유 ▨ ▨▨▨▨ 　　서울 강동구 ▨▨▨ ▨▨ ▨▨▨ 　　▨▨ 지분 7분의 1 유 ▨▨ ▨▨▨▨ 　　서울 서초구 ▨▨▨ ▨▨ ▨▨▨ 지분 7분의 1 유 ▨▨ ▨▨▨▨ 　　이천시 ▨▨▨ ▨▨ ▨▨▨▨ 지분 7분의 1 유 ▨▨ ▨▨▨▨ 　　서울 송파구 ▨▨▨ ▨▨ ▨▨▨▨ 지분 7분의 1 유 ▨▨ ▨▨▨▨ 　　서울 강남구 ▨▨▨ ▨▨ 　　▨ ▨▨

출처: 대법원 인터넷등기소

다. 원상복구계획서란 훼손된 토지 및 건물을 손실 전 상태로 돌리기 위한 구체적인 복구 계획을 기재한 문서를 말한다. 소유권이전을 완료한 후 계획서에 적힌 대로 복구를 하겠다는 것이기에 담당자는 이 문서를 증거 삼아

농취증을 발급해줄 수 있다.

현장에서 직접 찍은 사진을 보면(그림 5-24) 묘뿐만 아니라 토지 전체가 잘 관리되고 있음을 확인할 수 있다. 제시 외 건물들 사진도 있다. 나중에 알게 된 사실이지만 관리자 한 사람을 두고 토지와 분묘를 관리하고 있었다. 관리 잘된 토지에 관리인까지 있다면 애착이 정말 크다는 것을 알 수 있다.

지인이 현장에 갔을 때는 사람이 없어서 창고에 쪽지를 붙여놓고 왔다고 한다. 그 덕에 다음 날 토지를 관리하는 사람과 통화를 할 수 있었고 그를 통해 공유자 중 가장 젊은 분과 연결이 됐다. 낙찰자라고 정중하게 소개한 뒤 현재 상황에 대해 말씀드렸다. 통화 시간은 짧았지만 내가 낙찰받은 지분을 매입할 의사가 있다는 것을 느낄 수 있었다. 공유자의 아버지께서 절대 땅을 팔지 말라는 유언을 남기셨다고 한다. 반드시 지켜야 하는 토지인데 왜 공유자는 공유자 우선매수를 하지 않았을까? 그 이유를 물어봤더니 지분 물건이고 분묘까지 있는 땅에는 아무도 입찰 안 들어온다는 이야기를 주변에서 들었기 때문이라고 한다. 그러고는 "어르신들과 이야기 좀 나누고 다시 연락드리겠습니다."라며 통화를 마무리했다.

공유자와의 매도 협의

공유자가 호의적으로 나온다고 해서 가만히 있으면 안 된다. 앞서 몇 번이나 강조했듯이 협상과 소송을 언제나 동시에 진행해야 한다. 통화했던 공유자는 매입하기를 원하더라도 다른 공유자들의 반대에 부딪혀 약속을 지킬 수 없는 상황도 자주 발생하기 때문이다. 공유자들과 협상 테이블에 앉아 해결이 될 때까지 이야기의 끈을 놓지 않기 위해서 소송은 필수다.

2020년 8월 10일 전자소송을 통해 공유물분할청구소송을 접수했다. 소장이 공유자들에게 전달되지 않아 네 명 모두 주소를 보정해야 했다. 그중 세 명의 주소는 찾을 수 있었는데 한 명의 주소를 주민센터에서 찾지 못했다. 주민센터에서 주소를 찾지 못한다고 당황할 필요 없다. 물건지 관할 시청을 대상으로 '과세정보제출명령'을 신청하면 된다. 매년 납부하는 재산세 내역을 통해 마지막 공유자의 주민등록번호를 알아낼 수 있었다. 주민등록번호만 있으면 주민센터에서 공유자를 찾는 건 일도 아니다.

2020년 9월 28일 처음 통화했던 공유자에게 답변서를 받았다. 현재 선산으로 사용하고 있는 토지라 원만한 조정을 원한다는 내용이었다. 답변서 도착 후 일주일 뒤가 법원의 조정기일이었다. 답변서를 확인한 후 바로 공유자에게 전화를 드렸다.

"제 지분을 매입할 마음이 있으시니 굳이 조정기일에 법원까지 가서 만날 필요는 없을 것 같습니다."

"아, 법원에 안 가도 되는 건가요? 제가 이런 일은 처음이라…, 어떻게 진행되는 건지 잘 몰라서요."

"네! 안 가셔도 됩니다. 매도 후 제가 소를 취하하면 끝입니다."

이제 가격 협상만 남았다. 감정가는 3,400만 원 이상이었지만 감정가대로 받을 생각은 애초부터 없었다. 경매를 통해 시세보다 저렴하게 낙찰받았기 때문에 마음이 언제나 편안하고 여유롭다. 최초 협상 가격은 3,000만 원으로 시작했지만 서로 조금씩 양보해서 결국 2,750만 원에 매도하기로 합의했다. 저렴하게 낙찰받았기 때문에 쿨(?)하게 깎아줄 수 있는 것이다.

매도는 공유자의 후배가 운영하고 있는 서울대입구역 근처 법무사 사무실에서 진행하기로 했다. 강남에서 실전반 2기 수업을 마친 후 바로 법무사 사무실로 이동했다. 법무사에게 가지고 온 서류를 모두 전달했다. 법무사는 꼼꼼하게 살펴보고 매도 서류에 이상이 없다는 걸 확인해주었다. 약 3분 뒤에 매수자가 왔는데 인상도 좋고 말투나 행동에서 품격이 느껴졌다.

"제가 유 선생님하고 이렇게 만날 인연이었나 봅니다. 혹시 몰라서 공유자 우선매수 신청을 해놓을까 했는데 그날 아는 회장님과 갑자기 골프 약속이 잡히는 바람에 법원에 못 갔네요. 지금 생각하면 아들이라도 대리로 보냈으면 됐는데 말이죠."

매도 서류에 도장을 찍고 바로 2,750만 원을 입금받았다. 드디어 또 하나의 물건이 낙찰 후 4개월 만에 내 손을 떠나갔다. 이제 양도세만 내면 끝인데, 공동투자였기 때문에 250만 원씩 기본 공제를 받기에 납부해야 하는 세금은 0원이다.

주소 보정하는 법

공유물분할청구소송을 진행하는데 상대방에게 소장이 도달되지 못하는 경우가 있다. 왜 그럴까? 현재 공유자가 등기사항전부증명서상 주소에 살고 있지 않기 때문이다. 이럴 때 공유자를 찾는 방법은 다음과 같다.

① 법원으로부터 주소보정명령이 내려온다(문자와 메일로 받게 됨).

② 전자소송 사이트에 접속하여 주소보정명령서 정본을 출력한 뒤, 신분증을 지참하고 가까운 주민센터로 간다.

③ 주민센터에 구비되어 있는 주민등록표 열람 또는 등·초본교부신청서를 작성한다(주소를 보정해야 할 공유자가 여러 명일 경우 일괄 신청용에 추가로 인적사항을 적는다).

④ 담당자에게 주소보정명령서 정본, 신분증, 주민등록표 열람 또는 등·초본교

부신청서를 제출한다.

⑤ 담당자에게 공유자들의 초본을 받는다.

⑥ 전자소송 사이트에 접속하여 소송 서류 정보 입력란에 새로운 주소를 입력한 뒤 초본을 첨부하고 전자서명을 한다.

이상의 과정을 마치면 현재 공유자가 거주하고 있는 곳으로 소장이 다시 발송된다.

도로

341만 원으로 200% 넘게
수익 낸 부속토지 투자

낙찰자	유근용 외 4명
낙찰가	341만 원
투자 경과	1,200만 원에 매도

2017년 12월에 온비드 공매를 통해 낙찰받은 토지가 있다. 경남 김해에 있는 토지이고 지목은 '도로'다. 대부분의 사람이 도로는 가치가 없다고 생각하기에 아홉 번이나 유찰된 물건이다. 하지만 도로도 도로 나름이다. 공부할수록 어려운 게 도로 투자이긴 하지만, 몇 가지만 알아도 충분히 수익을 낼 수 있다.

▶ 온비드 바로가기	API수집-바로가기버튼				
2017-		입찰일자 : 2017-12-25 10:00 ~ 2017-12-27 17:00			
집행기관	한국자산관리공사	담당자	경남지역본부 / 조세정리팀 / 1588-5321		
소재지	경상남도 김해시				
유찰횟수	9 회	물건상태	낙찰	감정가	8,514,000원
물건용도	도로	입찰방식	일반경쟁(최고가방식)	최저가	(35%)2,980,000원
위임기관		공고일자	2017-07-26	배분종기일	2017-08-21
납부기한	낙찰금액별 구분			종류/방식	압류재산 / 매각
면적(㎡)	도로66㎡				

낙찰정보

집행완료일시	입찰자수	입찰금액	결과	낙찰금액
2017-12-28 11:17	유효 3명 / 무효 0명	3,410,000원/ 3,018,000원/ 3,000,000원	낙찰	3,410,000원

출처: 온비드

공장 입구를 막고 있는 토지

이 토지를 낙찰받은 이유는 크게 세 가지다.

- 가격이 저렴하다.
- 지분 토지다.
- 공장 입구를 막고 있다.

온비드 공매 정보의 지도를 보니 반듯하지 않고 모양이 괴상하다. 경매와 공매를 하다 보면 다양한 모습의 땅들을 접하게 된다. 1평도 안 되는 땅이

출처: 네이버지도(https://map.naver.com)

나오기도 하고 신기한 모양의 땅도 굉장히 많다. 모양과 크기는 중요한 것이 아니다. 이 토지가 누군가에게 필요한지를 확인하는 것이 중요하고, 낙찰 후 수익을 낼 수 있느냐 없느냐가 더 중요하다.

〈그림 5-26〉은 위성지도로 본 모습이다. 이 토지 주변이 공장지대라는 걸 알 수 있다. 지목이 '도로'라고 하니 차가 다니는 도로라고 생각한 사람이 많을 것이다. 그러나 실제로는 공장 하나의 입구를 통째로 막고 있는 토지다. 이 토지로 인해 공장이 맹지가 됐다. 공장 주인 입장에서는 이 토지가 반드시 필요하지 않을까?

지적편집도를 보면 해당 토지와 물려 있는 토지들이 많다(〈그림 5-25〉 하단의 오른쪽). 입찰하기 전 해당 토지와 접해 있는 토지의 주인들이 누구인지 파악하는 것은 기본 중의 기본이다. 〈표 5-2〉은 입찰 전 주변 토지의 등기사항전부증명서를 보면서 정리한 것이다. 2004년 7월 16일에 토지 소유주

공매 물건과 인접한 토지						공매 물건	
용덕리 ○○○		용덕리 ○○○-1		용덕리 ○○○-5		용덕리 ○○○-4	
74.05.24	한○○			73.07.07	김○○		
02.11.26	박○○	02.11.10	박○○	02.03.11	정○○, 문○○	02.11.10	박○○
04.07.28	주식회사 ○○	04.07.16	(주)금○○○○	14.02.06	정○○	04.04.02	(주)○○○
06.09.11	○○주식회사	08.01.18	(주)○○○○			04.07.07	(주)○○○○
						04.07.16	(주)금○○○○
						06.09.11	(주)○○○○
						06.12.04	김○○
						06.12.04	(주)○○○
						07.01.31	○○테크
						07.04.02	○○테크
						08.03.17	최○○
						09.07.24	(주)○○○○
						11.03.02	정○○
						14.03.31	정○○

는 (주)금○○○○임을 확인할 수 있다. 그런데 어떤 이유에서인지 이후 소유권이 달라졌다. 하나였던 토지가 분리된 것이니 내가 낙찰받아 다시 하나로 만들어줘야겠다고 생각했다.

낙찰 후 1년이 지나 소송을 시작하다

이 건에는 세 명이 입찰했고, 2등과 32만 9,000원 차이인 341만 원에 내가 낙찰받았다. 감정가 대비 40% 정도다. 경쟁 입찰에서 이기면 언제나 짜릿하다.

당시는 경·공매를 통해 워낙 많은 물건을 낙찰받은 터라 소액이 투자된 이 토지에는 별로 신경을 쓰지 않았다. 그러다가 낙찰 후 1년 3개월 만에 소송을 진행했다. 공유자들과 연락을 취하기 위해서는 공유물분할청구소송을 진행하는 것이 가장 빠르고 정확한 방법이다. 소송을 진행하기 위해서 토지대장과 등기사항전부증명서를 법원에 필수로 제출해야 한다.

오랜만에 등기사항전부증명서를 출력해봤는데 깜짝 놀랐다. 공유자 중 몇 명이 바뀌어 있었다. 2018년 6월 25일에 임의경매로 인한 매각이 이뤄진 것이었다. 조금 더 빨리 움직여야겠다는 생각이 들었다. 새로운 공유자들이 어떤 행동을 취할지 모르니 말이다.

우선 공유물분할청구소송과 부동산처분금지가처분을 동시에 서둘러 진행했다. 그리고 새로운 공유자들에게 우편을 보냈다. '혹시 내 지분을 매수할 의향이 있다면 시세보다 저렴하게 매도할 생각이 있다'라는 내용의 매매의뢰서였다.

우편을 보낸 지 4일 만에 한 사람에게 연락이 왔다. 나이는 조금 들어 보이는, 까칠한 목소리였다.

"이런 거 나한테 왜 보내는 거예요? 내가 법무법인에 있는 사람인데 이런 거 나한테 보내지 마세요, 알겠어요?"

황당했다. 매수할 의향이 없으면 연락을 안 하면 되는 것 아닌가? 1차 통화는 그렇게 끝났다. 나는 부동산처분금지가처분을 신청했고, 2주 정도 후에 법원 결정이 떨어졌다. 내가 집행해제를 하기 전까지는 어떤 공유자도 이 부동산에 관하여 매매, 증여, 전세권·임차권의 설정, 기타 일체의 처분 행위를 하지 못하게 됐다.

가처분이 결정되고 10일 정도 지났을 무렵 한 통의 전화를 받았다. 얼마 전 매매의뢰서를 보냈을 때 통화한 그 사람이었다. 첫 번째 통화 때는 신경 질적으로 나왔는데 가처분 결정이 있고 난 뒤부터는 태도가 180도 달라졌 다. 그분이 "한배를 탔으니 같이 협의해서 원하는 가격에 함께 매도합시다." 라고 제안했다. 나로선 나쁠 게 없었다. 만나서 더 구체적인 이야기를 나누기 로 했다.

그분 사무실은 서초동에 있었지만 시간이 맞지 않아 3호선 원당역 근처 에서 만났다. 법무법인에서 오래 근무했고, 공장만 전문적으로 입찰해서 낙 찰받아 수익을 낸다고 했다. 직접 만나니 전화 통화로 생겼던 선입견이 모 두 사라졌다. 역시 직접 만나서 이야기를 나눠봐야 한다. 좋은 만남이었고 성격 좋은 분이었다.

공장주에게 매도하여 맹지 문제를 해결하다

이 토지의 공유자는 총 여섯 명이었는데 그중 세 명이 변호사를 선임했다. 공유물분할청구소송은 결과가 이미 예상되는 터라 변호사 할아버지가 와도 두려울 것이 없었다. 변호사를 선임했다는 건 한편으로는 긍정적인 신호다. 이 토지를 지키고 싶은 마음이 크다는 뜻이기 때문이다. 게다가 공유자들이 내 말보다 변호사 말을 더 신뢰하기 때문에 일이 생각보다 더 쉽고 빠르게 끝난다.

소장 접수 후 두 달이 채 안 돼서 1차 변론기일이 잡혔다. 피고 측에서는 변호사 한 명만 출석했다. 변호사는 공유자들이 내 지분을 매수할 생각도 있다는 취지로 이야기했다. 매입가는 공매 진행 당시의 감정가 정도를 원했다. 즉, 800~900만 원 정도다. 1차 변론기일은 이렇게 끝이 났다.

소송을 진행하는 동안 원당에서 만난 공유자한테 연락이 왔다. (주)관○○○ 사장님이 내 연락처를 묻더라는 것이다. 낙찰받은 공장 때문에 김해에 내려갔을 때 잠깐 보고 이야기를 나눈 적이 있다고 했다. (주)관○○○ 대표는 내가 낙찰받은 토지를 반드시 매입해야 하는 사람이다. 내 토지 전체가 출입구로 사용되고 있어 내 토지를 소유하지 못하면 공장이 맹지가 되기 때문이다. 두 번 정도 통화를 하면서 매도 협상에 돌입했다. 나는 지목은 도로지만 공장의 출입구로 사용되고 있는 부속토지라는 점을 중점적으로 어필했다. 실제로는 도로가 아닌 대지로 사용되고 있기 때문이다. 최근 주변 공장이 경매로 넘어갔을 때 감정평가를 한 사례도 있는데, 그 가격을 기준으로 하면 내 토지의 가치는 2,000만 원 정도 됐다.

"요즘 공장 하는 사람들 정말 어렵습니다. 사업이 잘 안 돼요. 상황 좀 이해해주고 1,000만 원에 넘겨주면 안 되겠습니까?"

워낙 저렴하게 낙찰받았기 때문에 1,000만 원에 매도한다고 해도 낙찰가 대비 3배 가까운 수익을 낼 수 있었다. 몇 번의 협의 끝에 1,200만 원에 매도하는 것으로 최종 합의를 끝냈다.

조금 더 욕심을 냈다면 원하는 금액을 받을 수 있었을 것이다. 하지만 적당한 선에서 끝내는 것이 무엇보다 중요하다. 2,000만 원의 가치가 있는 토지를 공유자는 1,200만 원에 매입해서 좋고 나는 저렴하게 샀기 때문에 수익이 나서 좋지 않은가. 수익을 극대화하기 위해 상대방에게 과한 금액을 제시하고 끝까지 고수한다면 서로 상처만 남을 뿐이다.

계약금이 입금되자마자 소를 취하했다. 잔금이 다 들어오지 않았는데 소를 취하하면 불안하지 않느냐는 이들도 종종 있다. 하지만 경험상 계약금이 들어온 상태에서 일이 틀어지는 경우는 거의 없었다. 정 불안하면 잔금을 건네받은 뒤 소를 취하해도 된다.

매수자가 정한 법무사와 연락을 주고받으면서 매도할 때 필요한 모든 서류를 우편으로 보냈다. 이렇게 하면 굳이 계약하러 김해까지 갈 필요가 없다. 모든 서류를 받은 법무사는 매수자에게 잔금을 미리 받아놓은 상태였고 최종 서류 확인 후 잔금을 입금해줬다. 이로써 공유물분할청구소송 진행 후 3개월 만에 원하는 결과를 얻을 수 있었다.

소액 토지를 낙찰받아 협의를 통해 단기간에 수익 내는 방법은 그리 어렵지 않다. 변호사나 법무사의 도움도 필요 없다. 요새는 인터넷 전자소송 사이트를 통해 얼마든지 편리하고 쉽게 접수할 수 있다. '용쌤이니까 이렇게 할 수 있는 거야'라는 생각은 내려놓자. 배우고 조금만 노력하면 누구나 할 수 있다.

도로 투자의
다섯 가지 장점

나는 지분 투자뿐만 아니라 경·공매를 통해 도로를 꾸준히 낙찰받아 수익을 내고 있다. 도로 투자의 장점은 크게 다섯 가지다.

재산세가 없다

낙찰받고 소유권이전만 해놓으면 매도할 때까지 재산세가 1원도 부과되지 않는다.

주택 수와 무관하다

100평, 1,000평이 넘는 도로를 소유하고 있더라도 주택 수에 전혀 영향이 없다.

재개발이 진행되면 입주권을 받을 수 있다

재건축과 달리 재개발에서는 주택 외에 도로만 갖고 있어도 조합원 자격이 유지된다. 재건축 시에는 건축물 중 주택과 부속토지를 소유해야 하지만, 재개발 시에는 도로의 총면적이 90㎡(서울 기준) 이상일 경우 분양 대상이 된다.

> ※ 단, 관리처분계획 인가가 나기 전에 이전 소유자가 분양 신청을 한 물건이어야 한다. 그래야 낙찰자가 조합원 지위를 승계받을 수 있기 때문이다. 입주권이 주어지는지 여부는 관리처분계획 인가가 나기 전에 채무자가 해당 정비조합에 분양 신청을 했는지 직접 확인해봐야 한다.

> ※ 소유하고 있는 도로가 90㎡가 안 될 경우 현금청산이 될 수밖에 없지만, 해당 구역 내 다른 사람의 도로를 매입해 90㎡를 넘기면 입주권을 받을 수 있다.

재건축이 진행될 경우 높은 가격에 매도할 수 있다

재개발이 아닌 재건축이 진행되는 곳에 도로를 낙찰받았을 경우에는 입주권을 받진 못하더라도 조합과 협의해 대지의 3분의 2 정도 가격으로 매도할 수 있다. 보통 도로의 가치는 대지의 3분의 1이다. 물건의 가치보다 조금 더 높게 매도 협상이 가능하기 때문에 저렴하게만 낙찰받는다면 괜찮은 수익을 올릴 수 있다.

도로를 대지 가격으로 매도할 수도 있다

소규모 재건축(난개발)이 끊임없이 진행되는 곳들이 있다. 서울 강서 지역을 예로 들자면 화곡동 쪽이 그렇다. 내가 가진 도로를 신축 빌라를 짓는 업자들에게 매도한다면 대지 가격으로 협의하여 매도가 가능하다. 신축 빌라를 짓기 위해서는 내가 소유한 도로가 반드시 필요하기 때문이다. 〈그림 5-27〉처럼 오래된 주택들 사이에 나 있는 도로를 유심히 살펴보자.

〈그림 5-27〉 오래된 주택 사이의 도로들

대리입찰과 공동입찰 시 위임장

위 임 장

대리인	성 명		직 업	
	주민등록번호		전화번호	
	주 소			

위 사람을 대리인으로 정하고 다음 사항을 위임함.

다 음

지방법원   타경   호 부동산
경매사건에 관한 입찰행위 일체

본인 1	성 명	(인감날인)	직 업	
	주민등록번호	-	전화번호	
	주 소			

본인 2	성 명	(인감날인)	직 업	
	주민등록번호	-	전화번호	
	주 소			

본인 3	성 명	(인감날인)	직 업	
	주민등록번호	-	전화번호	
	주 소			

* 본인의 인감증명서 첨부
* 본인이 법인인 경우에는 주민등록번호란에 사업자등록번호를 기재

지방법원 귀중

[전산양식 A3360] 기일입찰표(흰색)   용지규격 210mm×297mm(A4용지)

(앞면)

기 일 입 찰 표

지방법원 집행관 귀하   입찰기일 : 　 년 　 월 　 일

사 건 번 호			물 건 번 호		* 물건 번호가 여러 개 있는 경우는 꼭 기재	
입 찰 자	본인	성　명		(인)	전화번호	
		주민(사업자) 등록번호		법인등록 번　호		
		주　소				
	대리인	성　명		본인과의 관　계		
		주민등록 번　호		전화번호		
		주　소				

입찰 가격	천 억	백 억	십 억	억	천 만	백 만	십 만	만	천	백	십	일	원	보증 금액	백 억	십 억	억	천 만	백 만	십 만	만	천	백	십	일	원

보증의 제공방법	☐ 현금·자기앞수표 ☐ 보증서	보증을 반환받았습니다. 　　　　　　　　　　입찰자　　　　(인)

주의사항

1. 입찰표는 물건마다 별도의 용지를 사용하십시오. 다만, 일괄입찰 시에는 1매의 용지를 사용하십시오.
2. 한 사건에서 입찰물건이 여러 개 있고 그 물건들이 개별적으로 입찰에 부쳐진 경우에는 사건번호 외에 물건번호를 기재하십시오.
3. 입찰자가 법인인 경우에는 본인의 성명란에 법인의 명칭과 대표자의 지위 및 성명을, 주민등록란에는 입찰자가 개인인 경우에는 주민등록번호를, 법인인 경우에는 사업자등록번호를 기재하고, 대표자의 자격을 증명하는 서면(법인의 등기부 등·초본)을 제출하여야 합니다.
4. 주소는 주민등록상의 주소를, 법인은 등기부상의 본점소재지를 기재하시고, 신분확인상 필요하오니 주민등록증을 꼭 지참하십시오.
5. 입찰 가격은 수정할 수 없으므로, 수정을 요하는 때에는 새 용지를 사용하십시오.
6. 대리인이 입찰하는 때에는 입찰자란에 본인과 대리인의 인적사항 및 본인과의 관계 등을 모두 기재하는 외에 본인의 위임장(입찰표 뒷면을 사용)과 인감증명을 제출하십시오.
7. 위임장, 인감증명 및 자격증명서는 이 입찰표에 첨부하십시오.
8. 일단 제출된 입찰표는 취소, 변경이나 교환이 불가능합니다.
9. 공동으로 입찰하는 경우에는 공동입찰신고서를 입찰표와 함께 제출하되, 입찰표의 본인란에는 "별첨 공동입찰자목록 기재와 같음"이라고 기재한 다음, 입찰표와 공동입찰신고서 사이에는 공동입찰자 전원이 간인하십시오.
10. 입찰자 본인 또는 대리인 누구나 보증을 반환받을 수 있습니다.
11. 보증의 제공방법(현금·자기앞수표 또는 보증서) 중 하나를 선택하여 ☑표를 기재하십시오.

[전산양식 A3364]

공 동 입 찰 신 고 서

법원   집행관   귀하

사 건 번 호 :

물 건 번 호 :

공동입찰자 : 별지목록과 같음

위 사건에 관하여 공동입찰을 신고합니다.

20   년   월   일

신청인   외   인(별지목록 기재와 같음)

※ 1. 공동입찰을 하는 때에는 입찰표에 각자의 지분을 분명하게 표시하여야 합니다.
　2. 별지 공동입찰자 목록과 사이에 공동입찰자 전원이 간인하십시오.

용지규격 210mm×297mm(A4용지)

공 동 입 찰 자 목 록

번 호	성 명	주 소		지분
		주민등록번호	전화번호	
1				
2				
3				
4				
5				
6				

7				
8				
9				
10				

부록 1 꼭 알아야 하지만 아무도 알려주지 않는 경매 양식 20가지

부동산 인도명령신청

신청인(경락인): (이름)
주   소: (현 거주지 주소)
피 신 청 인: (점유자 이름)
주   소: (낙찰받은 집 주소)

신 청 취 지

피신청인은 신청인에게 별지목록 기재 부동산을 인도하라.
라는 재판을 구합니다.

신 청 이 유

1. 신청인은 귀 원 (사건번호) 부동산 임의경매사건에서 20__년 __월 __일 낙찰 허가를 받아 20__년 __월 __일 낙찰 잔대금을 완불하고 그 소유권을 취득하였습니다.

2. 그 후 신청인은 채무자 겸 소유자인 피신청인에게 동 부동산을 인도해 줄 것을 구하였으나 이에 응하지 않고 있으므로, 위 별지목록 기재 부동산을 인도받고자 이건 신청에 이른 것입니다.

20__년 __월 __일
위 신청인(낙찰인)   (인)

○○지방법원 귀중

법원

강 제 집 행 신 청 서

법원   집행관   귀하

채권자	성 명		주민등록번호 (사업자등록 번호)		전화번호	
					우편번호	
	주 소		시 구 동(로) 가 번지 호 아파트 동 호			
	대리인	성명( )	주민등록번호		전화번호	
채무자	성 명		전화번호		우편번호	
	주 소		시 구 동(로) 가 번지 호 아파트 동 호			
집행목적물 소재지	채무자의 주소지와 같음 (※다른 경우는 아래에 기재함) 시 구 동(로) 가 번지 호 아파트 동 호					
집행권원						
집행의 목적물 및 집행방법	동산압류, 동산가압류, 동산가처분, 부동산점유이전금지가처분, 건물명도, 철거, 부동산인도, 자동차인도, 기타( )					
청 구 금 액	원 (내역은 뒷면과 같음)					

위 집행권원에 기한 집행을 하여 주시기 바랍니다.
※ 첨부서류
1. 집행권원   1통   20 . . .   채권자   (인)
2. 송달증명서 1통
3. 위임장   1통   대리인   (인)

※ 특약사항
1. 본인이 수령할 예납금잔액을 본인의 비용부담하에 아래에 표시한 예금계좌에 입금하여 주실 것을 신청합니다.

채권자(신청인)   (인)

개 설 은 행	
예 금 주	
계 좌 번 호	

2. 집행관이 계산한 수수료 기타 비용의 예납통지 또는 강제집행 속행의사 유무 확인 촉구를 2회 이상 받고도 채권자가 상당한 기간 내에 그 예납 또는 속행의 의사표시를 하지 아니한 때에는 본건 강제집행 위임을 취하한 것으로 보고 완결 처분하여도 이의 없습니다.

채권자(신청인)   (인)

주) 채권자가 개인인 경우에는 주민등록번호를, 법인인 경우에는 사업자등록번호를 기재합니다.

유체동산 포기 각서

사건번호:
주　소:
작성인(점유자) 성　명:
　　　　　주민번호 :
　　　　　주　소 :
　　　　　연 락 처 :

위 각서인은 다음과 같이 약속하고 이행할 것을 확약합니다.

- 다 음 -

1. 위 경매사건 관련하여 위 점유자 _____은 낙찰자(매수인)와 합의한바 목적 부동산(위 주소지)에 남겨진 일체의 유체동산 전부에 대해 더 이상 소유권 주장을 하지 않을 것입니다.
2. 위 주소지의 유체동산은 _____년 ___월 ___일까지 반출하기로 합니다.
3. 나머지 포기한 물품에 대하여 낙찰자가 임의대로 처분하여도 아무런 이의를 제기하지 않음을 확약합니다.

　　　　　　　　　　　　　　　　　　년　　　월　　　일
　　　　　　　　　　　　위 작성인(점유자)　　　　　(인)

낙찰자(매수인)　귀중

명 도 확 인 서

사건번호   타경

위 사건 부동산에 관하여 임차인   은(는) 그 점유 부동산을 낙찰자에게 명도하였
<u>으므로</u> 이에 확인합니다.

첨부
낙찰자 인감증명 1통

              년   월   일

낙찰자 성명   (인감 인)
       주소

지방법원   지원 경매계 귀중

유의사항
1. 주소는 경매 기록에 기재된 주소와 같아야 하며, 이는 주민등록상 주소이어야 합니다.
2. 임차인이 배당금을 찾기 전에 이사를 하기 어려운 실정이므로 매수인과 임차인 간 이사날짜를 미리 정하고 이를 신뢰할
   수 있다면, 임차인이 이사하기 전에 매수인은 명도확인서를 해줄 수 있습니다.

합의서

○○○를 "갑", ○○○를 "을"이라 칭하고, "갑"과 "을"은 아래와 같이 합의하기로 한다.

〈부동산의 표시: 경기도 ○○시 ○○동 ○○-○ ○○프라자 ○○○호(전용면적 56.97㎡)〉

– 아 래 –

1. "갑"은 2020년 11월 27일에 상기 부동산에서 모든 짐을 반출하여 이사하기로 한다. "갑"은 어떤 경우라도 현재 점유를 제3자에게 이전할 수 없고 위반 시 이에 대한 책임을 진다.
2. "을"은 "갑"에게 일금 삼백만(3,000,000) 원을 지급하기로 하고 이사비용은 2020년 11월 26일 일백만 원을 지급, 1항에 기재한 이사 약정일에 모든 이삿짐을 상기 부동산에서 반출한 것을 확인한 후 나머지 금액을 지급하기로 한다.
3. "갑"은 아파트 분양 당시의 모든 옵션(분양계약서에 포함된 분양 당시의 모든 물품 및 시설)을 그대로 보존해야 한다. (만일 미정산된 공과금이 있는 경우 "을"은 제2항의 약정한 이사비에서 공과금을 공제하고 지급하기로 한다.)
전유부 내에 남겨진 일체의 유체동산은 "갑"이 소유권을 포기한 것으로 간주한다. "을"은 남겨진 유체동산 전부를 임의로 처리할 수 있으며 "갑"은 이에 대해 어떤 책임도 묻지 않기로 한다.
4. 합의서 작성 이후 필요시 "을"은 강제로 개문할 수 있고 "갑"은 이에 대해 민·형사상 책임을 묻지 않기로 한다.
5. "갑"과 "을"은 위 약정 중 하나라도 위반 시 쌍방에게 손해 배상금으로 일금 일천만 원을 일주일 이내에 지급하기로 한다.

2020. 11. 10.

"갑"
성　　명:
주민번호:
주　　소:

"을"
성　　명:
주민번호:
주　　소:

물 품 보 관 각 서

사건번호 :　　　　201　　　(본)　　　　　호
채 권 자 :
채 무 자 :

위 당사자간 인천지방법원(부천지원)　　　　가단, 가소
(인도, 철거 결정) 정론에 의거 채권자 신청으로 집행함에 있어
채무자가 1. 부재하여 성인 2명을 입회시키고　　　(　　　　)
　　　　　 2. 이사 갈곳이 정해지지 않았음으로　　　(　　　　)
　　　　　 3. 채무자가 물건 인수를 거부함으로　　　(　　　　)

상기 등의 사유로 채무자 점유 별지목록 게재 물건을
채권자에게 보관자의 주의 의무를 다하여 보관할 것을
조건으로 보관시키고 보관 도중 발생이 우려되는 물품의
훼손 및 분실시에는 민형사상의 모든 책임을 질 것을 각서한다.

20　 년　 월　 일

물품 보관 장소 :
보 관 업 체 :
전 화 번 호 :
채권자 (각서인)　　성　　　명 :
　　　　　　　　　 주민등록번호 :
　　　　　　　　　 주　　　소 :
　　　　　　　　　 전 화 번 호 :

인 천 지 방 법 원 대 표 집 행 관 귀 하

내용 증명

제목 : 낙찰 후 소유권 이전에 따른 법적절차 예정 통지

수신인 : ███ 경남 거제시 ████████████████████

발신인 : ████ 서울시 영등포구 ████████████████████

[부동산의 표시] 경남 거제시 ████████████████████

- 아 래 -

1.귀하의 발전을 기원합니다.
발신인 본인은 창원지방법원 통영지원 2019 타경 ███ ██ 부동산 임의경매 절차에서 위 부동산을 낙찰 받아 2020년 7월 22일 잔금을 납부한 소유자입니다. 위 부동산을 점유하고 있는 귀하께 앞으로 진행될 절차에 대해 알려드리고자 서면을 보내드립니다.

2.귀하는 현재 점유 중인 부동산을 인도해야 하며, 본인이 소유권을 취득한 날부터 해당 아파트를 무단으로 사용하고 있는 것에 대한 월세 상당의 부당이득금을 지급할 의무가 있습니다. 매각대금 완납일인 2020년 7월 22일부터 위 부동산을 명도 하는 시점까지 매월 100 만원(현재 해당아파트 동일평형 월세 시세의 보증금 없는 임대료)상당의 차임을 지급해 주시길 바랍니다. (계좌번호 ███ - █ ████ 예금주 : ████)

3.본인은 2020년 7월 22일 귀하를 상대로 창원지방법원 통영지원에 부동산 인도명령을 신청했습니다. 만에 하나 자진 이주 의사가 없다면 인도명령이 인용 되는대로 위 부동산에 대한 강제집행을 절차를 신청할 예정입니다.

4.귀하가 법원에서 임차 보증금을 받기 위해서는 본인의 명도확인서 및 인감증명서가 필요합니다. 본인은 귀하의 보증금 수령을 위해 상기 부동산의 이사완료 및 관리비 정산 후 위 서류들을 교부해 드리도록 하겠습니다. 배당기일은 2020년 8월 26일로 지정되었으며 위 날짜 이전에 이사를 나가주시길 바랍니다.

5.만일 본인과 귀하 사이에 합의가 이루어지지 않을 경우 강제 집행이 실시될 수 있으며, 집행절차에 소요되는 모든 소송비용(노무비, 창고보관료 등 포함)을 귀하께 청구할 예정입니다.

6. 귀하 또한 이 사건 부동산이 경매로 진행되어 매각되는 동안 마음이 편치 않으셨으리라 봅니다. 본인도 이 점에 대해 진심으로 안타깝게 생각하는 바이며, 다행히 임차 보증금 일부를 배당 받을 수 있기에 최대한 협조를 해드리려 하오니 원만히 해결되길 바랍니다.

2020. 8. 3

발신인 : ████████
연락처 : ████████████
주소 : 서울시 영등포구 ████████████████████

발송인 : 서울 강서구 ████████████████████████

수취인 : 서울특별시 강서구 ████████████████████████

이 우편물은 2020년 12월 06일
등기 제 3899057700573 호에
의거하여 내용증명우편물로
발송하였음을 증명함

인터넷우체국장

인터넷우체국
2020.12.06
58323

내용증명

제목: 경매 주거용 지분 낙찰에 대한 공유물분할 및 부당이득청구 협조 요청

수신인: ██████ : 강원도 춘천시 ██████████

발신인: ████ : 서울시 강서구 █████████ ████ ████ ███

목적물: 강원도 춘천시 █████ ████████████

1. 본인은(낙찰자 유근용) 2020년 10월 05일 상기 주거용 지분을 춘천지방법원에서 실시한 경매절차에 입찰하여 매각결정을 받아 법적 진행 절차에 따라 잔금을 납부하고 소유권이전을 완료했습니다. 향후 계획을 아래와 같이 전달하고 귀하의 협조를 구하고자 본 내용증명을 송부합니다.

2. 상기 아파트는 ██████님이 전체를 사용 수익하고 있어서 정상적인 매매나 사용, 담보, 수익창출 등의 행위가 매우 곤란한 상태입니다. 본인이 2분의 1 소유권을 가지고 있음에도 불구하고 사용하지 못하고 있는바 만약 아파트를 제 3자에게 임대했을 경우, 현재 월세 시세 5000/80만원 기준으로 매월 65만원의 수익을 얻을 수 있는데 이를 귀하가 사용함으로 인해서 귀하는 위 금원에 해당하는 부당이득을 취하고 있다 할 것입니다.

3. 이에 본인은 다음과 같은 대책안을 제시하여 귀하가 선택하는 방향으로 협의를 하고자 하오니 회신(전화)하여 주시기 바랍니다.

만약 회신이 없을 경우 본인은 귀하께서 협의에 응하실 생각이 없다고 판단하고 공유물 분할 및 부당이득청구소송을 진행할 예정이며 이로 인해 발생하는 모든 비용을 함께 청구할 것이니 참고하시기 바랍니다.

- 다 음 -

1) 본인의 지분을 귀하께서 매입하는 방안

2) 귀하의 지분을 본인에게 매도하는 방안

3) 현 상태에서 함께 부동산을 통해 매도하는 방안

4) 귀하의 점유권 상실일까지 본인에게 매월 65만원에 대한 월세 지급 후

함께 매도하는 방안

2020년 12월 06일

발송인 : 서울 강서구 ███████ ██ ██ ██████████████

수취인 : 강원도 춘천시 ████ ██████████

이 우편물은 2020년 12월 06일
등기 제 3899057700407 호에
의거하여 내용증명우편물로
발송하였음을 증명함

인터넷우체국장

부동산매매계약서

1. 부동산의 표시

전라북도 정읍시 감곡면 진흥리 ▨▨▨ 전 671.6 ㎡ 전부

2. 계약내용

제1조 위 부동산을 매도인과 매수인 쌍방 합의하에 아래와 같이 매매계약을 체결한다.

제2조 위 부동산의 매매에 있어 매수인은 매매대금을 아래와 같이 지불키로 한다.

매매대금 : 금 천만 원정(₩10,000,000원)

계 약 금 : 금 천만 원정은 계약과 동시에 매도자에게 지불하고 영수함.

중 도 금 : 금　　　원정은　　　년　　월　　　일 지불하고 영수함.

잔　　금 : 금　　　원정은　　　년　　월　　　일 지불하고 영수함.

제3조 : 부동산의 인도는 2018년 1월 23일 하기로 한다.

제4조 : 매도인은 위의 부동산에 설정된 저당권, 지상권, 임차권 등 소유권의 행사를 제한하는 사유가 있거나, 제세공과 기타 부담금의 미납금 등이 있을 때에는 잔금 수수일까지 그 권리의 하자 및 부담 등을 제거하여 완전한 소유권을 매수인에게 이전한다. 다만, 승계하기로 합의하는 권리 및 금액은 그러하지 아니한다.

제5조 : 매도인은 잔금 수령시 소유권(등기)에 필요한 서류를 매수인에게 교부하고 이전등기에 협력키로 한다.

제6조 : 본 계약을 매도인이 위약시는 위약금으로 계약금의 배액을 변상하고, 매수인이 위약시는 계약금을 포기하고 반환 청구하지 않기로 한다.

제7조 : 매도인 또는 매수인이 상대방의 의무불이행으로 인하여 손해를 받았을 때에는 위약금과 별도로 그 손해금의 배상을 상대방에게 청구할 수 있다.

이 계약을 증명하기 위하여 계약서를 작성하여 계약당사자가 이의 없음을 확인하고 각자 서명 날인하고 각각 1통씩 갖는다.

2018년 1월 23일

매 도 인 : 유근용▨▨▨▨▨▨

서울시 강서구 ▨▨▨▨▨▨

☎ 010-▨▨▨▨▨

매 수 인 : 이▨▨▨▨▨▨▨▨

경기도 과천시 ▨▨▨▨▨▨▨▨

☎ ▨▨▨▨▨

확약서

각서인 1(공동 입찰자)

    1) 주   소: 서울시 강서구 마곡동 ○○○, ○○○아파트 B동 ○○○호

    2) 성   명: (주) ○○컴퍼니 사내이사 유○○

    3) 법인번호:

각서인 2(공동 입찰자)

    1) 주   소: 서울시 동대문구

    2) 성   명:

    3) 주민번호:

상기 각서인 1, 2는 아래와 같이 이행할 것을 확약한다.

– 아 래 –

– 부동산의 표시: 대전광역시 대덕구 평촌동 ○○○-1 ○○○아파트 제○○○동 제○○○○호

– 공유자(2분의 1 소유자): 이○○

1. 각서인 1, 2는 2,000만 원 입금이 확인되면, 공매로 낙찰받은 물건 관리번호: 2019-○○○○○-001의 낙찰자 지위를 포기하고 낙찰물건의 잔금을 미납한다.

2. 공동소유자는 각서인 1, 2가 낙찰자 지위를 포기하는 대신 입찰보증금 8,295,000원을 포함하는 2,000만 원을 신한은행 계좌 ○○○-○○-○○○○○○(예금주: 박○○)으로 입금한다.

3. 상기 2,000만 원의 납입기한은 2020년 2월 25일로 하며, 이를 지키지 못하는 경우 위 확약의 내용은 무효로 한다.

– 2020년 2월 18일 –

각서인 1: (주) ○○컴퍼니 사내이사 유○○   (인)   공유자: 이○○   (인)

각서인 2:   (인)

소 장

원 고 (선정당사자)	유○○(520000-0000000) 서울 강서구 방화대로44길 ○○, ○동 ○○○호(방화동, ○○○아파트) (휴대전화: 010-○○○○-○○○○, 이메일: ○○○○@naver.com)
피 고	1. 방○○ 인천광역시 미추홀구 주안동 ○○○-○ 2. 유○○ 인천 미추홀구 주안동 ○○○-○ 3. 김○○ 인천광역시 미추홀구 주안동 ○○○-○ 4. 고○○ 인천광역시 미추홀구 주안동 ○○○-○ 5. 남○○ 인천광역시 미추홀구 주안동 ○○○-○ 6. 이○○ 인천광역시 미추홀구 주안동 ○○○ 7. 김○○ 인천광역시 미추홀구 주안동 ○○○-○○ 8. 이○○ 인천광역시 미추홀구 용현동 ○○-○

공유물분할 청구의 소

청 구 취 지

청구취지:
1. 별지목록 1 기재의 부동산을 경매하고, 그 매각대금에서 경매비용을 공제한 금액을 별지목록 2 기재의 공유지분 비율에 따라 원고와 피고들에게 각 배당한다.
2. 소송비용은 피고들의 부담으로 한다.
   라는 판결을 구합니다.

청 구 원 인

본인 외 38인은 2021년 10월 13일 인천광역시 부평구 십정동 ○○○-○○○ 도로 토지 지분을 경매 절차에 입찰하여 매각결정을 받아 법적 진행 절차에 따라 잔금을 납부하고 소유권 이전을 완료했습니다.

상기 토지는 현재 도로로 사용되고 있지만 8인의 공유자가 소유하고 있어서 정상적인 매매나 사용, 담보, 수익 창출 등의 행위가 매우 곤란한 상태이므로 민법 제268조에 의거 공유물분할을 청구합니다.

첨 부 서 류

1. 별지목록 1, 2
2. 토지 등기사항전부증명서
3. 토지대장
4. 당사자선정서
5. 당사자선정서
6. 당사자선정서
7. 확인서 및 위임장
8. 확인서 및 위임장
9. 확인서 및 위임장

2021. 10. 28

원고 유○○

인천지방법원 귀중

432

소 장

원 고   주식회사 ○○컴퍼니(331-○○-○○○○○)
(선정당사자)   서울 강서구 마곡중앙로 ○○○-○, ○동 ○○○호(마곡동 ○○○, ○○○아파트)
            대표이사 유○○
            (휴대전화: 010-○○○○-○○○○ 이메일: ○○○○@naver.com)

피 고   방○○
            춘천시 지석로 ○○, ○○○동 ○○○호(석사동, ○○○아파트)

부당이득 청구의 소

청 구 취 지

청구취지:
1. 피고는 원고(선정당사자)에게 1,440,000원, 선정자 ○○주식회사 360,000원 주식회사 ○○○컴퍼니 360,000원, 주식회사 ○○ 240,000원 및 2021.1.22.부터 피고의 점유가 종료되는 시점까지 매월 원고(선정당사자)에게 480,000원, 선정자 ○○주식회사 120,000원, 주식회사 ○○○컴퍼니 120,000원, 주식회사 ○○ 80,000원의 비율에 의한 금원을 지급하라.
2. 소송비용은 피고가 부담한다.
3. 위 제2항은 가집행할 수 있다.
     라는 판결을 구합니다.

청 구 원 인

1. 당사자 관계
가. 원고 및 선정자는 별지목록 1 기재 부동산의 40분의 20을 전 공유자 최○○의 경매절차(2020타경○○○○)에서 낙찰받아 2020. 10. 21. 매각 대금을 완납하여, 별첨 부동산 등기부등본과 같이 소유권을 취득한 자입니다.
나. 피고는 별지목록 2 기재 공유지분권자입니다.

2. 원고 및 선정자의 피고에 대한 임료상당 부당 이득금 월 80만 원 청구
가. 한편 피고 박○○는 원고 및 선정자 ○○주식회사, 주식회사 ○○○컴퍼니, 주식회사 ○○에게 잔금을 납부한 다음 날인 2020.10.22.부터 이 사건 변론기일에 가까운 2021.1.21.까지 기 발생한 3개월 치 월 임료인 2,400,000원(원고(선정당사자)에게 1,440,000원, 선정자 ○○주식회사 360,000원, 주식회사 ○○○컴퍼니 360,000원, 주식회사 ○○ 240,000원)을 각 지급하고, 그다음 날인 2021.1.22.부터 피고의 점유가 종료되는 시점까지 매월 원고(선정당사자)에게 480,000원, 선정자 ○○ 주식회사 120,000원, 주식회사 ○○○컴퍼니 120,000원, 주식회사○○ 80,000원의 비율에 의한 금원을 지급할 의무가 있다 할 것입니다.

3. 결론
     따라서 원고 및 선정자는 피고에게 청구취지와 같은 판결을 구하기 위하여 부득이 이 건의 청구에 이른 것입니다.

입 증 방 법

1.   갑 제1호증   건축물대장1
2.   갑 제2호증   등기부등본
3.   갑 제3호증   토지대장

첨 부 서 류

1.   법인등기사항전부증명서
2.   확인서 및 위임장
3.   별지목록 1, 2
4.   당사자선정서

2020.11.25

원고 주식회사 ○○컴퍼니
대표이사 유○○

서울남부지방법원 귀중

부동산처분금지 가처분신청서

채 권 자   주식회사 ○○컴퍼니
               서울 강서구 마곡중앙로 ○○○-○, ○동 ○○○호(마곡동 ○○○, ○○○아파트)
               대표이사 유○○
               (휴대전화: 010-○○○○-○○○○ 이메일: ○○○○@naver.com)

채 무 자   유○○
               인천 계양구 장제로○○○번길 ○○-○, ○동 ○○○호(병방동, ○○○○빌라)

목적물의 가액: 금 37,700,000원
피보전권리의 요지: 공유물분할을 원인으로 한 소유권이전등기청구권

신 청 취 지

별지목록 기재 부동산 중 채무자 지분 1/2에 대하여 매매, 증여, 전세권, 저당권이나 임차권의 설정 기타 일체의 처분을 하여서는 아니 된다라는 결정을 구합니다.

신 청 이 유

신청취지:
별지목록 부동산 중 채무자 지분 1/2에 대하여 매매, 증여, 전세권, 저당권이나 임차권의 설정 기타 일체의 처분을 하여서는 아니 된다라는 결정을 구합니다.

신청이유:
가. 채권자는 별지목록 기재 부동산을 경매를 통해 매각대금 전액을 납부하고 공유지분 이전등기를 경료함으로써 소유권을 취득하였습니다.
나. 채권자는 위와 같이 이 건 다세대주택의 일부 지분을 취득한 후 최근 들어 이 건 주택에 대한 공유물의 대금분할을 요구하였으나 채무자에게는 어떤 답변도 듣지 못한 상황입니다.
다. 사정이 위와 같은바, 채무자의 협의를 통한 공유물분할은 불가능한 것으로 판단되며 결국 채권자는 채무자에 대한 공유물분할청구소송을 통하여 이 문제를 해결하고자 귀원에 공유물분할청구의 소를 제기하였습니다.

1. 보전의 필요성
이상과 같이 채무자의 태도로 미루어보아 이 건 주택에 관한 자신의 지분을 타에 처분할 우려가 있고, 또한 사해 행위를 통하여 가등기, 저당권 등을 경료할 우려가 있는바 이럴 경우 채권자로서는 후일 본안소송에서 공유물분할 판결을 받게 되더라도 그 목적을 달성할 수 없게 되므로 그 집행을 보전하기 위하여 본 신청에 이른 것입니다.
2. 담보의 제공
채권자와 채무자 간 공유물분할에 따른 가처분 내지 본안소송으로 채무자가 실질적으로 입게 될지도 모르는 손해는 거의 없다고 할 것이므로 이 사건에 대한 담보 제공은 적은 금액으로 하여 보증보험 주식회사의 지급보증위탁 계약을 체결한 문서로 갈음하여 제출할 수 있도록 허가하여주시기 바랍니다.

소 명 방 법

1.   소갑 제1호증   건축물대장
2.   소갑 제2호증   등기부등본
3.   소갑 제3호증   토지대장

첨 부 서 류

1.   ○○컴퍼니 등기부등본
2.   인천 병방동 ○○○○빌라 별지목록

2020.09.07

채권자 주식회사 ○○컴퍼니
대표이사 유○○

인천지방법원 귀중

434

부동산 매매의뢰서

안녕하십니까?

저는 2018년 8월 30일 한국자산관리공사에서 실시한 공매를 통해 경상남도 합천 군 쌍백면 ○○리 ○○○○-○ 답 269.6034㎡를 낙찰받아 등기 완료 예정입니다.

현 토지가 김○○님과 김○○님 공유지분으로 되어 있고 답으로 사용되고 있는데 매 매 관련 협의를 하고자 하니 우편을 받으시면 010-○○○○-○○○○으로 연락해주시 면 감사하겠습니다.

2018년 8월 30일

유○○

연락처: 010-○○○○-○○○○

■ 농지법 시행규칙 [별지 제3호서식] 〈2017. 1. 19〉

농지취득자격증명 신청서

※ 뒤쪽의 신청안내를 참고하시기 바라며, 색상이 어두운 난은 신청인이 작성하지 않습니다. (앞쪽)

접수번호		접수일자		처리 기간		4일 (농업경영계획서를 작성하지 않는 경우에는 2일)		

농 지 취득자 (신청인)	① 성 명 (명칭)	유○○	② 주민등록번호 (법인등록번호)	820000- 0000000	⑤ 취득자의 구분			
	③ 주소	서울시 강서구 방화동 ○○○ ○○○아파트 ○동 ○○○호			농업인	신규영농	주말· 체험농장	법인 등
	④ 연락처	010-○○○○-○○○○					0	

취득 농지의 표시	⑥ 소재지						⑩ 농지구분			
	시·군	구·읍· 면	리·동	⑦지번	⑧지목	⑨면적 (㎡)	농업진흥 지역		진흥 지역 밖	영농 여건 불리농지
							진흥구역	보호구역		
	양주시	백석읍	○○리	○○-○	답	3.76㎡	0			

⑪ 취득 원인	공매 낙찰					
⑫ 취득 목적	농업경영	주말·체험 영농	0	농지전용		시험·연구· 실습지용 등

「농지법」 제8조제2항, 같은 법 시행령 제7조제1항 및 같은 법 시행 규칙 제7조제1항제2호에 따라 위와 같이 농지취득자격증명의 발급을 신청합니다.

2019년 10월 17일

농지취득자(신청인)   (서명 또는 인)

감물면장 귀하

첨부서류	1. 별지 제2호서식의 농지취득인정서(법 제2조제2항제2호에 해당하는 경우만 해당합니다) 2. 별지 제4호서식의 농업경영계획서(농지를 농업경영 목적으로 취득하는 경우만 해당합니다) 3. 농지임대차계약서 또는 종지 사용대차계약서(농업경영을 하지 않는 자가 취득하려는 농지의 면적이 영 제7조제2항제6호 각 목의 어느 하나에 해당하지 않는 경우만 해당합니다) 4. 농지전용허가(다른 법률에 따라 농지전용허가가 의제되는 인가 또는 승인 등을 포함합니다)를 받거나 농지전용신고를 한 사실을 입증하는 서류(농지를 전용 목적으로 취득하는 경우만 해당합니다)	수수료: 「농지법 시행령」 제74조에 따름
담당공무원 확인 사항	1. 토지(임야)대장 2. 주민등록표등본 3. 법인 등기사항증명서(신청인이 법인인 경우만 해당합니다)	

행정정보 공동이용 동의서
이 건 업무처리와 관련하여 담당공무원이 「전자정부법」 제36조제1항에 따른 행정정보의 공동 이용을 통하여 위의 담당공무원 확인사항을 확인하는 것에 동의합니다. * 동의하지 않는 경우에는 신청인이 직접 관련서류를 제출하여야 합니다. (대표자)   반○○   (서명 또는 인)

210mm×297mm[백상지 80g/㎡]

원상복구계획서

1. 취득농지 현황

소재지	지목	최득면적(㎡)	용도지역	비고
홍성군 홍동면 ○○리 ○○○-○	전	287.5 ㎡	계획관리지역	

2. 원상복구계획

가. 상기토지는 농지법 제2조에 따른 농지이나 현장에 묘지가 2기 존재하고 주변은 농사를 짓지 않아 잡목과 수목이 무성하게 자라 있는 상태입니다.

나. 농지취득자격증명을 신청할 때 사전에 원상복구 후 주말체험 영농 목적으로 신청하여야 하나 공매로 취득한 관계로 소유권이전 전에는 복구할 수 없는 상황입니다.

다. 다음과 같이 이전등기 후 원상복구하고 채소 등을 경작하고자 합니다. 또한 묘지 2기는 공유자 1인과 협의하여 이장토록 할 예정입니다.

○ 이전등기 예정일 : 2018년 5월 중
○ 원상복구계획 :

- 2018년 12월 내에 굴삭기를 이용하여 경운, 정지 작업 후 주변을 정리한 다음 주말체험영농목적으로 채소를 재배하고자 합니다.
- 묘지 2기는 공유자 1인과 협의하여 이장토록 할 예정입니다. 이장 협의가 잘 이뤄지지 않을 경우 공유물분할청구소송을 통해 현물분할을 진행할 예정입니다.

■ 농지취득자 신청인

농지 취득자 (신청인)	① 성 명 (명칭)	유○○	② 주민등록번호 (법인등록번호)	820○○○- ○○○○○○○	⑤ 취득자의 구분			
					농업인	신규영농	주말·체험농장	법인 등
	③ 주소	서울시 강서구 방화동 ○○○ 신동아 ○○○○아파트 ○동 ○○○호						
	④ 연락처	010-○○○○-○○○○					0	

－ 2018년 05월 03일 －

신청자 : 유○○ (인)

감 정 신 청 서

사 건   2020가단○○○○○ 공유물분할   [담당재판부: 민사6단독]
원 고   주식회사 ○○○○○
피 고   하○○

위 사건에 관하여 원고(선정당사자)는 주장사실을 입증하기 위하여 아래와 같이 임료감정을 신청합니다.

감정의 목적

피고의 ○○ 사용한 임료를 확정하기 위함

감정의 목적물

별지목록 기재와 같습니다.

감정사항

이 감정목적물의 점유사용에 대한 2020.6.30.부터 2021.4.1. 기준으로 보증금 없는 ㎡당 월 임료가 얼마인가 확인하는것

첨 부 서 류

1. 별지목록 1, 2

아파트 시세 정보	- **호갱노노** https://hogangnono.com - **아실** https://asil.kr - **네이버 부동산** https://land.naver.com
부동산 공급량, 빅데이터 기반 아파트 정보	- **부동산지인** https://aptgin.com
토지 시세, 다가구 시세 정보	- **밸류맵** https://www.valueupmap.com
부동산 가격 기본 정보, 가격산정 시스템	- **밸류쇼핑** https://valueshopping.land
토지 가격 정보	- **디스코** https://www.disco.re
부동산 정보, 청약 정보, 각종 통계 자료	- **한국부동산원(한국감정원)** https://www.reb.or.kr
실거래가, 개별공시지가	- **국토부 실거래가 공개 시스템** http://rt.molit.go.kr
토지 이용 규제 정보	- **토지이음** http://www.eum.go.kr **(기존 루리스 홈페이지가 토지이음과 통합됨)**
은행별 금리 정보 등	- **전국은행연합회** https://www.kfb.or.kr
부동산 시세 정보	- **KB부동산 리브온** https://kbland.kr
유동인구 분석	- **엑스레이(X-RAY)맵** http://www.biz-gis.com/XRayMap
지역 분석, 신축 개발 검토 가능, 용적률 계산 가능	- **랜드북** https://www.landbook.net
연도별 로드뷰 정보	- **네이버지도** https://map.naver.com - **카카오맵** https://map.kakao.com

세무사 가격 비교 사이트, 세무 관련 정보	**- 세무통** https://semutong.com
상가, 사무실 특화된 사이트, 상권 분석 등	**- 네모** https://www.nemoapp.kr
다음 달 부동산 가격 예측	**- AI 부동산** https://www.risingrookie.com
공매 정보	**- 온비드** https://www.onbid.co.kr **- 스마트 온비드** https://m.onbid.co.kr
부동산 종합증명 서비스	**- 일사편리** https://kras.go.kr
건축물대장 발급	**- 정부24** https://www.gov.kr **- 건축행정 시스템 새움터** https://cloud.eais.go.kr
전국 400여 개 대학 지원, 대학생 대상 원룸, 셰어하우스 홍보	**- 에브리타임** https://everytime.kr
인테리어 활용 팁	**- 레몬테라스** https://cafe.naver.com/remonterrace
도배·장판 최저가 비교	**- 하우스탭** https://www.houstep.co.kr
인테리어 소품, 시공 관련 사이트	**- 오늘의 집** https://ohou.se
빌라, 주택, 원룸 정보	**- 직방** https://www.zigbang.com **- 다방** https://www.dabangapp.com
부동산 종합 포털	**- 씨:리얼** https://seereal.lh.or.kr
소상공인 상권 분석	**- 상권 정보** http://sg.sbiz.or.kr
창업 관련 정보 제공, 정책 자금, 상권 정보 등	**- 소상공인 마당 자영업 지원 포털** https://www.sbiz.or.kr/sup/main.do
부동산 관련 각종 계산	**- 부동산계산기** https://ezb.co.kr
토지, 개발 정보	**- 땅야** https://www.ddangya.com
부동산직거래, 임장, 스터디 인맥 매칭	**- 부참시**(Beta) 플레이스토어, 앱스토어에서 '부참시' 검색